面向未来：
大学生职业生涯规划与就业指导

于亚东　著

天津出版传媒集团
天津科学技术出版社

图书在版编目(CIP)数据

面向未来：大学生职业生涯规划与就业指导 / 于亚东著. -- 天津：天津科学技术出版社, 2024.6
ISBN 978-7-5742-2111-6

Ⅰ. ①面… Ⅱ. ①于… Ⅲ. ①大学生 - 职业选择 Ⅳ. ①G647.38

中国国家版本馆CIP数据核字(2024)第094898号

面向未来：大学生职业生涯规划与就业指导
MIANXIANG WEILAI : DAXUESHENG ZHIYE SHENGYA GUIHUA YU JIUYE ZHIDAO

责任编辑：王　冬
责任印制：兰　毅

出　　版：天津出版传媒集团
　　　　　天津科学技术出版社
地　　址：天津市西康路35号
邮　　编：300051
电　　话：（022）23332377
网　　址：www.tjkjcbs.com.cn
发　　行：新华书店经销
印　　刷：河北万卷印刷有限公司

开本 710×1000　1/16　印张　17.25　字数　238 000
2024年6月第1版第1次印刷
定价：98.00元

前言

在当前社会经济快速发展的背景下，大学生面临的职业选择和就业压力变得更加复杂和多元，本书旨在为大学生提供全面的职业生涯规划和就业指导，帮助他们更好地认识自己、发掘潜能、规划未来，获得职业生涯的成功。

在职业生涯规划篇中，本书首先介绍了职业生涯规划的基本概念以及职业生涯发展的相关理论，帮助大学生建立正确的职业观念并详细阐述了职业生涯规划的步骤、方法和意义，指导大学生如何根据自己的兴趣、能力和价值观，制订合适的职业生涯规划。在自我认知章节中，强调了自我认知在职业生涯规划中的重要性，探讨了大学生在职业生涯中的自我认知以及如何培养良好的职业自我认知。在职业能力的培养方面，分析了学习能力、人际交往能力、心理素质能力和社会实践能力在职业生涯中的重要性，并提供了具体的培养方法和策略。最后探讨了大学生职业生涯规划的时机选择、方法和实施准则与要点，为大学生的职业生涯规划提供了实用的指导。

在就业指导篇中，本书分析了当前的就业形势和环境以及大学生就业政策和制度，为大学生的就业提供了宏观的背景和政策支持。之后详细介绍了大学生的就业准备，包括就业决策、求职材料准备、求职面试与笔试的准备以及就业心理准备，为大学生的就业提供了全面的指导。本书还详细介绍了毕业生的就业权益以及就业协议和劳动合同的相关内容，为大学生的权益保护提供了法律依据。在大学生就业指导路径方面，指出了将思想政治教育、劳动精神融入大学生就业指导工作和课程的重要性，并提出培养大学生积极面对就业的心态和正确的就业观以及应用项目化管理开展大学生就业指导工作，为大学生的就业指导提供了新的思路和方法。

本书以系统、全面、深入的视角，对上述内容进行了详细的论述和分析，旨在为大学生提供全面的职业生涯规划和就业指导，帮助他们更好地迎接未来的挑战，实现自己的职业梦想。

由于时间、水平有限，书中难免存在疏漏之处，恳请广大读者批评指正。

目录

上篇　职业生涯规划

下篇　就业指导

上篇　职业生涯规划

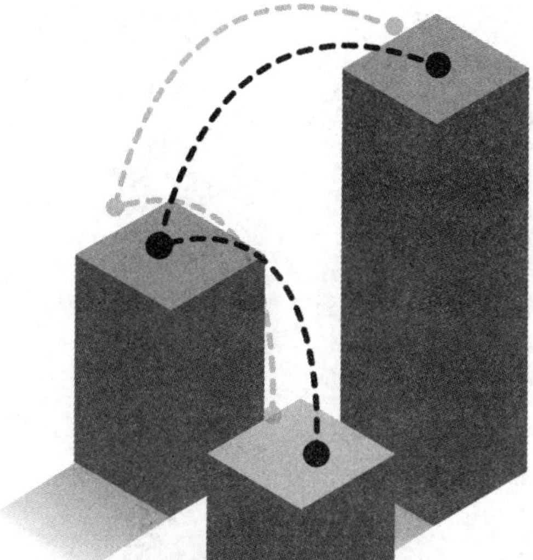

第一章　认识职业生涯规划

第一节　职业生涯规划概述

一、职业生涯规划的内涵

职业生涯规划，也称生涯规划或职业生涯设计，是一种对职业生涯和人生发展轨迹进行系统和持续计划的过程。一个完整的职业生涯规划包括职业定位、目标设定和通道设计三个核心要素（图 1–1）。[①] 在具体操作上，一个人的职业生涯规划首先是基于对个人职业生涯的客观条件进行全面的测定、分析和总结，然后对个人的兴趣、能力、个性和态度等因素进行综合分析和权衡，在此基础上，结合时代的特点和个人的职业倾向，明确最佳的职业定位和奋斗目标，并制订行之有效的行动计划，以实现这一目标。

① 石洪发．大学生职业生涯规划[M]．北京：北京理工大学出版社，2020：3.

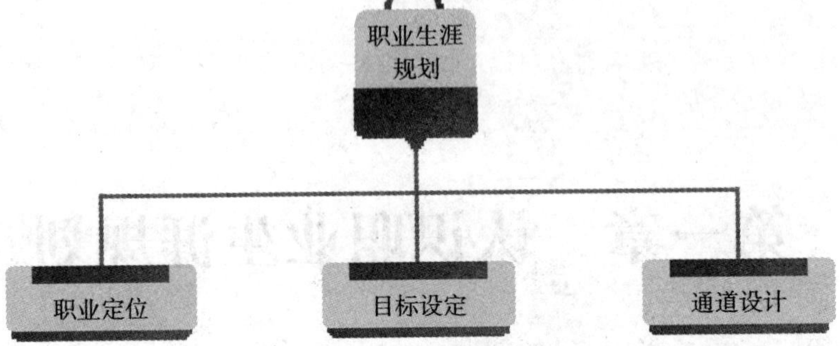

图 1-1　职业生涯规划构成要素

职业生涯规划是一种为将来塑造愿景的活动，它包含持续的自我发现和努力。这个过程的核心目标是在职业道路上实现最大效益，同时避免不必要的迂回和重复错误。通过选择最合适的道路来实现职业目标，个人既能获得职业上的成功，还能实现个人价值。

二、职业生涯规划的分类

按照时间长短，职业生涯规划可分为人生规划、长期规划、中期规划和短期规划，如表 1-1 所示。按照职业问题处理方法，职业生涯规划又可分为依赖型、直觉型和理性型三大类，如表 1-2 所示。

表1-1　按时间长短划分职业生涯规划

职业生涯规划类型	定义及任务
人生规划	整个职业生涯的规划，时间长为 40 年左右，设定整个人生的发展目标
长期规划	5 ~ 10 年的规划，主要是设定较长远的目标
中期规划	一般为 2 ~ 5 年的目标与任务
短期规划	2 年以内的规划，主要是确定近期目标，规划近期完成的任务

表1-2　按职业问题处理方法划分职业生涯规划

职业生涯规划类型	定义及任务
依赖型	依赖父母、朋友、老师，或遵从书本与社会舆论做出规划
直觉型	凭自己的直觉和一时好恶做出决定
理性型	综合考虑个人和职场因素，分析利弊得失，做出相应的计划

三、职业生涯规划的特点

（一）个性化

个性化体现在个人的性格、价值观、思维和行为方式以及对成功的不同评价标准上。职业生涯规划不是外界强加的框架，而是个人在内心想法的驱动下，结合社会和企业的发展趋势，依据现实条件和机遇，为自己量身描绘的发展蓝图。虽然家庭背景、企业文化和社会环境等因素对个人的职业生涯规划产生重要影响，但其根本的驱动力和源泉仍然源自个人的自尊心和自我实现的需求。个人的职业生涯规划应当是一个自主的过程，是个人根据自己的兴趣、能力和价值观，结合外部环境的变化，不断调整和优化自己的职业发展路径，以实现个人的职业目标。这一过程既需要个人的自我认知和自我管理，也需要对外部环境的准确判断和有效应对，以确保个人的职业生涯规划能够顺应时代的潮流，实现个人与社会的和谐共进。

（二）开放性

职业生涯规划的开放性体现在个人在制订和执行职业生涯规划的过程中，需要主动与外界进行广泛的信息交流，包括与家人、老师、上下级、朋友和职业顾问等进行深入地沟通，积极听取他们的意见和建议，以更全面、客观的视角来审视自己的职业生涯规划。此外，利用各种测评工具来测定自己的职业潜能，也是职业生涯规划开放性的一种体现，职业生涯规划不是一成不变的，它需要根据个人的成长和外部环境的变化进行不断地调整和优化。职业生涯规划是一个动态的过程，它是个人实现自我价值的重要途径，也是个人全面发展的有效工具，因此，个人在制订和执行职业生涯规划的过程中，需要保持开放的心态，积极主动地与外界进行交流，不断调整和优化自己的职业生涯规划。

（三）指导性

职业生涯规划对于大学生来说，是一盏指引方向的明灯，它能够帮助大学生在复杂多变的世界中找到自己的定位，为自己的未来职业发展描绘出清晰的蓝图。通过全方位的信息整合，大学生能够以科学的态度进行职业规划和职业选择，在众多的职业和发展道路中，找到最适合自己的那一条。职业生涯规划还能够帮助大学生有效地解决思想上和行为上的问题，引导他们进行积极的职业准备，使他们在未来的职业发展中具有明确的目标和计划，不会在遇到困难和挑战时感到迷茫和慌乱。

四、职业生涯规划的基本原则

（一）择己所爱

选择一份自己喜欢的工作，能够给自身带来满足感，还能让整个职业生涯充满乐趣。兴趣是最好的老师，也是通往成功的捷径。兴趣与成功之间存在着密切的正相关关系，当一个人对自己的工作充满热情时，他会更加主动地去学习新的知识和技能，更加积极地应对工作中的挑战，从而提高工作效率，取得更好的工作成绩。大学生在规划自己的职业生涯时，一定要充分考虑自己的性格特点、兴趣爱好、价值观等因素，选择一份自己真正喜欢的职业，只有在工作中找到快乐，才能够在职业生涯的道路上走得更远，实现自己的人生价值。

（二）择己所长

每一种职业都对求职者有特定的技能和能力要求，但是，一个人在其一生中是不可能掌握所有的技能和能力的，在面对职业选择的时候，根据比较优势的原理，进行深入的自我分析和市场调研就显得尤为重要。通过对自己的性格、兴趣、价值观、技能和能力的全面了解，结合市场的需求和未来的发展趋势，找到与自己最匹配的职业领域。还应当对他人的优势和劣势进行分析，找到自己在职业竞争中的相对优势，选择那些与自己的优势相匹配、冲突较少的行业，以便更好地发挥自己的优势，在激烈的职业竞争中占据有利的地位。

（三）择世所需

社会的变迁和发展总是伴随着需求的变化，旧的需求逐渐消退，新的需求不断涌现，同时催生了新的职业机会。大学生在规划自己的职业生涯时，必须对社会的需求进行深入的分析，选择那些顺应时代潮流和社会发展的职业方向，这要求个人应当对当前的社会需求有清晰的认识，更需要具备前瞻性的眼光，能够准确预测未来行业和职业的发展趋势，做出明智的选择。选择一个有前景的行业或职业，能够为个人的职业发展提供更多的机会和空间，也能够更好地实现个人的价值和目标。所以，目光要放得更远，既要关注当前的社会需求，更要关注未来的发展趋势，从而在职业的选择上做出更为明智和符合未来发展的决策。

（四）择己所利

“择己所利”意味着在规划过程中，个人需要深入了解自己的兴趣、技能和价值观，并基于这些因素做出职业选择。这种方法强调自我认知的重要性，因为只有真正理解自己，才能选择最适合自己的职业路径。大学生应首先进行自我评估，包括评估个人的优势、弱点、兴趣和激情。

接着，考虑这些因素如何与可用的或潜在的职业机会相匹配，例如，如果某人擅长并热衷于创意写作，他们可能会考虑从事写作或编辑工作。重要的是识别和追求那些能够激发个人潜能和热情的机会，而不仅仅是追求收入或社会地位。

第二节　职业生涯发展的相关理论

一、帕森斯的特质因素理论

美国波士顿大学教授弗兰克·帕森斯（Frank Parsons）提出的特质因素理论又称人职匹配理论，是最早的职业辅导理论。[①] 1909年，帕森斯在其《选择一个职业》著作中提出人与职业相匹配是职业选择的关键，他认为，每个人都有自己独特的人格模式，每种人格模式的人都有其相适应的职业类型。所谓“特质”就是指人的人格特征，包括能力倾向、兴趣、价值观和人格等，都可以通过心理测量工具来加以评量；而所谓的“因素”则是指在工作上取得成功要具备的条件或资格，这些因素是可以通过对工作的分析而了解的。

（一）人与职业匹配的类型

1.职业与个体的匹配（职业匹配人）

这是指需要特定技术和专业知识的职业应与掌握这些技能和知识的求职者相匹配。例如，对于劳动条件较差的职业，如脏、累、苦等，适合那些能吃苦耐劳、体格健壮的求职者。

2.个体的特质与职业的匹配（人匹配职业）

这是指具有特定特质的个体应选择与其特质相匹配的职业。例如，

① 李金亮，杨芳，周欣．大学生职业生涯规划[M]．长沙：湖南教育出版社，2019：29.

那些敏感、情感丰富、不拘一格、个性强烈、理想主义的人，更适合从事艺术创作等需要审美和情感表达的职业。

（二）帕森斯职业选择的步骤

（1）对求职者的生理和心理特点进行评价，如通过成就测验、能力测验和人格测验等方式，了解求职者的价值观、能力倾向、兴趣爱好、气质和性格等。还需要通过面谈、调查等方法，获取求职者的身体状况、家庭背景、学业成绩、工作经历等相关信息，并对这些资料进行综合评价。

（2）对职业要求进行深入分析，为求职者提供全面的职业信息，如职业的本质、薪酬水平、工作环境、晋升前景、求职基本要求和就业机会等方面的信息。

（3）确保个人特质与职业要求良好匹配。这涉及对求职者的能力、兴趣和价值观进行综合考量，以确保他们选择的职业不仅符合其个人特点，而且有获得职业成功的可能。

职业选择理论的理论基础强调人的个体差异，差异心理学和心理测验的产生与发展为职业选择理论及其实际应用提供了有利条件。这一方法符合职业生涯规划的逻辑和过程，也易于操作和实施，这种职业选择方法自产生起就一直被广泛接受和采用，并不断得到完善和发展。

在贯彻帕森斯的职业生涯规划理论时，也存在一些挑战。首先，获取关于工作要求的信息往往是不全面的，这可能导致在职业选择上出现误判。其次，虽然心理测验是一个有用的工具，但它们并不能总是保证结果完全准确。这些因素加起来可能导致大学生做出不合适的职业选择。再次，帕森斯理论试图在个人特质和职业要求之间建立直接对应关系，却未能充分考虑个体特质的可变性和职业要求随时间的动态变化，这种静态的匹配观念与现代社会职业的多变性不符。最后，该理论将职业选择视为个体的单向过程，未能充分考虑到社会因素对职业选择的重要影响和制约。这些因素表明，帕森斯的职业选择理论在应用时需要更全面和动态的考虑，以适应现代社会的复杂性和多变性。

二、金斯伯格的职业发展理论

（一）基本观点

金斯伯格（Eil Ginsberg）是职业发展理论的先驱，1951 年其专著《职业选择》问世，在这本书中提出了职业发展理论的基本观点：

（1）职业选择是一个演变的过程，不是一个瞬间的选择，而是随着时间的推移，通过一系列的决策形成的。在这个连续的过程中，每一步都与前后步骤有着紧密的联系，共同构成了一个完整的职业选择路径。

（2）该过程大多数情况下是不可逆的，因为每一个决策都是由个人基于自身的年龄和发展阶段而做出的，这些因素随着时间的推移而改变。

（3）这个过程通常以一种妥协的方式结束，个体需要在兴趣、能力和现实机会这三个主要影响择业的因素之间找到一个平衡点，以做出最终的职业选择。

（二）发展阶段

在发展阶段方面，金斯伯格将职业选择的心理发展划分为三个主要时期：幻想期、尝试期和现实期。在尝试期和现实期中，他又进一步细分了不同的阶段，以更好地描述个体在职业选择过程中的心理变化和行为特点。

幻想期（11 岁以前）是个体的空想阶段，这时他们渴望快速成长，对未来的职业充满憧憬。在这个阶段，个体的思想通常带有强烈的感情色彩，较为盲目和冲动，对职业的需求和理解还处于模糊的幻想阶段，因此，他们的行为和想法通常不稳定。

尝试期（11~18 岁）与个体的青春期重叠，个体在生理和心理上都经历着迅速的变化，开始形成自己的价值观，知识和能力也在不断增长。在这个阶段，青少年开始对社会有了初步的认识，形成自己的职业兴趣，并开始思考未来的职业道路。他们大多数时间都在学校学习，因此，他们对职业的选择更多地基于自己的兴趣，而这些兴趣通常带有理想主义色彩。

金斯伯格按照年轻人考虑择业因素的顺序，把尝试期又分为四个阶段：兴趣阶段（11~12 岁）、能力阶段（13~14 岁）、价值阶段（15~16 岁）和过渡阶段（17~18 岁），其中价值阶段是职业形成最重要的时期。过渡阶段和现实期的探索阶段，为个体提供了重新开始职业选择过程的机会。随着阶段的发展，个体的关注点逐渐从主观的个人兴趣、能力和价值观转向现实所提供的机会和限制。这个过程中，个体逐渐学会在个人的愿望和现实的限制之间找到平衡，做出符合自己特点和需求的职业选择。

现实期（18 岁以后）是个体从中学进入大学或直接踏入职场的时期。在这个阶段，个体开始将自己的愿望、条件与外部环境相协调，兴趣、能力、价值观等个人因素不再是择业的唯一决定因素，他们需要面对现实，做出选择。这个时期的显著特点是客观性和现实性。

在现实期，个体的成熟和进步是逐步实现的。这个阶段可以被细分为三个各有侧重点的时期：

一是探索期。在这个阶段，个体尝试将自己的选择与社会的需求相结合，进行各种探索性的活动，了解不同职业机会的内涵和结构，为未来的职业选择做好准备。

二是具体化时期。当个体的职业目标基本确定后，他们会进一步将这个目标分解、细化，并为实现这个目标付出努力。

三是特定化时期。为了实现特定的职业目标，个体会开始进行更为专业和全面的努力，例如，准备升入更高级的学府深造或接受专项训练等，为具体的就业和入职做好准备。这个阶段的个体通常会有明确的职业规划，他们会为实现自己的职业目标而付出更为专注和系统的努力。

金斯伯格的研究对象以美国中产阶级青少年为主，这可能限制了他的理论在其他社会和文化背景下的适用性，尽管如此，他对职业选择心理发展的分析在普遍性和科学性方面仍然具有重要价值。金斯伯格强调，职业选择不只是青少年时期的事情，而是一个持续的、终身的过程。对于那些在职业中寻求满足感的个体，职业选择是一个不断发展的决策过程，这个过程中，个人会持续评估和调整自己的职业目标，以适应工作环境的实际情况。金斯伯格的理论着重于职业生涯的早期阶段，涉及初始职业选择、早期职业体验的反馈以及个人经济和家庭状况对职业选择的影响。虽然他深入探讨了职业生涯早期的发展，但在如何在进入职业角色后进一步调整和发展职业生涯的问题上，金斯伯格的研究相对欠缺深度。这一领域的探索需要其他理论的补充，以形成一个更全面的职业生涯发展理论体系。

三、舒伯的职业发展理论

1953 年，唐纳德·E·舒伯（Donald E. Super）在《美国心理学家》杂志发表《职业发展理论》，他以美国人作为研究对象，根据人的成长和心理发展过程，把人的职业生涯划分为五个主要阶段。

（一）成长阶段（0~14 岁）

成长阶段是个体认知发展的重要时期，个体通过与家庭成员、老师、朋友的互动，逐渐形成自我概念，经历从职业好奇、幻想到兴趣再到有意识培养职业能力的过程。这个阶段可以分为三个时期：

1. 幻想期（0~10 岁）

在这个阶段，儿童通过外界的感知，对各种职业产生好奇，对自己喜欢的职业充满幻想，并进行模仿。

2. 兴趣期（11~12 岁）

在这个阶段，个体的职业选择以兴趣为中心，开始理解和评价职业，做出初步的职业选择。

3. 能力期（13~14 岁）

在这个阶段，个体开始考虑自身的条件是否与喜爱的职业相符，有意识地进行职业能力培养。

（二）探索阶段（15~24 岁）

在这个阶段，个体处于人生旅程的学习和基础打造环节。这个时期，他们积极考察各种职业道路，对自身的才能和潜力进行实际的评估，并根据其职业抉择做出相应的教育和职业决策。

1. 试验期（15~17 岁）

此时，个体开始结合自己的兴趣、能力以及职业的社会认可和就业前景来尝试不同的职业路径。

2. 过渡期（18~21 岁）

该阶段标志着个体正式步入劳动市场或接受专业职业训练。这一时期，他们明确自己对某一职业的倾向，为未来的职业生涯奠定基础。

3. 实验期（22~24 岁）

在这一阶段，个体确定了自己的工作领域，并开始从事选定的职业，同时通过实践来检验其职业目标的可行性和实现路径。

（三）确立阶段（25~44 岁）

确立阶段属于选择、安置阶段，标志着个体在经过早期的试探和尝试后，最终确立稳定的职业并寻求发展机会。

1. 尝试期（25~30 岁）

在这一阶段，个体在所选择的职业领域中寻求稳定，并对最初的职业选择和目标进行反思和评估，如有必要，可能会进行重新选择或变换职业。

2. 稳定期（31~44 岁）

这一时期是个体实现职业目标的关键时期，也是个体创造性最为丰富的时期。

其中，职业中期危机阶段（30~40 岁），个体可能会发现自己并未朝着预定的职业目标前进，或者发现了新的目标，因此需要重新评估自己的需求和目标，这是一个重要的转折期。

（四）维持阶段（45~65 岁）

个体在职业生涯中的升迁和专精阶段。在这一阶段，由于个体在某一职业领域已有一席之地，因此不再考虑变换职业，而是专注于维持已有的成就和社会地位，同时会向他人传承工作经验，寻求接替人选。

（五）衰退阶段（65 岁以上）

个体退休的阶段，由于健康状况和工作能力的逐渐衰退，个体将逐步走下工作岗位，结束职业生涯。在这一阶段，个体需要学会接受责任的减少，适应退休后的新角色，以减缓身心的衰退，维持生命力。

舒伯的职业生涯阶段虽然以年龄为划分依据，但实际上职业生涯是一个持续的过程，各个阶段的时间并没有明确的界限，其历时的长短也因人而异，有时甚至可能出现阶段性的反复。因此，舒伯在后期对其理论进行了深化，将每个阶段都划分为包括成长、探索、确立、维持、衰退等步骤的层次（表 1–3）。[①] 这是一种大阶段套小阶段的螺旋循环发展模式，使各阶段的发展任务更加紧密相连。

---

① 李金亮，杨芳，周欣．大学生职业生涯规划 [M]. 长沙：湖南教育出版社，2019：43.

表1-3　生涯各阶段循环式发展模式

生涯阶段	青年（15～24岁）	成年（25～44岁）	中年（45～65岁）	老年（65岁以上）
成长阶段	树立自我概念	学习建立人际关系	接受个人条件制约	发展非职业性的其他角色
探索阶段	寻找学习机会	寻找心仪的工作机会	音阶新挑战并努力解决	寻找退休离职后的休憩地
建立阶段	在初定职业中起步	积极投入工作，力求上进	培养新的应变技能	完成未完成的梦想
维持阶段	验证当前的职业选择	稳固职位，维持安定	加强自我，笑迎竞争	继续有兴趣的工作与生活
衰退阶段	减少休闲活动时间	减少运动的时间	集中精力于感兴趣的主要活动	减少工作时间

发展理论的重要性在于，它揭示了职业选择不仅是个体在面临择业时的一次单一事件，而是贯穿于个体整个生活过程的一个持续且长期的发展过程。职业发展是伴随着个体的一生而展开的，因此职业生涯规划也应当是一个系统性和长期性的过程。

舒伯的理论贡献在于，他提出了一个完整的人生职业发展阶段模式，这一模式在实践中具有重要的意义。舒伯的职业发展理论系统性强，合理性高，且融合了已有理论的优点，其理论覆盖面广，是职业生涯规划理论发展历程中的一个重要里程碑。

但是，需要注意的是，舒伯的研究对象主要是美国中产阶级白人，因此他提出的职业发展阶段的年龄划分及其具体特征和发展内容的描述可能不完全适用于其他国家和社会阶层的人群。尽管如此，舒伯的理论仍然为进一步的研究提供了有益的启示。

四、彼得森认知信息加工理论

1991年，盖瑞·彼得森（Gary Peterson）、詹姆斯·桑普森（James Sampson）、罗伯特·里尔登（Robert Reardon）合著了《生涯发展和服务：一种认知的方法》一书，阐述了这一认知信息加工的方法，提出了认知信息加工金字塔模型以及 CASVE 循环的核心观点，它们也是进行生涯决策时简单且行之有效的方法。

（一）信息加工金字塔

信息加工金字塔模型展示了生涯选择过程中涉及的各个阶段，主要分为三个层级，如图 1–3 所示。

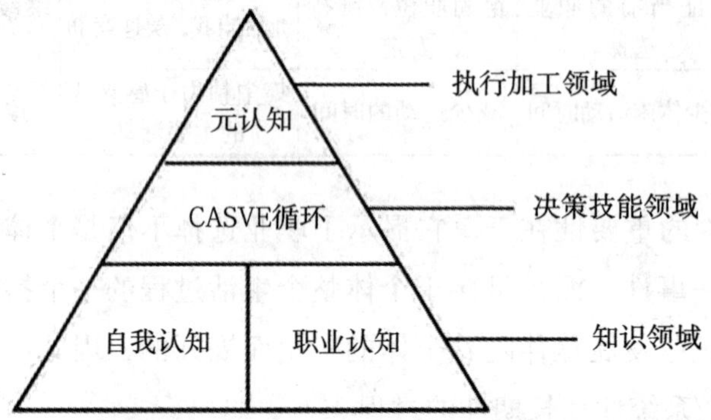

图 1–3　信息加工金字塔模型

顶层为执行加工领域，类似于计算机中的数据文件搜集和整理过程。在这一领域，个体通过自我认知，包括对性格、价值观、素质能力的自我评估以及对职场环境、职业教育等的职业认知，处理和加工相关信息，以便更好地解决生涯问题和制订决策。

中层为决策技能领域，相当于计算机的程序部分。这一领域主要包括五个步骤的 CASVE 循环，指导个体如何进行生涯决策。

底层为执行加工领域，类似于计算机的工作控制功能。在这一领域，个体将思考整个决策制订过程，决定为实现目标而工作的时间、方式以及解决生涯问题所采取的途径方法等。这一层级还涉及元认知的概念，即对认知过程的认知，也被称为反省认知。

（二）CASVE 循环

在认知信息加工理论中，决策被视为生涯发展的关键环节。CASVE 循环详细分析了个体做出决策的具体过程，包括沟通、分析、综合、评估、执行这五个步骤的往返循环过程，如图 1-4 所示，确保个体能够顺利做出决策。

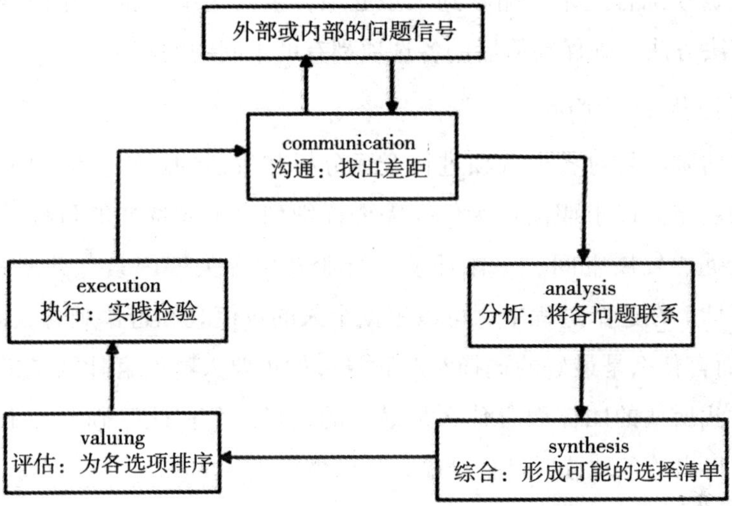

图 1-4　信息加工 CASVE 循环

1. 沟通（communication）

此环节是发现问题的起点，通过这一环节，问题信号得以显现，理想情境与现实情况之间的差距被觉察，并以代表性信号的形式表现出来。个体因此关注到问题的不可忽视性，意识到需要做出选择，从而开启 CASVE 循环。

2. 分析（analysis）

该环节是对问题进行深入思考和研究的过程，目的是更具体地提出问题、考虑各种可能性的结果。在这一环节，个体需要了解自己及其各种选择，掌握获得信息的步骤以及平时做出重要决策的方式。通过建立自我认知和职业认知的联系，找出自身择业观和社会需求之间的契合程度，对不同的选择进行评价和分析。

3. 综合（synthesis）

综合环节是拓展和缩减选择清单的过程。要尽可能地拓展问题解决的选择清单，通过头脑风暴、全面撒网的方式精心搜索各种选项，然后将这些选项综合起来，缩减到三至五项，主要保留与自己知识结构相一致的解决方法，确保精简后的各选项都有助于问题的解决。

4. 评估（valuing）

评估阶段是对各个选项进行全面分析和权衡的过程，以便个体做出最终的决定。以求职岗位为例，需要详细列出不同选择的目标、工作地区、待遇、发展空间、工作环境、行业文化等关键因素，并逐一分析、综合评估。在这个过程中，可以根据个人的价值观和道德观念，问自己："对我而言什么是最好的选择？对我身边的重要人物而言什么是最好的选择？对我所属的团体而言什么是最好的选择？"在此基础上，个体对综合阶段得出的各种选择进行排序，从而做出最佳的决定。

5. 执行（execution）

此阶段是将前面的选择付诸实践的过程，通过制订时间表、里程碑式的阶段性目标、预算、流程等，为实现第一选择而采取实际行动。以求职岗位为例，需要进行前期的培训准备，中期的实习、兼职等实践检验，直至最后的面试入职。在这个过程中，个体可能会遇到压力和风险的挑战，因此需要坚持不懈，通过这些逻辑步骤来实现自己的目标，使自身的决策过程更加合理和完善。

在完成沟通、分析、综合、评估、执行这一系列循环过程后，需要反思和检验问题是否已经得到解决，问题解决的过程是否成功，是否需要启动新的 CASVE 循环。如果问题未得到解决，将进入新一轮的循环。

（三）提升元认知技能

在执行加工领域，已经初步论述了元认知的概念。在这个决策制订的关键步骤中，提升对原认知的掌控技能是实现目标的重要途径。通常，元认知包括以下三个方面：

1. 自我对话

自我对话是个体与自己进行的内心交流，它在很大程度上起到心理暗示的作用，这些暗示可能是积极的，也可能是消极的。积极的自我对话能够增强个体的自信心，使其更有信心面对任务和挑战，有助于其做出正确的决策。相反，消极的自我对话会削弱个体的自信心，使其在决策过程中犹豫不决，难以做出明智的选择。

2. 自我觉察

自我觉察是指个体对自己的行为和情绪的认识和理解。在进行信息加工和决策的过程中，个体既需要关注自己的感受，还需要考虑他人和团队的需求，以便做出符合各方利益的选择。自我觉察能够帮助个体更好地平衡自己的需求与他人的需求，做出更为合理的决策。

3. 控制监督

控制监督是指个体对自己的认知过程的调节和控制。在决策过程中，个体需要对自己的行为和情绪进行监控，以便更好地控制自己的反应，包括判断是否需要搜集更多的信息、权衡冲动性反应的利弊、关注自己的不足之处以及提醒自己遵守承诺的期限等。通过对认知过程的控制监督，个体能够更好地实现目标，使计划中的行为与实际行为保持一致。

第三节　职业生涯规划的步骤、方法与意义

一、职业生涯规划的步骤

职业生涯规划的步骤主要包括自我评估、组织与社会环境分析、职业生涯目标的确定、职业生涯路线的选择、制订行动方案、评估与反馈等，[①] 如图 1–5 所示。

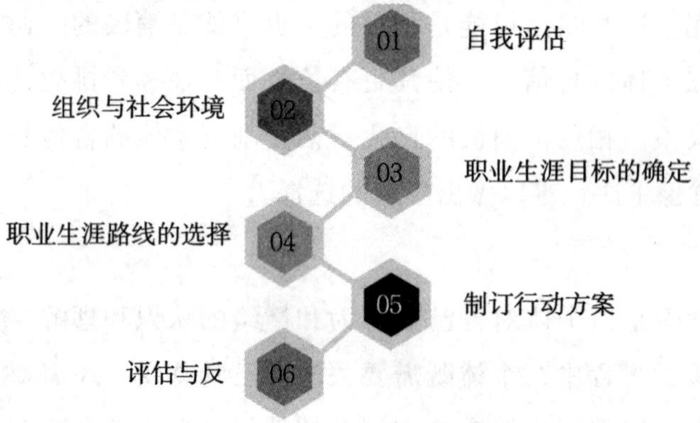

图 1–5　职业生涯规划的步骤

（一）自我评估

自我评估是职业生涯规划的重要环节，它涉及对个人的需求、能力、兴趣、性格和气质的全面分析，目的是明确自己适合从事哪些职业以及自己具备哪些能力，从而清楚地认识到自己的优势和劣势。

（二）组织与社会环境分析

在短期的职业生涯规划中，重点是分析组织环境，以便发现其中的机会和威胁，在长期的职业生涯规划中，更应注重对社会环境的分析，

① 张晓蕊，马晓娣，岳志春．大学生职业生涯规划 [M]. 北京：北京理工大学出版社，2019：18.

以便评估未来可能出现的长期发展机会。通过对社会环境的分析，结合个人的具体情况，可以找出适合自己的长期发展方向，同样，通过对组织环境的分析，可以找出组织内部的短期发展机会。

（三）职业生涯目标的确定

职业生涯目标的确定是职业生涯规划的核心，它包括人生目标、长期目标、中期目标和短期目标的设定，这些目标分别对应人生规划、长期规划、中期规划和短期规划。首先，个体需要根据个人的专业背景、性格、气质、价值观以及社会的发展趋势，确定自己的人生目标和长期目标。然后，再将这些目标细化，根据个人的经历和所处的环境，制订相应的中期目标和短期目标，在这个过程中，需要通过自我评估和对生涯机会的评估，全面认识自己，分析环境，做出明智的职业选择。在选择职业时，应充分考虑自身的特点，包括性格、兴趣和特长，也要考虑环境因素对自己的影响，通过分析自我、了解自己、分析环境、了解职业世界，使自己的性格、兴趣、特长与职业相匹配，这对即将步入社会的大学生来说尤为重要。

（四）职业生涯路线的选择

在职业选择之后，个体需要考虑自己的职业发展路线。不同的发展路线对个体的要求也不同，因此，这一点不容忽视。在同一职业领域内，也存在不同的岗位，有的人更适合从事行政工作，能够在管理领域展现出色的才能，成为优秀的管理人才；有的人更适合从事研究工作，能够在某一领域取得突破，成为知名的专家学者；还有的人更适合从事经营工作，能够在商业领域取得成功，成为杰出的经营人才。如果一个人不具备管理才能，却选择了行政管理的道路，那么他在职业生涯中取得成功的可能性就会大大降低。

（五）制订行动方案

制订行动方案是将职业生涯目标转化为具体的计划和措施的过程。在这一过程中，重要的行动方案包括选择职业生涯发展路线、选择职业、制定相应的教育和培训计划等。

（六）评估与反馈

评估与反馈是个体对自己的不断认识的过程，也是个体对社会的不断认识的过程。通过评估与反馈，个体能够更加清楚地认识到自己的优势和劣势，从而使职业生涯规划更加有效。

二、职业生涯规划的方法——“五步法”

“五步法”是一种通过五个问题来进行思考的模式，帮助个体更好地了解自己，明确自己的职业生涯方向。

（一）自己是谁

首先，个体需要深入思考自己所扮演的各种角色，如子女、领导、朋友等，以及自己的个性特征、能力等，可以通过列举出自己的各种角色和特征，来清楚地认识到自己的责任、角色和性格，也可以通过心理测试等专业手段来帮助自己进行更深入的分析。

（二）想做什么

回顾自己的童年时代，思考自己曾经梦想从事的职业，随着年龄的增长，自己的职业兴趣是否发生了变化，更清楚地了解自己的职业倾向。

（三）能做什么

列举出自己已经证明过的能力以及自认为可以开发的潜能，以便个体更清楚地了解自己的职业能力。

（四）环境支持或允许做什么

分析自己所处的环境，包括家庭、社区、城市、国家等以及这些环境对自己的职业生涯可能提供的支持和限制，通过认真的分析和排序，帮助个体更清楚地了解自己的职业生涯可能面临的机会和挑战。

（五）职业与生涯规划是什么

将前四个问题的答案摆放在面前，仔细比较这些答案，找出相同或相近的内容，并用线将它们连接起来。这些连线中，不与其他线相交且位于最上方的线，便指明了个体最应追求的职业方向。在确定了职业方向后，接下来是制订具体的目标，包括近期、中期和远期的目标，并以三年为一个周期进行规划。在近期目标中，进一步将其细化为年度目标，再将年度目标分解为季度目标、月度目标、周度目标和日度目标。每天睡前，个体可以根据自己的目标进行反思，总结当天的成果和失误，提炼经验和教训，调整次日的目标和方法。通过不断的积累和努力，任何规划都有可能实现。回答这五个问题，找到它们的共同点，便能够制订出自己的职业生涯规划。

如果感兴趣，可以立即尝试这个方法。准备五张白纸和一支铅笔，将五个问题分别写在每张纸的顶部。然后，静下心来，排除外界干扰，依次深思每个问题，寻找答案。

三、职业生涯规划对大学生的意义

人生发展的“质”与“量”是区分每个人的独特标签，它们由性格、能力、心理、价值观念、身体素质、物质条件、生活状态等多方面因素构成。在人生的起步阶段，明确自己的“质”与“量”是至关重要的，它能帮助个体清楚地认识到自己所处的位置和所拥有的条件，也能指引个体找到未来发展的方向和目标。为了实现这一目标，个体需要运用科学的方法和系统的策略，构建自己的发展轨迹，从而使个人的能力达到理想的“质”与“量”。

职业生涯规划就像是人生发展的标尺，它能够帮助个体衡量自己的“质”与“量”，并为个体提供清晰的发展路径，对于站在职业生涯发展十字路口的大学生来说，职业生涯规划更是不可或缺的工具。通过职业生涯规划，大学生能够更好地认识自己，明确自己的职业目标，制订合适的职业发展计划，并在未来的职业生涯中取得成功。这样，他们就能够在人生的道路上，不断追求和实现自己理想的“质”与“量”。

（一）职业生涯规划的衡量作用

1.指导大学生确定恰当的人生目标

目标是人生之路的灯塔，它指引着大学生奋斗的方向，也给予大学生奋斗的动力。但是，设定一个合适的人生目标并不是一件简单的事情，如果目标过于宏伟，就可能找不到实现目标的切入点，无法对个人的成长产生积极的推动作用；反之，如果目标过于狭隘，就可能使个人的成长受到限制，最终阻碍发展的空间。职业生涯规划中包含的各种理论、方法和工具，能够协助大学生准确地认识自己，基于正确的自我定位，结合外部环境和社会需求，设定切实可行的目标。

2.帮助大学生认识既有的发展状态

了解自己的发展状态是大学生步入社会前的重要一步，包括对自己的个性、现有能力和不足之处的深刻认识以及对自己所处发展阶段的清晰了解。通过对个性的认识，大学生可以更好地理解自己的行为和反应，在与他人的交往中能够更加得心应手。对现有能力和不足的认识，可以帮助他们明确自己的优势和劣势，并在未来的职业选择和发展中更加明智。

对发展阶段的认识，可以帮助大学生更好地评估过去的努力是否取得了预期的效果以及未来的努力方向应该是什么，这是对过去设定的人生目标的一种检验，也是推动他们逐步实现人生目标的重要手段。

（二）职业生涯规划的勾画作用

1.帮助大学生树立正确的择业观念

“三百六十行，行行出状元。”对于有志向的人来说，大多数职业都有其广阔的发展空间，都能够带来成功的荣耀。正确的职业选择观念应该是自我认识、环境认识、价值目标认识的有机结合。职业生涯规划正是在这个基础上，帮助大学生树立具体的、有针对性的职业选择观念，使其对机遇的把握更为全面和深刻。

2.引导大学生重视并有针对性地培养素质和能力

对于大学生来说，当前社会的发展既充满了机遇，也伴随着严峻的挑战。未来对人才的要求趋向多样化、专业化，同时越来越重视个人的品行，在实际工作中，有的大学生因为不能熟练运用现代化的工具而导致工作能力的不足，有的大学生虽然在大学期间阅读了大量的书籍，但在工作中无论是口头还是书面表达能力都较弱，这直接影响了社会对他们思想观点的认可。还有一些大学生在工作中感到专业知识不够深入，常有重回校园学习的冲动，这些都是因为大学生在学校时没有针对性地培养自己的素质和能力。

在面对挑战和趋势时，大学生应该怎样培养自己的素质和能力呢？人的一生中学习和实践的时间是有限的，很难使自己的素质和能力面面俱到，成为无所不能的“全才”。当代社会的分工越来越精细，任何人都不可能在所有领域都能大显身手，所以，大学生应该以自己的发展目标为核心，有针对性地培养自己在某些方面的素质和能力。通过进行职业生涯规划，确立自己的职业发展道路。

第二章　职业生涯规划与自我认知

第一节　自我认知概述

职业生涯规划的首要前提是深刻了解自己，例如，专业的选择受到众多复杂因素的影响，有些学生可能因为未能进入自己心仪的专业而对所学专业产生不满，这实际上是他们将自己的挫折感与当前专业错误地关联起来，导致无法接受考试的挫折，不接受现在的专业。此外，周围环境和舆论也会影响大学生的专业选择，例如，有些观点认为男生不适合学师范专业、男性成为教师没有前途等。社会流行观念也会对大学生产生影响，例如，有人认为学习英语没有发展前景等。

这些因素都可能使大学生在职业生涯规划的道路上迷失方向，对大学生而言，职业生涯规划和发展成功的第一步是学会“认识自我”，通过深刻了解自己的兴趣、价值观、能力和性格，大学生可以更清晰地认识到自己的优势和不足，从而做出更为明智的职业选择，走上成功的职业生涯发展道路。

一、自我认知的内涵

“自我”是个体对自身多方面知觉的综合体现，涵盖了对个人性格、能力、兴趣、欲望的理解，与他人及环境的关系，处理事务的经验以及生活的目标等方面的认识和评价。自我认知在职业生涯规划中扮演着至关重要的角色，是个体职业和事业发展的起点。

自我认知是个体对自身的深刻洞察和理解，包括自我观察和自我评价两个方面。自我观察是指个体对自己在感知、思维和意向等方面的觉察，而自我评价则是指个体对自己的想法、期望、行为和人格特征等方面的判断与评估。通过自我认知，个体可以明确自己的价值观、人生方向和目标，了解自己的性格特征，认识到自己的优势和劣势以及觉察自己的情绪变化及其原因。

二、自我认知的原则

自我认知是建立在自我观察与自我分析基础上的对自我身心素质的全面评估，正确的自我认知应遵循以下四条基本原则。

（一）适度性

自我认知应当适度，避免过高或过低的自我认知。过高的自我认知可能导致个体脱离现实，忽视自身的条件限制，甚至产生狂妄自大的心态，从自信走向自负；而过低的自我认知则可能使个体忽视自己的长处，缺乏自信，过于自卑。

（二）客观性

自我认知应当建立在客观事实的基础上，遵循客观性原则。虽然自我认知是个体对自己进行观察、分析和评价的过程，但这一过程需要以客观事实为依据，以便更准确地认识和评价自己。人贵有自知之明，能够客观地认识和评价自己是一种难能可贵的品质。

（三）全面性

自我认知的过程中需要全面地审视自己。一方面，要清楚认识到自己的优势和特长，另一方面，也要意识到自己的不足和缺点。在评价自己的某一方面特质时，应具体而准确，并对自己的整体素质进行综合评估。在这个过程中，应该考虑到所有的因素，包括那些占主导地位的重要因素。

（四）发展性

自我认知还应该具有发展性，不只是对自己现有素质的全面、客观评价，还应该着眼于未来的发展和变化，包括对自己未来的发展潜力和前景的预见性评估，以便更好地规划自己的未来。

三、自我认知的方法

自我认知的方法比较多，常用的主要有现实分析法、内省法、纵向剖析法、360 度评价法、专家咨询法、职业测评法等。[①]

（一）现实分析法

现实分析法强调对个人的全面认识，包括对外在形象和内在素质的准确把握。外在形象涉及外貌、衣着、举止、风度和谈吐等方面，而内在素质则包括学识、心理、道德和能力等多个层面。

（二）内省法

内省法是通过自我反省和分析来认识自己的一种方法。“吾日三省吾

① 石洪发．大学生职业生涯规划[M]．北京：北京理工大学出版社，2020：20.

身”，意在强调自我反省的重要性。通过回答“我是谁”这一问题，人们可以深入探索自己的优点和长处，同时能发现自己的缺点和不足之处。

（三）纵向剖析法

纵向剖析法是一种通过对自己过去、现在和未来的比较来认识自己的方法。人是在不断变化和发展的，因此通过对自己不同时期的比较，可以做出客观的自我评价。

（四）360 度评价法

360 度评价法最初是一种绩效考核方法，其特点是评价维度多元化。针对大学生职业生涯的自我认知目标，360 度评价法可以通过收集家人、朋友、同学、同事、老师等人员的反馈，来获得多层面的他评信息，帮助个体更客观、全面地认识自己。

（五）专家咨询法

专家咨询法则是通过与专家的交流和探讨，来帮助个体更清晰地认识自己，准确地定位自己的职业发展方向。该方法涉及个体的人生经历、专业、学历、兴趣、价值取向、能力和个人的内外资源等多个方面，借助专家的力量，个体可以更清晰地认识自己，找到适合自己的职业发展方向。

（六）职业测评法

职业测评是心理测验领域的一个重要分支，其定义为“对行为样本进行客观和标准的测量”。科学的职业测评建立在特定的理论基础上，通过设计问卷、抽样、统计分析和建立常模等步骤进行编制，其中包括效度、信度和常模三个重要元素，效度是衡量测验结果准确性的指标，信度则是衡量测验结果稳定性的指标，常模则是指代表性样本在测验中的分数分布情况。

科学的心理测验具有客观性、标准化和可比较性，这些特点使其在职业指导领域得到了广泛的推广和应用。目前，常用的职业测评工具包括迈尔斯－布里格斯类型指标（Myers-Briggs type indicator，MBTI）、霍兰德职业兴趣测评、职业锚测评和普通能力倾向成套测验（general aptitude test battery，GATB）等。这些工具能够帮助个体更准确地了解自己的职业兴趣、能力和职业倾向，为其职业生涯规划提供科学依据。

第二节 职业生涯中的自我认知

一、职业价值观的认知

（一）价值观的概念及特性

价值观是个体用来区分善恶的标准，同时是行为的指南，它体现在价值的取向、追求和目标以及评判事物价值的尺度和准则上。价值观为个体认为正当的行为提供了合理的依据，是深植于个性之中、影响行为、态度、观点、信念和理想的内心衡量标准。

这种内心的尺度有其独特的特性。第一，价值观具有主观性，每个人根据自己的需要，对得失、荣辱、福祸、善恶等有着不同的判断标准。第二，价值观的形成是一个选择的过程。人在社会实践中逐渐塑造和完善自己的价值观，儿童时期的价值观主要是模仿父母和亲近的人，而到了青年期，随着自我意识的成熟，个体会更多地通过主观判断和有意识的选择来塑造自己的价值观。第三，价值观具有稳定性，一旦形成，它会相对稳定和持久，不容易发生改变。第四，价值观有其社会历史性，随着时代的演变和生活的变迁，人们的观念会发生改变，因此，价值观也会体现出一定的社会属性。

（二）职业价值观的概念及分类

1.职业价值观的概念

职业价值观是个体在职业生涯规划和职业生涯选择方面的重要标准，反映了一个人对职业的理解和态度以及对职业目标的追求和向往。俗话说“人各有志”，这里的“志”就是指个体在职业选择上的价值取向，换句话说，职业价值观揭示了个体通过工作所追求的目标和理想，无论是追求物质财富、社会地位，还是实现自我价值等。

职业价值观的内涵可以从三个维度来进行阐述：一是发展要素，其中包括满足兴趣爱好、提供挑战性、展现自我才能、具有自主性和促进个人成长等方面，这些都与个体的成长和发展密切相关。二是保健要素，它涉及工作的福利待遇、收入水平、通勤便利性和工作环境等方面，这些都与生活质量和生活水平相关。三是地位要素，它包括单位的知名度和规模、个体在社会中的地位等，这些与社会认同和地位有关。

在职业价值观的内涵中，可以总结出四个重要的特性：

（1）职业价值观因人而异，每个人都有自己独特的价值观和价值体系，它们是在个体的成长过程中逐渐形成和完善的。

（2）职业价值观一旦确立，就会表现出相对的稳定性，但同时，当个体所处的环境和条件发生较大变化时，职业价值观也会随之发生调整。

（3）职业价值观具有阶段性，随着个体的成长和发展，其职业价值观也会逐步发生变化，以满足不同阶段的需求。

（4）职业价值观并不是唯一的，一个人在职业选择的过程中，通常会受到多种动机的共同影响，这使得职业选择成为一个复杂的决策过程。

2.职业价值观的分类

（1）自主型。自主型人格的人强烈追求自由，拒绝外界的干预，他们迫切希望能够充分展现个人的才华和能力。对于这类人群而言，室内装潢设计师、图书管理专家、摄影师、作家、演员、作曲家、编剧、雕刻家、漫画家等职业是他们的理想选择。

（2）经济型。此人格的人认为金钱是世间所有关系的基础，包括人与人之间的关系以及家庭关系。他们坚信金钱能够带来世间所有的幸福。在不同职业领域中，都可以找到这一类型的代表，其中商人尤为典型。

（3）支配型。该人格的人有强烈的控制欲，他们愿意成为组织中的领导者，不在乎他人的想法和感受，追求按照自己的意愿行事。对于他们来说，广告宣传员、调度员、律师、政治家和零售商等职业是他们实现自我价值的舞台。

（4）小康型。小康型人格的人追求社会地位和名誉，渴望得到他人的尊重和认可，当他们的需求得不到满足时，往往会感到自卑。为了实现自己的目标，他们通常会选择记账员、会计、银行出纳、法庭速记员、税务员、核算员、打字员、办公室职员、统计员和计算机操作员等职业，这些职业能够满足他们的经济需求，也能够提升他们的社会地位。

（5）自我实现型。此类个体将个性的发挥和真理的追求视为生命的终极目标，无关乎外界对其的评价，也不关心金钱和地位。他们坚信通过不断挖掘潜能，展现天赋，便能走向有意义的人生。对他们而言，生物学家、科学报刊编辑、植物学家、数学家、科研人员等职业是他们实现自我价值的平台。

（6）志愿型。志愿型个体充满同情心，能够感受他人的痛苦，而不是停留在表面的关心。他们致力于无私地帮助那些不幸的人，并从中获取满足感。因此，社会学者、导游、福利机构工作者、咨询人员、社会工作者、社会科学教师、护士等职业是他们的理想选择。

（7）技术型。该类个体性格稳重，擅长有条理地组织工作，对未来抱有平和的态度。他们追求的是通过技术的运用，提高生活质量。木匠、农民、工程师、飞机机械师、野生动物专家、自动化技师、机械工、电工、火车司机、公共汽车司机、机械制图人员等职业是他们的首选。

（8）合作型。他们非常重视人际关系，认为友谊是人生的重要财富。对他们来说，公关人员、推销人员、秘书等职业是他们的理想选择，因为这些职业能够为他们提供广泛的社交机会。

（9）享受型。他们追求安逸的生活方式，不愿意参与充满挑战性的工作。他们的职业选择没有特定的类型，因为不同时代、不同制度环境甚至不同自然条件下的人们都有着各自不同的职业价值观。同一时代、同一地区的人，也会因为成长环境、教育背景、个性追求等因素的不同而有各自不同的喜好。

（三）个人职业价值观的探索

对个人价值观的清晰认识能够帮助人们在进行职业生涯规划时更为从容。重要的不是价值观本身，而是价值观的探索过程，这一过程可以分为三个阶段：选择一个价值观，这一阶段包括在没有他人压力和其他价值观干扰的前提下自由选择一个价值观，思考这一选择的潜在后果；第二个阶段是珍视自己的价值观，包括喜爱和珍视自己的价值观，愿意在适当的时机向他人宣称自己的选择；最后一个阶段是根据自己的价值观采取行动，包括做出与自己的选择相关的行为，不断以与自己的价值观一致的方式行动。

大学生在做职业选择时，需要对自己的职业价值观进行探索和理解，分析和梳理自身的需求，这些需求反映了个人在职业生涯中的追求，揭示了他们在工作中看重的方面以及他们渴望获得和不在乎的事物。如果个人的职业价值观与工作环境相符，那么他们就会在工作中全力以赴；反之，如果不符，他们在工作中就会感到疲惫和无助，且工作效率会显著下降。因此，每个学生在进行职业选择时，都应该对自己的职业价值观进行澄清。

自我探索过程中，个体能够发现自己喜欢的事物；通过了解自己的性格和气质，能够发现适合从事的职业；通过对自身学习能力的分类，了解可能擅长的领域；通过价值观的发现，洞悉内心最真实的需求。需要注意的是，对自身的了解并不是通过学习就能完成的，它是一个漫长和渐进的过程，伴随人的一生，需要在生活的各个环节中不断澄清和思考。

二、职业兴趣的认知

（一）兴趣的概念及分类

兴趣是人们探究某种事物或者从事某种活动的心理倾向，它以认识或探索外界的需要为基础。兴趣的产生通常是受到主观和客观因素的共同影响的结果。诱人的事物能够吸引人的注意力，这是由外界环境所引发的，个体的知识经验积累以及教育水平的高低等主观因素，对于兴趣的产生也起到至关重要的作用。个体的主观特性与外界环境的客观特性之间的相适应程度，亦在兴趣产生的过程中扮演重要角色，可以说，兴趣是激励人们行动的核心动力，也是通向成功的一条重要途径。

从分类上来看，兴趣主要包括物质兴趣、精神兴趣以及社会兴趣三个方面：物质兴趣通常与个体的需要相关联，表现为对物质享受的追求，如购物等；精神兴趣则主要指个体对文化、科学、艺术等领域的关注与追求，如写作、绘画、书法、摄影、发明创造等；社会兴趣通常体现为对社会工作和组织活动的热忱，如志愿服务等。

兴趣还可以细分为直接兴趣和间接兴趣。如喜欢唱歌、跳舞等，是因为这些活动本身具有吸引力，能够带来愉悦与满足，这种对活动本身的喜爱就是直接兴趣。相反也许学习外语在某些人看来并不是一件乐趣无穷的事情，但由于掌握外语能够帮助人们找到满意的工作，因此人们对外语学习仍然抱有浓厚的兴趣，这便是间接兴趣。值得一提的是，直接兴趣与间接兴趣可以相互转化，也可以相互融合，以更好地激发人的积极性。

（二）兴趣与职业的关系

职业兴趣作为兴趣在职业选择领域的体现，展示了职业领域的多样性和复杂性与从业者的多样性和复杂性之间的互动关系。对职业兴趣的划分，有助于将个体纳入特定的职业兴趣类别，进而辅助个体找到适合的职业方向。职业兴趣在职业生涯发展中的重要性主要体现在以下三个方面。

第一，兴趣是驱使个体做出职业生涯选择的关键因素。兴趣所蕴含的精神力量能够促使个体专注于获取与喜好领域相关的知识，激发创新能力和工作热情。个体一旦对某一职业产生兴趣，就能全情投入，主动探索与职业相关的知识和趋势，积极思考并保持积极的心态，更好地应对工作中的困难与挑战。就像在日常生活中，人们总是喜欢加入自己感兴趣的活动一样，在职业选择上，个体也倾向于寻找与自己兴趣相符的职业领域。

第二，兴趣有助于提升工作效率，发挥个体潜能。广泛的兴趣领域有助于个体在多变的工作环境中游刃有余，即使在转换不同的工作领域时，也能迅速适应新的工作环境。职业兴趣使个体能更快地熟悉并适应职业环境，更好地扮演职业角色，发挥潜能。

第三，兴趣是保证职业稳定性和成功的重要因素。对工作产生兴趣的个体更愿意深入探索，勇于创新，并获得更好的工作业绩。投身于自己感兴趣的职业领域，既能让个体获得满足感，还能提升工作单位的满意度，保证工作的长期性和稳定性。在多变的工作环境中，多元化的兴趣领域使个体能更好地应对变化，快速适应新的工作岗位，有利于提升个体求职成功的机会，并在新的职位上迅速找到自己的定位，适应新的工作内容。认为兴趣是获取职场成功的重要驱动因素，能够调动个体的潜能，使其专注于特定方向，克服困难，取得卓越的成果。

三、职业气质与性格的认知

（一）气质的概念及类型

气质是指在心理活动的强度、速度、灵活性及指向性等方面表现出的稳定的心理特性，即通常所说的脾气和性格。从一个个体诞生的那一刻起，便有由生理机制所决定的气质，观察新生儿的表现，可以明显地看出其中的差异：有的新生儿哭闹不已，四肢活动频繁，而有的则显得较为安静，哭泣较少，且活动量较小。

就人的气质类型而言，主要包括胆汁质、多血质、黏液质以及抑郁质这四种。

1.胆汁质

他们的情感及情绪变化迅速，且容易外露，但也能迅速消退。他们的智力活动敏捷有力，但在理解问题时可能表现得较为粗枝大叶。其意志力强大，不畏艰难，勇敢且果断，但同时容易冲动，难以自控。在工作中，他们表现得雷厉风行，坚持不懈，但也易于感情用事，缺乏深思熟虑。

神经特点：感受性较低，耐受性较高，不随意反应性强，外向性明显，情绪兴奋性高，控制力较弱，反应迅速但不灵活。

心理特点：坦诚热情，精力充沛，容易冲动，脾气暴躁，思维迅捷但缺乏准确性，情感外露但不持久。

适合的职业：管理职位、外交人员、驾驶员、纺织业从业者、餐饮服务员、医生、律师、运动员、冒险家、新闻记者、演员、军人以及公安人员等。

2.多血质

他们情感丰富且外露，但不稳定。他们思维敏捷，但不求甚解，活泼好动，热情大方，擅长交际但交情浅薄，行动敏捷，适应能力强。缺点在于他们缺乏耐心和毅力，稳定性较差。

神经特点：感受性低，耐受性高，不随意反应性强，可塑性好，情绪兴奋性高，反应速度快且灵活。

心理特点：活泼好动，善于交际，思维敏捷，乐于接受新鲜事物，情绪容易产生也容易消退，易于外露，但体验较为肤浅。

适合的职业：导游、推销员、节目主持人、演讲者、外事接待人员、演员、市场调查员以及监督员等。

3. 黏液质

此类个体情绪稳定，面容平静。虽然他们的思维灵活性稍显不足，但在解决问题时细致周到，表现出安静稳重的性格。他们内心世界丰富，喜欢沉思，自制力强，耐受力高，表现出内刚外柔的性格特点。他们在交往中喜欢保持适度的距离，但行为上的主动性较差，缺乏活力，行动迟缓。

神经特点：感受性较低，耐受性较高，不随意反应性较低，外部表现较少，情绪稳定，反应速度快且灵活。

心理特点：稳重，考虑问题全面，安静且寡言，擅长自我控制，耐心坚持，情绪不易外露，注意力集中且稳定，外部动作较少且缓慢。

适合的职业：外科医生、法官、管理人员、出纳员、会计、播音员、话务员、调解员、教师、人力资源管理等。

4. 抑郁质

该类个体情感丰富，体验深刻而持久。他们多愁善感，思维敏锐，想象力丰富，虽然他们不擅长与人交往，但自制力强。缺点在于行动缓慢，容易消沉，工作时缺乏信心，不够果断。他们的社交圈较小，容易产生孤独感。

神经特点：感受性高，耐受性低，随意反应性低，情绪兴奋性高，反应速度慢，行为刻板固执。

心理特点：沉静，对问题的感受和体验深刻而持久，情绪不易表露，反应虽迟缓但深刻，准确性高。

适合的职业：校对、打字排版、检察员、雕刻、刺绣、保管员、机要秘书、艺术工作者、哲学家、科学家等。

气质是人的一种天生的性质，不存在优劣之分，它并不决定一个人的成就，也不带有道德评价的意义，气质仅仅为人的言行增添了某种独特的色彩，但它对人的行为和活动有着极为重要的影响。不同气质类型的个体在面对同一件事时，其处理方式、态度以及最终的效果可能会有很大的差异。实际上，不是每个人的气质都严格属于某一特定的类型，除了少数人完全符合某一气质类型的特征外，大多数人的气质通常是中间型或混合型。

（二）性格的概念与结构特征

性格体现了个体对现实世界和周边环境的不同反应和处理方式，其主要表现在个体对自己、他人以及周围事物的态度和行为上。性格的形成受到个体的世界观、人生观、价值观等因素的影响，是在后天的社会环境中逐渐塑造出来的。性格能够反映出一个人的道德风貌和品质。

性格是一个包含多个层面、各个方面的综合系统，其中包含了多种不同的性格特征，这些独特的性格特征通过有机的结合形成了个体独特的性格结构，这种性格结构在不同的人身上展现出独特的模式。在对性格结构的分析中，通常会关注性格的态度特征、意志特征、情趣特征、理智特征等四个方面。

1. 性格的态度特征

指个体在面对现实生活中各种情境时所表现出的一般性特征，包括个体在处理与同学、班级、学校的关系时的态度，是否擅长人际交往、人际关系的亲密度以及是否表现出忠诚或虚伪、同情或冷漠等态度。对待学习、劳动、工作和任务的态度也属于这一范畴，包括是否勤劳或懒惰、认真或马虎、细致或粗心、有创新精神或墨守成规、节约或浪费等。此外，个体对自己的态度，如是否谦虚或骄傲、自信或自卑，也是其态度特征的一部分。

2. 性格的意志特征

涉及个体在调节自己的心理活动时所表现出的心理特性，包括行为是否具有独立性、目的性、组织性、纪律性以及是否表现出冲动性、盲目性、散漫性等。个体是否具有主动性和自制力，在面对困难时是否能保持镇定、果断、勇敢、坚韧以及工作时是否表现出恒心和坚韧性等，也都是其意志特征的重要组成部分。

3. 性格的情绪特征

性格的情绪特征是反映个体在情绪表现上的心理特性，包括情绪的感染和支配程度、波动程度、持久性等。情绪的强烈程度不同，有的人情绪较为强烈，难以控制；有的人情绪较为微弱，容易控制。情绪的稳定性也不同，有的人情绪波动较大，容易受外界因素影响；有的人情绪较为稳定，能保持平和的心境。情绪的持久性不同，有的人情绪持续时间较长，会对工作和学习产生较大影响；有的人情绪持续时间较短，对工作和学习的影响较小。情绪的主导心境不同，有的人常常保持愉快的情绪状态，而有的人则容易陷入低落的情绪中。

4. 性格的理智特征

性格的理智特征是指个体在认知活动中表现出来的心理特征。在感知方面，有的人能够按照一定的目标和任务主动观察，属于主动观察型；有的人则容易受环境刺激的影响，属于被动观察型；有的人倾向于观察细节，属于分析型；有的人倾向于观察整体和轮廓，属于综合型；有的人倾向于快速感知，属于快速感知型；有的人倾向于精确感知，属于精确感知型。在想象方面，有主动想象和被动想象之分，亦有广泛想象和狭隘想象之分。在记忆方面，有主动记忆和被动记忆之分亦有形象记忆和抽象记忆之分等。在思维方面，也有主动和被动之分，有独立思考和依赖他人之分，有深刻和浅薄之分等。这些特性共同构成了个体的性格理智特征。

（三）气质与性格的关系

1. 性格与气质存在明确的差异

首先，性格与气质的本质不同，性格更加突出其社会属性；其次，二者在生理基础上也有所区分；最后，从各自的形成特点来看，气质更容易受遗传因素的影响，而性格则是在个体与环境的相互作用中逐渐形成的，因此性格相对于气质更具可塑性。

2. 性格与气质之间是相互影响和相互作用的

人的气质特点会直接影响其性格的形成，例如，在同样勤劳的人中，多血质的人在工作时往往表现出情绪饱满和精力充沛的特点，而黏液质的人则可能表现出踏实肯干、操作细致的特点。反过来，性格也能在一定程度上掩盖或改造气质，使其符合实践的需求，比如，长期从事需要精密操作、耐心坚持的工作，能够逐渐改变胆汁质的冲动和多血质的注意力不集中等特点。

（四）气质、性格与职业的关系

气质和性格在职业适应性方面发挥着重要的作用，适宜的性格类型更有利于人们从事某种职业。由于不同职业对人的要求各有不同，越来越多的机构开始重视人力资源的合理配置。

在这种趋势下，一些用人单位逐步运用心理学的知识来选拔人才，并且越来越多的人开始反思自己的特点和职业需求，希望找到更为合适的工作岗位。通过深入了解自身的气质和性格，人们可以更好地发挥自己的优势，规避不足之处。例如，性格类型通常分为外向型和内向型，通常，外向型的人更适合从事与人交往较多的职业，如管理、新闻、销售和政治等职业；而内向型的人则更适合从事计划性强、稳定且人际交往较少的职业，如会计、统计、档案管理等职业。

除此之外，需要正确理解以下几点：

（1）气质本身并无优劣之分，不同气质的人在工作和人际关系方面都有其独特的优势，能够在不同的领域发挥作用。

（2）气质和性格的测评工具只能在被测者回答问题的基础上进行类型判断，但事实上，了解自己的人还是自己。

（3）虽然可以根据自己的气质和性格类型来解释自己的行为，但不能以此为借口不去做某件事或不参与某种活动。

（4）不应对任何一种气质或性格类型存有偏见，也不应以此为依据对自己或他人进行定性。

四、职业能力的认知

（一）能力的概述

能力构成了顺利完成特定活动的心理基础，是一种重要的心理属性，它在各类活动的完成过程中得以体现，并在这些活动中不断得到发展和完善。能力的产生和发展与人类的社会生活密切相关。

以人类早期发展阶段的抽象思维能力为例，原始人在日常实践中，一方面学会了将物体分解为它们的组成部分，另一方面又学会了将这些组成部分联合成一个整体，这一过程使得人们逐渐掌握了分析和综合的思维方式，即在头脑中进行分析和综合的能力。这种分析和综合的能力并非与生俱来，而是在历史的进程中，通过实践活动中的分析和综合而逐渐形成的，技术能力的发展亦是如此。

在职业活动中，能力可以划分为一般能力和特殊能力两大类。一般能力是指人们在进行各类活动时必须具备的基础能力，这种能力确保人们能够有效地认识和理解世界。一般能力通常也被称作智力，它包括了个体在认识活动中所必须具备的各种基本能力，如感知能力、记忆力、想象力、思维能力、注意力等，其中，抽象思维能力为最核心的因素，因为它在很大程度上主导并制约着个体能力的发展。

特殊能力则主要在特定的专业活动中发挥作用，是顺利完成某种特殊任务所必备的心理条件。这类能力包括音乐能力、绘画能力、数学能力、运动能力等。不同的特殊能力有着各自独特的结构和组成，以音乐能力为例，它包括音乐的感知能力、音乐的记忆与想象能力、音乐的情感能力以及音乐的动作能力等多个组成部分，这些组成部分共同构成了音乐家个体独特的音乐能力。

一般能力和特殊能力之间存在着密切的关联性。一方面，一般能力是构成特殊能力的重要组成部分，例如，个体的一般听觉能力既存在于音乐能力中，也存在于言语能力中，缺乏一般听觉能力的发展将制约音乐和言语听觉能力的进步。另一方面，特殊能力对一般能力的提升也有着积极的推动作用，例如，音乐能力的提升将有助于增强一般的听觉能力，进而促进言语听觉能力的发展。

（二）能力与职业的关系

能力体现了个体从事特定职业所需的心理特征，其中既包括专业知识和技能，又包括自我管理能力和可迁移技能。正所谓“金无足赤，人无完人”，全面才能的全才实际上并不存在，在职场中，每个人的能力特点都是各异的，各有所长，例如，有的人口才极佳，擅长语言表达；有的人精于理论分析；而有的人则擅长实际操作。

不同的职业对能力的要求也各不相同，例如，法官需要具备强烈的逻辑推理能力，但并不一定需要极强的动手能力；从事财务工作的人则应当对数字非常敏感。在选择职业的时候，个体应当正确分析自身的能力水平，明确自己具备的能力，然后根据分析结果做出选择。

能力和职业的匹配可以具体分为以下几类：

1.逻辑与数学理论能力

这类能力包括运算、推理等一般的数学或科学能力以及通过数学运算和逻辑推理等方法识别逻辑或数字模式的特殊能力和推理的能力。此类能力在侦探、律师、工程师、科学家、数学家等职业中尤为突出。

2.语言与言语能力

此类能力包括听、说、读、写的基本能力，具体表现为能够顺利而有效地利用语言描述事件、表达思想，并与他人进行沟通的能力以及对声音、韵律、单词的意义以及语言的不同功能的敏感性。记者、编辑、作家、演讲家和政治领袖等职业通常需要较强的此类能力。

3.音乐与节奏能力

这一能力涉及创作歌曲和演奏乐器的各个方面的能力，包括感知、识别、记忆、转变和表达音乐，在此基础上，个体对音乐的元素，如节奏、音调、音色和旋律的感知能力会更为敏锐。此外，通过作曲、演奏和歌唱等手段，个体能够充分表达音乐，并对其演绎方式有着深刻的欣赏。作曲家、指挥家、歌唱家、演奏家、乐器制造者和乐器调音师等职业都涉及这一能力的重要运用。

4.视觉与空间能力

这一能力指的是对空间世界的准确感知，涉及感知、识别、记忆和转变物体的空间关系，并以此为基础来表达思想和情感。该能力的表现包括对线条、形状、结构、色彩和空间关系的敏锐感知，并通过平面图形和立体造型等方式将其充分展现出来。画家、雕刻家、建筑师、航海家、博物学家和军事战略家等职业都需要运用这一能力。

5.身体与动觉能力

这一能力是指控制自己的身体运动以及以技术性的手段处理目标，其表现为较好的身体控制能力、对事件的适当反应以及运用身体语言来传达思想和情感。运动员、舞蹈家、外科医生、赛车手和发明家等职业都涉及这一能力的运用。

6. 交往与交流能力

这一能力是指与他人交流互动的能力，主要体现为察觉和体验他人的情绪、情感、气质、意图和需求，进而做出恰当的反应。教师、律师、推销员、公关人员、谈话节目主持人、管理者和政治家等职业都涉及这一能力的运用。

第三节　大学生良好职业自我认知的培养

一、了解职业自我认知的影响因素

自我认知的发展变化受到多方面影响，影响职业自我认知的因素如图 2–1 所示。

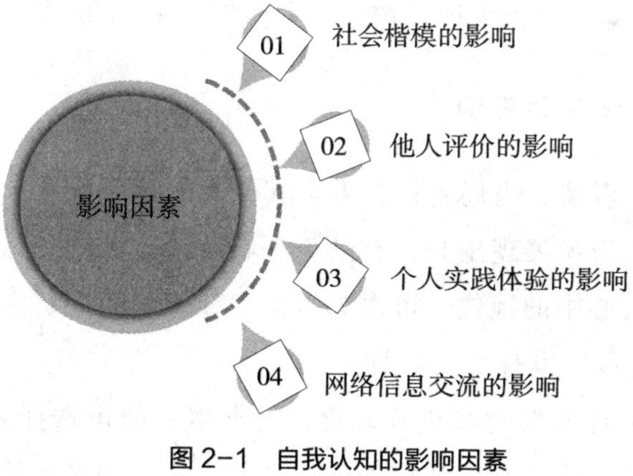

图 2–1　自我认知的影响因素

（一）社会楷模的影响

社会生活中具有代表性的人物，往往会对个体要成为什么样的人产生直接影响。自我国古代开始，社会便极为重视树立典型人物，人们期望与有良好品德和受教育者的君子一起生活，从而让其“目见正事，闻正言，行正道，左右前后皆正人也”(《治安策》)。此时，个体无论身处何方，都被“正人”所包围，自然而然地成了“正人”。“孟母三迁”这一故事，也正是说明了为了为孩子寻找一个值得学习的榜样的重要性。

但是，对于大学生来说，受到社会楷模的影响并不单纯是模仿自己喜爱或敬仰的人物，而是从具有代表性的人物身上汲取智慧，让其成为塑造自我的典范。如雷锋、保尔·柯察金、吴运铎等，均为我国大学生塑造“理想的我”的典范。时代在不断变化，各个时代涌现的楷模并不相同，在这些楷模的影响下，大学生塑造“理想的我”便有着不同的结果。毫无疑问，在此期间这些楷模发挥了重要作用。

对大学生塑造“理想的我”这一形象的行为进行引导，让其向对社会发展过程产生重要影响的科学家和教育家等进行学习，让大学生能够学习到其中的精髓，树立更为优质的“理想的我”形象。同时，与大学生同龄或有相似角色的同代青年形象，抑或是有光荣事迹的大学生，也应该进行学习，这也会极大地影响大学生塑造“理想的我”形象的结果。

（二）他人评价的影响

俗话说旁观者清，当局者迷，来自其他人的评价好比一面镜子，能够将人们的真实形象展现出来，有助于人们认清自己的长处和不足，也明白自己在他人心中的地位，可以为塑造“理想的我”奠定基础，同时对完善“现实的我”也有很大帮助。

为了获得来自他人的非正式评价，大学生一般可选择表扬或批评、参与会议、竞赛评比以及成绩报告单等多种方式，许多评价将在一定程度上影响大学生的自我认识。但是来自他人的评价与大学生自我评价之间难免会有不同，为了尽可能保证别人评价与自我评价的一致，以便更好地接受和利用这些评价，需要注意以下几点。

首先，评价应肯定优点。评价大学生的优点和缺点时，应对其优点给予肯定，若需要指出缺点，也应该以优点和成绩作为切入点。通常，教育工作者评价应对大学生给予肯定和鼓励，让其产生信心，而不是忽略其优点，将重点放在其不足和缺点上，此种评价方式必定无法产生良好的效果。

其次，评价应基于关心与爱护。基于关心和爱护的正面评价，常常能激励大学生实现自我价值，大学生获得家人、爱人以及受尊敬的人的评价，往往能够起到较好的激励效果。例如，一位有威望的长辈或老师，对学生给予肯定的评价，能成为其不断向前的力量，但是如果以爱之名进行恶意批评，虽然准确表明了大学生的错误和不足，也无法让人信服。人们并不能接受恶意的讥笑、嘲讽和指责。

评价时，评价者对大学生的心理特质与人格要给予充分的尊重，大学生即将走向成熟，通常有较强的自尊心和独立自主的精神，对其进行评价需要保护其自尊和人格。以民主讨论方式进行交流，可让大学生自我评价与他人评价保持一致，此种方式能够让大学生的自我认识健康成长。相反，若采用专制批评的方式，不仅会影响大学生的自尊心，还会让其产生负面情绪和压抑的心理，抑或是产生逆反心理。评价大学生之前，需对其自我评价特征进行了解，保证整个沟通顺畅自然，也能够提高大学生自我评价和他人评价的匹配度，提升大学生自我认识。

（三）个人实践体验的影响

大学生开展多样化的社交活动，能够让其更准确地进行自我认识，在实际行动中了解自身感受，不断对自我观念和自我期望进行调整，进而实现自我。

大学生在学业方面取得进步，这必定会让其对自己的学习能力有更高的评价，信心倍增。反之，若学习成绩始终落后于他人，大学生便会感到痛苦或失望，甚至质疑自己的学习能力，减弱信心，这些实际经历持续影响着大学生的自我认知和自我评价。

同样，大学生自我评价会因实践中地位和角色的变化而变化。举例来说，若学生被评为班长，其可能会更加肯定自己的能力，自信心和自尊心均会有所提升。反之，若未被当选，便会削弱大学生的自信心，自我评价也会有所下降。

此外大学生并不能通过一次实践活动就能形成自我认识，它是一个循环往复的过程，即实践－认识－再实践－再认识。例如，很多刚步入大学校园的大一新生通常对自己的认识都存在一定偏差，而且对自己的认识也经常会发生变化，一般都会高估自己的能力。但是经过大学学习与生活的历练，大学生对自己的认识将逐渐变得稳定和统一，自我观念也逐步成型。

（四）网络信息交流的影响

信息技术和互联网的快速发展，让我国产生了大量的网络用户，而其中网络用户占比较高的便是青少年。大学生群体在其中占据重要位置。网络信息交流的方式改变了传统的“教师讲解、学生聆听”的学习模式，使大学生的主体地位更为突出。在网络环境下，他们通过电脑与国内外的其他人交流，主动性、探索性和创造性得到了充分的发挥，这培养了他们独立分析和解决问题的能力，也促使他们在认识自我方面取得前所未有的进步。

二、自我认知培养的策略

为了积极创造条件帮助大学生不断成长，实现自我突破和全方位发展，大学生要积极探究内心世界，对自我否定和拒绝、自我膨胀和以自己为中心的负面自我认知态度进行逐步调整，培养和保持乐观向上、积极进取的良好心态，能够对自己有一个正确和全面的认识，增强自我管理和自我控制的能力。

（一）正确地认识自我

对自我有正确的认识，第一步就是准确认识自己，明确自身的不足和优点，把握自身与周围群体之间的关系，对自身进行合理定位，基于此准确评价和认识自我。形成完善的自我认识，为后续规划未来和自身调适奠定基础。对自身有准确且完善的认识，切实发挥自身的优势，不断调整弥补缺陷，从实际情况出发制定目标，为达成目标而努力，在个人成长中发挥了重要作用。对自身有正确的认识，可参考下列几种方法：

1. 通过自省认识自我

大学生，已经具备了一定的自我反思和自我批评能力，在自我认知的培养过程中，教育者应该鼓励并引导他们持续地对自己的心理活动进行反思和分析，敢于批评自己，勇于剖析自己，对自身的行为和动机进行持续性的检查，分析是否做出了正确的行为，是否达到了预期效果，在此期间是否有收获。通过这一过程，他们可以更清楚地了解自己的长处和不足，有针对性地调整自己的行为和态度，不断深化对自己的认识，实现个人的成长和发展。

2. 借由他人的认识以认识自我

个体与社会、他人的关系非常紧密，为了做到真正地自我认识与自我超越，与他人的沟通和了解他人是必不可少的。大学生需要广泛参与社会实践，多接受社会历练，通过丰富的实践深化自己对社会和他人的认识，达到深刻认识自己的目的。在深刻认知自己的过程中，第一步需要对他人及社会进行认识深和理解。

3. 通过他人的评价来认识自我

个体对自身的评价与他人对其的客观评价匹配度较高，意味着大学生形成了较为成熟的自我认知，准确掌握他人对自身的看法，能够识别出之前忽略的问题。结合他人对自身的看法、期望和态度等，正确认识自己，然而需要关注的是，需正确地对待他人的评价，不可因为评价过高而感到骄傲，也不可因评价过低而失去信心。大学生接受他人评价期间，评价者是否值得信赖、是集体评价还是个人评价、评价者是否有专长等特征以及评价属于私人性还是公事、与自我评价匹配度等评价特征，均会对大学生接受他人评价程度产生影响。

4.在与人的比较中认识自我

有比较才有鉴别，他人是反映自我的镜子。大学生可以通过与他人的比较来评价自身情况，认识自己，对比期间便能够准确掌握自身能力大小，知晓自身不足和优势，是否有良好品质等。以比较方式了解自身优势和不足，通过取长补短等方式，缩小自身与目标之间的差距。个体日常生活中与普通人进行对比，便能够了解到自身在群体中所处的位置。若与优秀人士进行比较，则能够让个体了解到自身与优秀者之间存在的差异并为之奋斗。与他人进行比较，选择正确的参照系最为关键，站在发展角度进行分析，通过辩证方式来对自身和他人进行定位。此种科学合理的方式能够让个体对自身有更为准确的定位。

5.通过比较增进自我认识

当个体在过去取得了显著的成就时，通常其对自身的评价更为积极。若个体制订了较为远大的目标，即使努力也很难达到。所以，大学生自我认知培养期间，除需要通过激励来不断向前、敢于应对各种挑战外，还能够设置合理的目标，对自身提出较高的要求，从自身的发展历程中找到比较的基准。

6.以活动成果认识自我

活动成果的价值，往往直接反映个体的价值，在社会中，人们通常通过活动成果来衡量个体的价值，理想的活动成果能够帮助个体更深刻地认识自身的能力，发现自身的价值，并进一步挖掘潜力，激发个体的自信心。但是，成功与失败、得与失的经验价值却因人而异，对于本身有智慧且能够合理利用的个体而言，不管最终结果是否成功，这些经验都是走向成功道路的基石，他们对自身有准确的认知，个性化强且不断学习，能够通过总结来避免重蹈覆辙。若个体心理较为脆弱，失败容易让其一蹶不振，过度压抑的情绪让其无法应对各种困难，也就无法把握住机遇。若个体较为自负，一次的成功极有可能导致其后续的失败，他们可能因一时的成功而变得骄傲自大，过于自信，导致未来的失败。

7. 通过测验认识自我

标准且客观的心理测验，相较于其他自我了解方法而言，此种方式更具可操作性，且更加客观合理，也因此被广泛应用于职业指导机构当中。目前心理测验已经推出了多样化的测试项目，可测试的项目也越来越多，包括情绪、管理能力、观察力、想象力和分析能力等，都是为了更好地帮助个体了解自己。

（二）积极地悦纳自我

悦纳自我意味着对自己保持积极接纳的态度，任何人都知道“自我”非常关键，然而部分人并不能做到爱护自我和尊重自我，其能够给予朋友、自然、知识足够的爱，但是并不能将这份爱用于自己，从而滋生了压抑的情绪。悦纳自己，是让个体获得良好体验的关键，能够判断出一个人是否积极对待自身，抑或是以消极态度对待自己，形成了自卑的心理。自尊心强的个体，对自身的要求和教育表示认可，进而形成良好的自我认识。而自卑的个体，会将自身的不足和缺陷无限放大，无法对自己形成正确的认识，始终处于悲观情绪中，不认可自身存在的价值，这必定会对健康自我意识的形成造成阻碍。

就大学生自身而言，需要强化四个理念：

第一，相信自己，认识到在同等条件下，他人能够做到的，自身必定可以做到，以此来提升自身自信心。个体潜能在理智的努力与强烈的自信心加持下，必定能够得到有效的开发，不断走向成功。个体会因成功而喜悦，在此期间不断积累自信，形成良好的循环。

第二，对自身有客观的认识，持有“尺有所短、寸有所长”的理念，不对自身过于苛求，认识到每个人都有优点和不足，学会欣赏自己的优点，同时接受并改善自己的不足。

第三，个体应对自身的弱点有正确的认识，持有“失之东隅，收之桑榆”的理念，通过行动来弥补不足。若感觉自身在某方面较弱，可采取积极态度，付出更多的耐心和决心，不断克服困难，达成目标。

第四，个体应正确对待成功与失败，持有“失败乃成功之母”的正确理念。这是因为失败与成功是相辅相成的，唯有经历各种磨砺并不断努力，才能够走向成功。

第三章　大学生职业能力的培养

第一节　学习能力的培养

一、规划学习目标

（一）专业学习目标的规划

专业学习目标的规划是大学生依据未来职场的需求趋势和企业对人才的期望，对大学生活进行精心设计，使自己能有条不紊地掌握所需的知识和技能的一种管理活动。合理的学习规划能够助力大学生明确自己的发展方向、前景以及路线图，更能够帮助他们合理安排时间和精力，以获取最优的学习成果。

对于大学生而言，如何制订专业学习规划呢？一是要掌握规划的方法。二是需对自身的现状有清晰的认识。三是要制订切实可行的目标，然后，设计方案，将总目标拆分为若干个小目标，分阶段予以完成。四是要坚持实行方案。五是对计划进行修订、调整，同时检查目标的完成情况。

（二）专业与兴趣不一致情况的协调

对于专业和兴趣不一致的情况，不要轻易做出判断，在对专业尚未深入了解的情况下，仅凭表面印象来评价一个专业，是无法深入探索其内在价值和学习的乐趣的。有时对专业的不喜欢仅仅是因为在学习过程中遇到了难题，从而感到沮丧，所以不要急于下定论，在不断解决问题、深入了解专业知识后，可能会有新的发现。

果断采取行动至关重要，假如通过详细分析，明确发现当前所学专业并不适合自己，那么便应积极寻求机会，尽力转入心仪的学科领域。诸多高等教育机构都明确规定，大学生在入学的第二个学年有机会转专业，但此举需满足一定的先决条件，例如，某些院校要求申请转专业的学生在第一学年取得的平均绩点不得低于 3.0（相当于平均分不得低于 70 分），且需要通过一系列的统一考试，如数学和英语测试等。通常情况下，第一学年的课程主要为基础公共课，不论未来是否转专业，都应当刻苦学习，为未来的可能性做好充足的准备。

最后，大学生应当学会将专业内的知识与专业外的知识相融合，如果因某些原因未能如愿转专业，也绝不应陷入沮丧和颓废的状态。若身处某个领域，便要勇敢面对，刻苦求学，绝不让宝贵的时光白白流逝。大学时期所学习的专业知识，本质上是在培养学生分析、研究和解决问题的方法和能力，假如因不喜欢某个专业就选择放弃学习，那么最终将一无所获，毫无竞争优势可言。

二、更新学习方法

（一）积极使用信息技术

在信息爆炸的现代社会，传统的学习方式已经不能满足现代人的学习需求，掌握新的学习方法尤为重要。与中学时代不同，大学是一个自由、开放的学习环境，这就要求大学生能够掌握并运用更为有效的学习方法，例如，可以通过网络平台和各类软件工具，搜集和整理学习资料，提高学习的效率和质量。此外，还可以利用多媒体技术，如视频、音频等，更直观、更生动地学习知识，这样能够激发大学生的学习兴趣，还可以帮助大学生更好地理解和掌握知识点。

（二）培养批判思维和创新能力

大学生在学习过程中还应注重培养批判性思维和创新能力。在现代社会，知识的更新速度非常快，大学生需要具备独立思考和批判性分析的能力，对所学知识进行深入的思考和质疑，这样才能够真正理解和掌握知识，而不是对知识的掌握停留在表面的记忆和理解。而创新能力也是现代社会对人才的重要要求，大学生需要学会将所学知识与实际问题相结合，发现问题、分析问题并提出创新的解决方案，这样才能够在未来的职场中脱颖而出，取得成功。

（三）注意学习方法的更新

由于社会在不断进步，社会对人才的需求也不在不断变化，因此学习方法的更新需要与时俱进，大学生需要学会将所学知识与实际问题相结合，将理论与实践相结合，更好地掌握知识，提升学习能力。

（四）加强自主学习

大学教育与中学教育最显著的差异在于大学生对教师的依赖程度减弱，取而代之的是主动自觉地学习。在大学，教育的内容不局限于基础知识的传授，还涉及专业知识的学习以及其他选修课程，相比中学，大学所涉及的知识更为深广。在这样的教育背景下，大学的课堂教学通常采取提纲挈领的方式，教师在课堂上主要讲授难点、疑点和重点，或是自己研究领域中最有心得的部分，剩余的内容则需要大学生自己去阅读、理解和掌握，课本中的大部分知识也是留给大学生自学的。大学生不能再像中学时那样全然依赖教师的计划和安排，也不能只是单纯接受课堂上的教学内容，需要充分发挥主观能动性，发掘自己学习中的潜力，这种自主性的学习方式将贯穿大学学习的全过程，并反映在大学生活的各个方面，如学习的自主安排、学习内容和学习方法的自主选择等。

一般来说，除了课堂学习外，大学生还有三种重要的自学活动：补充课堂学习的自学活动；独立研究的创造性活动；相互讨论、相互启发的学习活动。下面将分别阐述这三种以自学为主的学习活动。

1.补充课堂学习的自学活动

补充课堂学习的自学活动主要涉及课后组织复习的问题，组织复习不只是阅读已学过的材料，更重要的是要通过复习进一步理解已学过的知识并发展思维能力。在复习过程中，应该特别注意以下几个方面：

第一，及时进行复习至关重要。根据记忆心理学的规律，遗忘是从学习结束后立即开始的，而且呈现出先快后慢的特点，为了提高记忆的效率，应该在学习新材料后立即开始复习，而不是等到遗忘开始后才进行复习，否则会降低学习效率。

第二，多样化的复习方式是有效的学习方法。将分散复习与集中复习相结合是一种有效的复习策略，大学生可以在课后当天就及时进行复习，也可以将每天的复习与每周的阶段复习相结合，或者将逐步地复习与更长阶段（如一个月或一个学期）的复习相结合。复习文字材料时，可以采用阅读与回忆相结合的方式，先用回忆的方法尽量重现学过的材料，然后在这个基础上再进行阅读，这样反复交替地进行，直到熟练掌握所学的材料。

第三，加强练习。将知识应用于实践是复习知识的一种方式，也是深入理解知识、培养技能的重要途径。大学生在学习新知识后，可以通过书面作业、实地调查、参观实验和社会实践等多种方式进行实践和练习，进一步巩固和扩展所学知识，并提升自身的能力。

第四，复习与创新相结合。在通过各种练习和实践进行复习的同时，大学生还应该有意识地开拓思路，培养创造性思维，例如，在解题或实际应用时，可以有意识地设定不同的情境，引导大学生从不同的角度和以不同的方式解决问题，这样有助于拓宽大学生的思路，培养大学生的创新能力。

2. 独立钻研的创造性活动

任何一个微小的改进都是创新的火花，都能给我们的学习和生活带来便利，当然，创新的范围应包括学习方法和研究方法等学术领域的创新。要实现创新，并不困难，关键在于培养善于思考的头脑和乐于观察的习惯，这种独立的钻研能力的培养对于分析和解决问题的能力的提升有着至关重要的作用。

3. 相互讨论、相互启发的学习性活动

在课堂内外，启发性的讨论是一种很好的决策方式。孔子曾说："三人行，必有我师焉。"（《论语》）从别人的经验和观点中获取知识的精华，是学习的关键，多听别人的心得，一定能够带来启发。

在上述三种自学活动中，大学生在选择学习方法时应该更加注重自主性。前人已经为人们总结了众多的学习方法，如"三到四边"法（心到、眼到、手到，边看、边批、边划、边写）、结构学习法、比较学习法等，但这些方法并不一定适用于每个人，每个人都应该找到适合自己的学习方法，开辟一条适合自己的学习道路。

创造最佳学习方法时，应该注意以下两点：一方面，提高学习效率是衡量学习方法优劣的标准，掌握一种学习方法的根本目的是提高学习效率，并从学习中获得收益，最适合自己的学习方法是那些能够帮助自己提高学习效率的方法。另一方面，学习方法应该因人而异，并不是适合别人的方法就一定适合自己，不同年级、不同专业、不同学生之间的学习方法都可能不一样，每个人都应该根据自己的实际情况（包括学习目标、任务、兴趣、爱好等），选择适合自己的学习方法。

第二节　人际交往能力的培养

一、同学相处的艺术

（一）平等互动

平等主要体现在交流双方态度上的均衡，每个人都有自身独立的个性、人格尊严以及法律赋予的权利和义务，人与人之间的交往应当建立在平等的基础上。

（二）尊重他人

每个人都有自己的价值观、兴趣爱好、个性和底线，这些都值得被尊重。在与同学交流时，要懂得倾听和理解他人的观点，避免因为差异产生不必要的冲突，不应该以自己的标准去衡量他人，更不能因为一些小事而对他人进行不良的评价。尊重他人也体现在日常的言行举止中，要礼貌待人，避免用言语或行为伤害到他人，在团队合作时，要懂得发挥每个人的长处，避免因为利己主义而忽视他人的感受和需求。尊重他人可以增进同学之间的理解和信任，共同营造一个和谐友好的学习环境，也能够让自己成为一个受人欢迎的人。

（三）真诚相待

真诚是沟通的重要纽带，只有通过真诚的交流，双方之间才能建立起信任感，并最终发展为坚固的友谊。要坚持真诚的原则，这就要求在与他人交往时表现出热情、关心和无私的帮助，同时对朋友的不足之处进行真诚的批评。

（四）互助共赢

良好人际关系的基础在于双方能满足彼此的心理需求，只有在双方需求得到满足的情况下，关系才能够健康发展。互助共赢的原则是不可或缺的，互助意味着在对方需要帮助时，应该尽己所能提供援手。

（五）讲究信用

信用是一种责任感的体现，也是个人诚信的象征，当承诺了某件事情，就要尽全力去完成，不能临时改变主意或者不负责任地推卸责任，否则会对双方的关系产生不良影响，甚至可能导致关系破裂。信用的积累需要时间，一旦失去，要重新建立起来是非常困难的。在与同学的相处中，要特别重视信用，做到言出必行，诺言必达，这样才能够建立起良好的人际关系，形成互信互助的友谊，共同创造一个和谐的学习和生活环境。

（六）宽容大度

在未来的职业生涯中，不论是与同事的合作，还是与客户的交流，难免会遇到观点不同、利益冲突的情况，宽容大度能够让人在这些矛盾和冲突面前保持冷静和理智，更好地处理人际关系。学会宽容他人的错误和不足，而不是对其进行无情的批判，能够增进双方的理解和信任，为将来的合作打下良好的基础。宽容大度也体现了一种积极的人生态度，它能够让人在职业生涯的挑战面前保持毅力，有利于实现自己的职业目标。

二、师生相处的艺术

（一）大学生与任课教师的相处

在大学里，学生主要通过课堂教学与老师产生直接的互动，而老师和学生之间的关系，通常由一门课程所建立。课堂上，老师的讲解不会完全依据教材，通常每一节课的内容包括了多本书的相关知识，使得课堂教学的内容变得更加丰富。所以，具备学习能力的学生应该充分利用课堂时间，最大限度地吸收老师在课堂上所传授的知识。如果在上课过程中，学生对老师所讲的内容产生疑惑，或者有不懂的问题，可在课间或课后的时间，通过电子邮件、微信、QQ 等方式，向老师提出问题，老师通常会耐心地解答。

学习不能局限于教材或者书本知识的掌握，还应该积极探索各种机会将所学知识运用到实践中，以锻炼自己的实际操作能力。大学生应主动参与老师的科研活动，积极投身实践的洪流中。

学生与老师的交流不只是知识的传递，更应包含情感的交流，老师也是感情丰富的人，学生对他们来说是生活中非常重要的一部分，学生的出色表现和尊重，通常会成为老师自豪的来源。大学生应以求知的心态和诚恳的态度，与老师进行沟通，必然会得到老师的认可。

（二）大学生与辅导员的交往

大学期间，辅导员是学生身边的重要老师，因为大多数辅导员是刚从大学毕业留校工作的，由于年龄相近，使得大学生与辅导员之间的沟通变得更为容易。

在与辅导员的管理职责范围内的交往方面，辅导员扮演着学生、学校、院系之间的桥梁角色，也是大学生的直接管理者，辅导员对大学生的影响显而易见。对于学生组织的干部，他们应该积极与辅导员进行沟通，利用辅导员的经验与知识来提升自己的管理能力，也能增强与辅导员之间的感情。对于普通学生，想要了解学校的相关规定，如奖学金的评定规定、参与学校组织及相关活动、申请各种补助，或在遇到困难时，最好的方法是直接与辅导员进行沟通。

在辅导员的管理职责范围外的交往，与老师的课外交流类似，只是辅导员与任课老师的教学内容和方式不同，辅导员的生活化和贴近大学生的特点，使得他们在某种程度上更像是大学生的朋友，大学生应该像与朋友相处一样，主动与辅导员建立良好的关系。在平时，大学生可以主动去辅导员的办公室与他们交流，帮助他们完成一些力所能及的工作，邀请他们参加自己组织的活动，增进彼此之间的了解与感情。

三、与社会人员的相处艺术

面对严峻的就业形势，现代的大学生不能再满足于“象牙塔”中的优越地位，需要更早地步入社会，主动去寻求和创造属于自己的机会。

人脉往往代表着机会，“近朱者赤，近墨者黑”，这强调了选择朋友的重要性，朋友对个体的影响是深远的，能够在潜移默化中塑造一个人的一生。然而，对于大学生而言，广交朋友并不等同于朋友越多越好，尤其在接触社会人士时，要有选择性地结交朋友。“慎交友，防祸害”，因为青少年走上犯罪道路的原因往往是缺乏辨别能力，随意交友，最终走上了歧途。大学生在步入社会的过程中，要学会用慧眼识人，宁缺毋滥。

在与社会人士的交往过程中，除了从他人那里学习知识和经验外，更为重要的是学会将理论与实践相结合，换句话说，需要将在学校学到的知识应用到实际生活中，这既是一个再学习的过程，也是学习的关键一环。善于从与他人的交往中学习，能够汲取所见所闻所得到的知识和经验，同样是一种难能可贵的学习能力，这些经验和知识同样属于宝贵的“知识”。

虽然与社会人士的交往能够促使大学生更好地成长，但毕竟社会的复杂程度远远超过校园，社会人士也不像大学生那样纯真无邪。在与社会人士交流时，大学生需要注意以下几点：

（一）要有自信

有的大学生走向社会时畏缩不前、缺乏自信。其实，虽然大学生初次接触社会时会显得笨手笨脚，一切都得从头学起，但一定要有自信。大学生的素质与学习能力并不比社会工作人员差，所欠缺的只是实践而已。

（二）坚持自己的本色，学会说“不”

在现代社会中，许多社会人士在活动中可能存在着较强的利益导向，然而，作为大学生必须清楚自己的身份，绝不能为了追求利益而失去自我。大学生需要坚持学生的底线，秉持自己的原则和价值观，不随波逐流，不盲目追求短期的利益和成功。在有些情况下，可能会因为某些原因而感到不安或不适，这时候需要勇敢地说“不”，坚决拒绝那些可能会伤害到自身的事物。

（三）要谦逊、大方

每个人的人生经历都是独特的，他们所积累的社会经验和故事是我们需要用心去学习和借鉴的宝贵财富。谦逊的态度能够更加真诚地对待他人，也更容易赢得对方的尊重和信任。而大方的性格则使学生在与他人的交流过程中能够更加积极主动，不拘小节。当大学生遇到不了解或不熟悉的事物时，不应该感到害羞或尴尬，而是要勇敢地提出问题，积极与他人交流，以此来不断提升自己的知识和能力。在整个交往过程中，要学会聆听他人的意见和建议，虚心接受他人的指导，不断丰富自己的人生阅历，拓宽自己的知识领域。

（四）要懂得利用“大学生”的身份

这并不是说要以大学生身份为傲，而是在某些场合可以通过表明身份来获取他人的信任和支持，例如，在做入户调查时，可以明确告知对方自己是大学生，以获得对方的配合。

（五）要有警觉性，注意保护自己

社会比校园复杂，社会中的人和事也更为多元和复杂，大学生往往因为缺乏经验而在处理人际关系时显得过于单纯。大学生需要保持理性的判断力，不轻信他人的一面之词，要学会分析和判断事情的真伪。例如，在求职时，要通过多渠道核实企业的真实性，以防上当受骗。大学生还需要懂得保护自己的隐私，不随意泄露个人的隐私，以防被不怀好意的人利用，还要懂得保护自己的人身安全，不轻易参与不明确或可疑的活动，不随便与不熟悉的人交流。最后，大学生还要有一定的法律意识，知道何时应该采取法律手段来保护自己的权益，维护自己的合法权益不受侵犯。通过这些努力，大学生可以更好地在复杂的社会环境中保护自己，避免麻烦和危险。

第三节　心理素质能力的培养

一、重视情商的培养

（一）智商与情商

智商（intelligence quotient, IQ）作为心理学上衡量人的聪明程度的术语，涵盖了观察力、注意力、记忆力、思维力、想象力以及动手操作能力这几个方面。而情商（Emotional Quotient, EQ）则代表情感智力的程度，其主要包括四个方面的内容：情绪的知觉、评估和表达能力；思维过程中情绪的促进能力；理解与分析情绪以及获得情绪知识的能力；对情绪进行成熟调节的能力。

在日常生活中，人们通常会更加重视智商，认为聪明的人更有可能取得成功，但实际上存在着许多高智商的人在现实生活中并不成功的例

子。众多研究表明，智力水平并不一定与个人的成就有直接关联。相较于智商，情商在成功的道路上扮演着更为重要的角色，智商分数更多地预测个人的学业成就，而情商分数则能够更有效地预测一个人在职业和生活中是否能够取得成功。情商更好地反映了个体的社会适应性，并且能够决定个体其他能力（包括智力）的发挥极限。

（二）培养情商

要想培养高情商，可以从以下几个方面进行努力：

第一，培养对自己情绪的认识能力。掌握情绪的本质是情商的核心，这种随时随地认知自己感受的能力，对了解自己极为重要，不了解自己真实感受的人，往往会成为感受的奴隶；了解并掌握自己的感受，则能更好地驾驭生活。

第二，学会合理管理情绪。情绪管理的基础是正确的自我认知，即如何通过自我安慰，消除焦虑、郁闷和不安的感受，那些在这方面能力较弱的人，往往需要与低落的情绪展开长时间的斗争；那些能够妥善处理情绪的人，则能迅速走出人生的低谷，重新启程。

第三，学会自我激励。在任何事情的追求过程中，情感的自制力是必不可少的。能够抑制冲动、延迟满足，并保持高度热情是成功的关键，通常来说，那些能够自我激励的人，在任何事情上都更能保持高效率。

第四，培养认知他人情绪的能力。同情心是人际交往的基本技能，那些富有同情心的人，更容易从细微的信息中捕捉到他人的需求。

第五，学会管理人际关系。人际关系的管理，实际上就是对他人情绪的管理。一个人的人缘、领导力和人际和谐度，都与这一能力密切相关。那些在人际关系管理方面有所建树的人，往往更容易在社会上脱颖而出。

二、职业成功者必备的心理素质

（一）耐挫力

挫折本身并非导致情绪障碍的根本原因，关键在于人们对挑战的看法、解释和信念。理性的信念能够引导人们对事物产生良性的情绪反应，而不合理的信念则会导致不良的情绪和行为反应。

为了提升自己的耐挫力，可以从如下几步做起：

1. 自我肯定，提升自信心

面对挫折，一个人的态度决定了他会沉沦困境，还是会在困境中觉醒并崛起，关键在于一个人是否能从失败中提取经验，发现自己的优势。为了提升自信，以下几个方面的建议值得一试：一是要识别和发现自己的优点，了解自己的长处和特质；二是正视自己的能力，肯定自己有实现目标的潜力；三是找到并培养自己的兴趣爱好，投身令自己感兴趣的活动，这样更容易获得成功的经验，并增强自信；四是认识并欣赏自己的外在魅力。

2. 调整期望值

个人设定的目标是一个人在进行某项活动之前对自己要达到的标准，挫折通常和目标相联系，它表现为行动受阻、目标未能实现。当面对挫折时，要重新审视自己的目标，检查它们是否过高，是否符合现实的主客观条件。

3. 营造和谐人际关系

在挫折面前，朋友和家人的支持是增强挫折承受力的重要因素。人际关系应该基于互惠互利的原则，当你在困境中需要朋友的精神支持和其他帮助时，也应该在朋友遇到困难时主动伸出援手。除此之外，积极与家人和朋友沟通，分享彼此的想法和感受，也是增强人际关系的有效途径。

（二）意志力

意志力通常表现在自觉性、果断性、坚持性和自制力等几个方面。自觉性是指在行动时有明确的目标，能够依据客观规律行动，最终实现目标的心理品质；果断性则体现在善于判断是非、把握时机，在复杂的情况下能够迅速做出合理决策的能力；坚持性是指在行动中不畏困难，坚定不移地执行自己的决策，直至成功的精神品质；自制力则是指调控自己的情绪，约束自己的言行的能力。

（三）执行力

执行力是目标的确立、具体实施并实现的能力，是一种综合能力，涉及信息利用、机会把握、组织管理、表达和沟通、决策等多个领域。

1.信息利用能力

信息是决策和管理的基石，能否充分利用信息，直接影响决策的精准度和科学性。决策者必须具备及时、准确地掌握和分析信息的能力。信息具有强烈的时效性，稍纵即逝，能否用敏锐的眼光捕捉并运用信息，将其与所从事的工作相结合，并做出恰当决策，是衡量一个人是否具有良好信息利用能力的重要标准。

2.机会把握能力

成功往往离不开机遇的垂青。面对机会，应该勇敢地迈出步伐，抓住每一个有利的时机，否则，一旦犹豫不决，机会就会溜走，失去成功的可能性。

3.组织管理能力

大学生在锻炼组织管理能力的过程中，应该利用各种机会，积极参与社团和学生会等组织的活动，主动承担组织管理的任务，以达到锻炼自己的目的。还应该多向组织者学习，观察他们的行为方式，汲取经验，积累知识，提升自己的组织管理能力。

4. 表达能力

表达能力是通过语言文字来明确传达个人观点、意见或是表达思想、情感的能力，它包括口头和文字两种表达方式。

口头表达能力，也就是通常所说的“口才”，它对一个人的影响是巨大的。在锻炼口头表达能力时，以下几点需要注意：第一，要勇于开口，不怕说错；第二，言之有物，确保语言的丰富性和实质性；第三，要学会用简洁、生动的语言来表达自己的想法，使别人更愿意聆听，并对所说之言信服。文字表达能力是每个高级专业人才应具备的基本素质之一。大学生要充分认识到增强文字表达能力的重要性，并通过刻苦学习、勤奋练笔，以增强自己的文字表达能力。

5. 沟通能力

在现代社会，由于科技的快速发展，每个社会成员都需要具备良好的沟通能力。大学生应掌握一定的沟通技巧，沟通技巧的提升包括以下几点：一是遵循互惠互利的原则，即友好的态度将换来友好的回应；二是站在对方的角度看问题，虽然不必完全同意对方的看法，但要尽量理解；三是在矛盾和冲突中找到共识；四是在沟通过程中要避免评价他人、不恰当的提问、下命令、威胁、模糊不清的表达、转移注意力及说反话等行为。

6. 决策能力

决策能力是在面临多个选项时，能迅速、果断地做出最优选择的能力，它能帮助人少走弯路，少犯错误，以最小的代价获取最大的成功。大学生在校学习期间，应有意识地培养自己的决策能力，避免随波逐流，要有自己的判断，不应盲从；增强自信心；不求十全十美，而是要把握大局，找到最合适的解决方案。

（四）竞争力

对于大学生来说，培养竞争能力需要关注以下几个方面：首先，竞争是个人实力的展示舞台；其次，竞争也是一次对人格的考验；最后，在竞争过程中，保持健康的心态至关重要。

（五）创新力

创新力是一种综合性的能力，它由多种智力因素及个人品质相融合而成。这种能力以智能为基础，并具有一定的科学依据，是标新立异的体现。为了培养创新力，大学生需要积累丰富的知识并不断增长才干，要努力突破思维定式的束缚，因为思维定式虽然可以减少风险，但限制了人的创新能力。

第四节　社会实践能力的培养

一、重视观念引导

（一）坚持科学的价值观

高校应积极传播和践行社会主义核心价值观，无论是在校园内还是校园外，都要让那些符合社会主义核心价值观的行为得到鼓励，对违背社会主义核心价值观的行为加以制约，营造出一种崇尚道德、互相学习的校园氛围。社会主义核心价值观既为整个社会的实践提供了理论指导，也成了衡量大学生创新能力和社会实践成果的一项重要标准。明确的目标能够将人的需求转变为自觉的行动，激励人们为实现目标而努力奋斗，不断创造条件。虽然大学生参与社会实践活动的目的和动机是多样化的，但服务社会应当成为他们的首要目标和核心价值取向。高校的创办目的在于为社会发展培养出高素质的人才。同时，高校对政府的财政依赖也决定了其必须为社会服务的职责，因此，大学生在参与社会实践活动时，应当以服务社会为其价值取向，以人才培养为基础，强调“育人为本”的教育目标，突出大学生社会实践活动的重要性。

（二）树立正确的实践观

社会实践的思想政治教育功能的体现，首先取决于活动的内容和形式，所以必须通过丰富活动的内涵和形式，提升其吸引力，以引导更多大学生自发参与，这能够扩大学生的参与面，也能有效地使大学生接受教育。为了强化大学生对社会实践的认识，需要加强对他们的宣传教育，确保他们充分理解社会实践的重要作用，引导他们树立正确的实践观，这是社会实践的思想政治教育功能得以发挥的基础。

有些大学生在刚开始参与社会实践时，表现出极大的热情和兴趣，期望通过实践收获意外的成果和改变，但面对复杂的实践环境，他们很快就变得沮丧，缺乏解决问题的能力，耐力不足。对此，要重视引导大学生做好应对困难的准备，积极参与团队建设，克服急躁心理，培养忍耐性，从基层做起，逐步积累社会经验，不盲目模仿他人的做法，而是要学会独立思考，探索解决问题的系统方法，在实践中锻炼意志，为未来的职业生涯打下坚实的基础。

（三）树立自觉的主动意识

对于大学生来说，应当树立高远的目标，明确自身的责任和使命，努力在社会的大熔炉中锤炼自己、完善自己，目标是成为既具备丰富专业知识，也具备出色社交能力和社会实践能力的优秀人才。作为社会实践活动的主体和直接受益者，大学生需要充分认识到参与社会实践活动对提升实践能力和综合素质的重要性，从“被动实践”转变为“主动实践”，及时调整自己的观念，积极投身社会实践，合理安排自己的实践活动，实现专业学习和实践能力的协调发展。

对于学校而言，开展大学生社会实践活动的宗旨在于培养学生的社会工作能力，提升他们的综合素质。学校应当搭建平台，制定相应的规章制度，尽可能满足大学生参与社会实践的需求。在日常工作中，学校需要重视对社会实践活动的宣传，提升师生对社会实践工作的认识，激励大学生主动参与社会实践，让他们意识到社会实践是提升综合素质的绝佳机会。只有将自身的优势、专业特长、兴趣爱好与社会的实际需求相结合，积极参与社会实践，大学生才能将所学知识运用到社会建设中，真正提升自己的社会工作能力。

（四）树立积极的进取意识

大学生是社会实践活动的重要参与者，也是这些活动的直接受益者，因此，他们需要依靠自己的力量积极参与社会实践活动，并结合学校提供的引导，以积极向上的心态，踏入社会实践的领域，为他人服务，提升自己。

第一，大学生需要主动行动。作为大学生，要树立远大的目标，明确自己的责任和使命，认识到参与社会实践的重要性，调整自己的观念，重视社会实践的价值，合理规划自己的实践活动，主动参与其中。只有通过社会实践，他们才能在锻炼中完善自己，实现专业学习和实践能力的协调发展，最终成为拥有丰富专业知识、良好社交能力和社会实践能力的优秀人才。

第二，学校要为大学生提供正确的引导。社会实践不是大学生与社会进行单向的交流，学校也要为大学生提供适当的指导，帮助他们充分认识到社会实践的重要性以及当前社会对学生综合素质的要求。学校应当创新社会实践活动的形式，不仅是传统的“送菜”，还要让大学生“点菜”；不仅是“多下乡”，更要让大学生“常下乡”；不仅是“输血”，更要让大学生“造血”。这些创新的实践形式将激发学生的兴趣，增加活动的吸引力。大学生还需要增强自己的危机意识，不断丰富自己的知识结构，强化专业技能，增强实践动手能力，以阳光、健康、积极向上的心态，融入社会环境，在实践中锻炼自己的品质，提升综合能力，为未来的职业生涯打下坚实的基础。

二、拓展社会实践活动形式

（一）坚持社会实践形式的“四个结合”

学习并运用知识服务于社会，是实践教育的核心。在新的形势下，不断探索社会实践活动的规律，构建社会实践与专业学习、服务社会、勤工助学、就业创业等相结合的平台，满足地方经济和社会发展的需求。通过社会实践，让大学生能够在专业学习、社会热点问题解决和自身实际需求的基础上，贡献自己的青春和智慧，共同推动地方经济和社会的发展。

教学实践、专业实习、军政训练、社会调查、生产劳动、志愿服务、公益活动、科技发明和勤工助学等形式，是大学生参与社会实践的主要方式。要通过不断探索新形式的社会实践，寻找适合当前时代背景和社会需求的新项目，丰富社会实践的内涵，使其更具时代特色和活力。

（二）推进社会实践项目化运作

推动社会实践项目化运作，是实现大学生团队意识、协作精神、知识融合和结构调整的重要方式，也是提升社会实践活动针对性的有效手段。项目化运作有助于更好地解决实际问题，创造更大的社会价值，更好地满足地方经济社会发展的需求。高校应该根据自身特点，积极听取大学生的意见，勇于突破模式和框架，设计多样化的社会实践形式，推出长期稳定且有效的项目，满足大学生认识和接触社会的需求。不同年级、不同专业的大学生可根据自己的专业和兴趣，结合社会需求，组建实践团队，主动申报项目，积极参与社会实践活动，共同推动社会的进步。

（三）探索“互联网+”的形式创新

在信息化和网络化时代的背景下，大学生的生活方式与思维方式发生了翻天覆地的变化，网络已经成为人们日常生活中不可或缺的一部分，各高校有必要建立专门的实践网站，对实践活动的功能、内涵、内容、基地以及成果等进行全面的梳理与整理，以便大学生在日常学习与浏览过程中能够更好地了解与掌握社会实践信息。这样的网站可以成为一个综合性的平台，包括信息发布、网络学习以及交流互动等多种功能。

为了能够更好地吸引大学生，高校新媒体的吸引力必须不断增强，与此同时还要提升学生利用网络资源的能力。高校应该定期发布最新的通知公告以及活动新闻，并且规定网络学习的时长，并根据大学生的年级设定相应的学时要求。还可以举办各种网络评选活动，如“感人语录”评选、“实践达人”卡通形象设计比赛等。通过这些活动，能够激发大学生的参与兴趣，也能够扩大社会实践工作的影响力和覆盖面。

（四）发挥参与各方的主体作用

在参与社会实践活动的过程中，高校作为活动的组织者，必须发挥民主精神，广泛听取大学生、教师以及企业等参与主体的意见与建议，发挥他们的主观能动性。通过这种方式，可以更好地设计社会实践的组织方式、活动形式、评价机制以及提升方案等内容。在实际操作过程中，可以根据需要开展社会调查、志愿者服务、公益活动、生产实习、文化传播、科技咨询、卫生保健等多种形式的社会实践活动，也可以让大学生自行组织团队，开展调研、模拟创业、发明创造等创新性活动。此外，职业岗位的见习实践也是不可或缺的一环，这有助于锻炼大学生的职业能力，提升大学生的综合素质，真正实现学以致用，从实践中学习，并达到社会实践的终极目标。最后，要不断探索有效的社会实践活动开展方法，做到前期调研、中期开展以及后期跟踪的全程服务，既要突出重点，也要全面兼顾。

（五）扩大学生参与的覆盖范围

在当下的教育环境下，各高校正逐步致力于在保持“精英实践”与“大众实践”两种模式之间找到一个有效的平衡，并逐步过渡到以“大众实践”为主的模式，这样的转变是为了更好地服务学生群体，满足他们对社会实践的需求。

在“精英实践”的模式下，通常是由校团委、团总支、班级团支部和优秀学生干部组成的队伍，通过集中资源、重点指导来带领大学生参与实践活动，这种方式有助于提升学校的知名度和美誉度，也便于日常的管理和工作开展。由于当代大学生通常具有较高的综合素质以及较强的组织协调能力和组织纪律性，故这种模式在一定程度上能够有良好的效果。

但是，这种“精英实践”在组织过程中往往忽略了普通学生的参与度，重点关注学生干部和骨干，这种情况无法满足广大学生对社会实践的需求，也不利于激发他们的社会实践热情。更为重要的是，这种模式容易忽视普通学生的成长和发展需求，不能全面满足社会对大学生人才培养质量的普遍要求。

鉴于目前的社会资源和学校的实际情况，完全实现“大众实践”仍然存在一些难度，高校还需要依靠一部分优秀的骨干学生来带动其他学生的参与，并积极建立稳定的实践基地，形成以学校为中心的辐射式网络，以便为尽可能多的大学生提供实践机会。只有在“精英实践”与“大众实践”之间找到一个平衡点，才能真正实现组织模式的转变，更好地服务于学生群体，促进他们的全面发展。

三、加强社会实践活动的培训与指导

大学生社会实践是学生走向成熟的关键步骤，它集学习性、成长性、体验性和社会性于一体，是人的社会化过程中不可或缺的一环。这一过程涉及政府、学校、社会、教师和学生之间的良性互动，这些不同的主体共同参与，共同努力，以实现社会实践的最终目标。

目前，指导大学生社会实践的教师数量有限，质量也有待提升，这使得社会实践教育难以全面覆盖，更难以达到预期的效果，基于此，强化和完善社会实践的指导和培训工作变得尤为重要。

高校要加强社会实践指导力量的建设。高校需要积极采取措施，鼓励更多的专业教师投身社会实践的指导工作，参与到社会实践课程的建设中。高校应改革现有的工作评价激励体系，为参与社会实践活动的教师提供合理的工作量折算方式。要加强优秀社会实践指导教师的培养，建立一支专业、稳定的社会实践指导教师队伍。

高校应充分挖掘校外的社会实践资源，尤其是要充分利用校友、实践单位和所在社区的资源，积极调动和发挥他们在社会实践活动中的积极性和指导作用，为大学生提供更加丰富的社会实践机会，帮助大学生更好地实现自己的成长和发展目标。

高校还需要强化社会实践的培训工作，确保参与者具备必要的知识和技能，能够在实践中发挥最大的效益。高校应加强专业指导教师的培训，这些教师在社会实践活动中是组织者、参与者，更是引导者，他们对学生的影响是潜移默化的，通过增强专业教师的培训，可以有效提升他们对社会实践工作的认知水平，强化他们的思想意识，从而使他们更好地服务与大学生群体。

四、强化校地之间的合作与练习

组织开展大学生社会实践活动，需要完善的实践教学培养体系，还需要地方政府、社会企事业单位的积极参与和大力支持。高校应主动适应地方经济社会发展的方向和实际需求，积极寻求合作的空间和机遇，将短期效益转化为长远的效益。政府和企事业单位应承担起社会责任，与学校共同育人，形成全社会共同支持和参与大学生社会实践活动的良好氛围，为大学生社会实践能力的提升提供更多的平台和机会。

（一）激发高校和实践单位双方的积极性

为了创造良好的教学条件和实践环境，高校和实践单位的积极参与尤为关键。高校可聘请实践单位的专家担任校外实践指导教师，根据实践单位的要求指导学生的实践活动，及时收集实践单位的反馈信息，引导学生主动适应实践单位的要求，以提升社会实践的实际效果。实践单位则应为学生提供必要的人力物力支持，有条件的单位可以共建大学生社会实践基地，共同开展科学研究、技术革新或社会服务活动，推动科学技术转化为现实生产力。

（二）校地之间建立多样稳定的交流与合作关系

农村、社区等可制订学生社会实践活动需求计划，并向教育主管部门、学校提出需求，高校在制订学生实践活动方案时则可以有的放矢、明确目标。只有在高校、社会相关单位和部门之间达成共识，加强合作，互相配合，建立长效的互动机制，才能真正实现社会实践的育人目标。

（三）寻找高校和地方双方在实践需求上的共同点

在制度设计过程中，高校应避免盲目行动，而应深入挖掘社会的资源，发挥高校在科研和人才方面的优势，积极构建高校与地方的互动关系，为政府部门和实践单位提供有益的技术服务，解决实际问题。实践单位则以优质的实践基地为大学生提供必要的条件，实现学校与地方的共赢。通过调动学校和实践单位双方的积极性，确保大学生社会实践活动能够取得实际的效果。

第四章　大学生职业生涯规划的策略

第一节　大学生职业生涯规划的时机选择

一、影响大学生进行职业生涯规划的因素

（一）职业意识发展成熟的结果

从小到大，个体往往会梦想成为教师、科学家、工程师等职业，这可以被视作职业规划的起始阶段。当迈入高考志愿填报的阶段，学生依据自身的理想职业对未来的职业路径做出初步的判断，这被视作真正意义上的职业发展规划。然而，这类选择通常受到家庭与教师的较大影响，因此仍显片面，进入大学，大学生的世界观与价值观基本稳固，为自己的职业生涯规划提供了成熟的基础。大学成为学生进行职业规划的黄金时期，大学生能够依据自己的职业理想，明确学习与生活的重心，搭建合适的知识结构，并为未来的就业做好充分的准备。

（二）主客观因素

在职业选择的过程中，主客观因素的作用不容忽视。众多实践表明，大学生的职业选择总体上受到生活环境这一客观因素的显著影响，而社会舆论对职业的评价不仅影响了大学生的职业理想，也在很大程度上左右了他们的现实选择。父母的期望、对稳定的追求以及保终身等观念的影响，随着大学生个体独立意识的增强正逐渐减弱，但在现今的社会背景下仍有一席之地。大学生的就业心理在职业规划的过程中也发挥着重要作用，包括学生在思考就业问题、为职业做准备以及在寻求职业的过程中产生的各种心理现象，它们共同构成了学生职业规划的重要组成部分，具体表现如下：

1.就业心理期望值过高可能会导致择业行为的偏差

众多的大学毕业生在追求学业的道路上付出了巨大的努力，在择业方面自然抱有较高的期望。不少人憧憬着能在繁华的大城市、沿海地区，或是待遇优厚的大公司就业，却对条件相对艰苦的中小城市和基层单位望而却步，这些毕业生在择业时，过分重视地域、职位的高低以及单位的经济效益，不惜提出较高的条件，将自己的标准定得过高，哪怕遭遇求职难题，也不愿轻易妥协。

但是，现实的职场并非总是如人们所愿，工作岗位不一定能完美符合个人的憧憬，特别是在竞争激烈的就业市场中，求职者不得不面对理想与现实的差距。在这种情况下，那些对职业抱有过高期望的大学生，常常会陷入两难的境地，既不愿意将标准降低，又难以寻找到理想的工作岗位。此时，这些大学生可能会产生偏执、幻想、自卑和虚伪等心理问题，有的甚至会做出过激的行为，这无疑会对他们的未来产生负面影响。基于此，毕业生在择业时应保持理性的态度，充分了解自身的条件以及市场的需求，制订出切实可行的职业规划，才能在职场中赢得成功。

2.不合理的就业观念导致职业规划不适合自己

虽然现代大学生的择业观念趋向务实与理性，但由于处于观念转型期，一些不合理的就业观念仍然存在并影响着他们的职业规划。

二、大学生职业生涯规划应贯穿大学阶段教育的全过程

既然大学生职业生涯规划应当贯穿整个大学教育的全过程，那么学校就业指导部门除了要建立相应完善的就业指导体系和职能部门外，还应该从大学一年级开始，对大学生进行职业规划教育和指导。不同年级的大学生特点不一样，需要采取的方式和途径也不尽相同。

（一）大学一年级

大学一年级，即预热阶段，主要是让大学生深入理解自己所选专业的人才培养目标和未来就业的多种可能方向，增强大学生对专业学习的积极性和主动性，并培养大学生的职业规划目标。在这个阶段，大学生需要对未来的职业目标有初步的认识，并了解自己所学专业对口的职业领域，培养自己的人际交流技能，如与师兄师姐以及即将毕业的学长交流，向他们了解就业的具体情况，增强自己的沟通能力。

（二）大学二年级

在大学的第二年，大学生应该更加明确自身应具备的各项素质，并通过参加各类活动锻炼和提升这些能力，例如，大学生可以通过参加兼职工作、社会实践等活动，锻炼自己的责任心、主动性以及面对挫折的能力；也可以选择与未来职业或所学专业相关的工作，例如，参与学生科研项目等，以提高自己的专业技能；大学生还应加强英语口语和计算机操作的能力，努力通过相关证书考试；在此基础上，大学生还可以根据自己的兴趣和能力，有选择地辅修其他专业的课程，以更加全面地提升自己的竞争力；大学生应对自己的职业规划进行定期的检验和修订，

以确保其实际性和可行性。

为了指导大学生更好地进行职业规划，学校应在大学生的专业学习过程中提供相应的支持和指导，目标是提升大学生的求职技能，以及培养他们的创业能力。学校可以通过组织学生素质拓展活动，提升大学生解决问题的能力和创新精神；鼓励大学生参与暑期实践活动，实践所学知识；加强与已经毕业的校友的联系，让他们与在校学生分享求职经验；传授给大学生如何撰写简历、求职信以及如何寻找和整理工作信息等。

（三）大学三年级

在大学的第三年，大学生应当开始确定自己未来的职业目标，并为之付诸行动。在这个阶段，大学生需要积极参加实习工作，通过实际的工作经验，了解自己所学专业的实际应用，也可以在实习中检验自己的职业规划是否合适。大学生还需要积极参加校内外的各类职业讲座和招聘会，与用人单位建立联系，了解行业的发展动态和用人单位的需求。要学习如何撰写职业规划书，明确自己未来五年、十年的职业目标，制订具体的实施计划。在这个过程中，高校应提供专业的职业规划辅导，帮助大学生根据自己的兴趣、能力和职业目标，制订合理的职业规划。

（四）大学四年级

在大学的最后一年，在学生的重心应该放在求职和毕业论文的撰写上。在求职过程中，在学生需要积极投递简历，准备面试，学习与用人单位的沟通技巧，以提高自己的就业竞争力。需要学习与同事和上级的沟通技巧，提前为进入职场作准备。在毕业论文的撰写过程中，大学生可以通过文献的梳理和调查研究，提升自己的学术研究能力和写作水平，为将来的职场生涯积累学术资本。在这个阶段，高校应提供就业指导和咨询服务，帮助大学生了解就业市场的状况，为大学生的职业发展提供指导和帮助。高校还可以提供就业实习机会，让大学生有机会接触到职场，为未来的职业生涯做好准备。

第二节　大学生职业生涯规划的方法

职业生涯规划对于就业竞争相当激烈的大学生来说，是十分必要的。一份好的职业规划可使大学生充分认识自己，客观分析环境，科学地树立目标，正确地选择职业以及运用适当的方法，采取有效的措施，克服职业生涯发展中的险阻，避免调入人生陷阱，从而获得事业的成功。在进行职业规划时，大学生还要注意选择合适的方法。

一、自我规划法

自我规划法鼓励大学生独立地反思，并回答七个关键性的问题，明确自身职业规划的优势与劣势，综合这七个问题的答案，最终形成个人的职业规划。以下是这七个问题的具体内容：

（1）我是谁（Who am I）？

（2）我想做什么（What do I want to do）？

（3）我能做什么（What can I do）？

（4）环境支持或允许我做什么（What can support me）？

（5）我的优势是什么（What are my advantages）？

（6）我的弱势是什么（What are my disadvantages）？

（7）我的职业规划是什么（What can I be in the end）？

（一）回答七大问题时应注意的事项

1. 回答“我是谁”时需要注意的事项

要充分考虑自己在社会中所扮演的角色，如孙女（孙儿）、女儿（儿子）、姐妹（兄弟）、消费者、学生等，还需突出个人的性格特点与能力素质，目的是全面展示自己的面貌，让自己更清楚地认识自己。在确认答案齐全之后，对答案进行排序，确保它们的重要性能够得到准确的体现。

2. 回答“我想做什么”时需要注意的事项

针对“我想做什么”这一问题，需要大学生对自己的职业发展理想进行梳理。在成长的不同阶段，每个人的理想职业可能会因环境、兴趣、性格等多种因素而发生改变。但随着年龄的增长，这些职业理想会逐渐凝聚，最终成为个人的人生目标。在回答这一问题时，大学生要回溯从儿时至今的每个阶段，并将每一阶段的职业理想罗列出来，找出其中的漏洞，并予以补充，然后根据理想的实现程度对这些答案进行排序。

3. 回答“我能做什么”时需要注意的事项

对于“我能做什么”这一问题的回答涉及对个人能力和发展潜力的深入探讨。个人能力将决定职业定位的高低，而潜力的大小也是职业发展空间的重要决定因素，为了深刻认识自己的潜力，大学生需从多个方面入手，如兴趣爱好、坚持事业的毅力、判断力、知识结构的完整度以及是否能够随时更新知识并顺应时代的变迁。在认识清楚自己的发展潜力之后，可对确定的能力与潜在能力进行归纳，并据此进行排序。

4. 回答“环境支持或允许我做什么”时需要注意的事项

回答此问题时，重点是分析影响职业规划的主客观因素。主观因素包括个人的交往关系（如同学和朋友关系）、社会关系（如亲戚关系）等；客观因素则涉及职业选择地的经济状况、人事政策、企业制度、职业的发展空间等。在制订职业规划时，大学生需综合考虑主客观因素，并充分利用一切有利于个人发展的因素。这里需特别注意的是，要单独列出对个人发展有益的因素，并根据其重要性进行排序。

5. 回答“我的优势是什么”时需要注意的事项

回答这个问题需要从以下三个方面考虑：

（1）学到了什么。在大学阶段，从专业课程中积累的知识和技能是未来职业生涯的基石，透过参与社会实践，大学生有机会将理论知识运用于实际场景中，并提升综合素质。因此，勤奋学习并不断积累经验是个人职业规划的基础，更重要的是，应学会将知识转化为个人的智慧，培养批判性思维能力，为未来的职业生涯作好充分准备。

（2）曾经做过什么。大学生在校期间担任的学生职务、参与的社会实践和积累的工作经验都是个人职业规划的重要组成部分。大学生要明确自己的职业目标，并根据这一目标选择相关的工作项目，持续不断地努力，才能使个人的经历更具说服力。

（3）最成功的是什么。分析个人过去取得的成功可以帮助大学生识别个人的优势，包括个人的坚韧、智慧等，这些优势既是个人魅力的体现，也是职业生涯规划中的有力支撑。

6. 回答“我的弱势是什么”时需要注意的事项

分析“我的弱势”时需从两个方面入手：

（1）性格弱点。人的性格中总会有一些不足之处，有时这些不足是先天的，难以改变。大学生需要通过与他人的交流，从不同的视角审视自己，找出自己的不足之处，并加以改进。

（2）经验或经历的不足。经验的欠缺并不是个人发展的障碍，真正的障碍是个人对于不足的认识和态度。大学生需要通过积极的态度，不断学习，发现问题，克服困难，逐步提升自己。时间是最好的老师，只要给予自己足够的时间，每个人都能够取得成功。

7. 回答“我的职业规划是什么”时需要注意的事项

在分析了前面六个问题后，可整理出利于达成职业目标的有利条件和不利条件，从中挑选出自己愿意从事且有能力从事的职业目标，这也为“我的职业规划是什么”这一问题的答案奠定了基础。通过对前六个问题答案的对比，挑选出相同或相近的内容，将其串联起来，最终形成职业生涯的发展蓝图。明确职业发展方向后，接下来需制订具体的行动计划，其中包括短期目标（12 年）和长期目标（5 ~ 10 年）以及人生目标。短期目标包括日目标、周目标、月目标和年目标。大学生应针对每个目标，列出可执行的行动方案，并全力以赴地将计划变为现实。

（二）进行自我职业规划时需要注意的事项

1. 找一份能刺激自身成长的工作

寻找一份激励自己成长的工作是重要的，不应因为工作能带来短期的利润就毫不犹豫投身其中，选择一个能为自己创造机会的职位会更为有利。虽然在某些竞争激烈的行业中，获得一个职位并非易事，但这并不代表没有机会，如新闻、广播、电影、电视、广告、时尚等领域，虽然竞争激烈，但一旦能够进入这些行业，便容易获得更多成长的机会。竞争的存在并不意味着没有机会，主动放弃才是最令人遗憾的，就像马拉松比赛，不是每个参赛者都拥有完美的身形和超强的耐力，但如果已经为比赛作了充分的准备，那么转身离开就等于放弃。

2. 只有不懈努力才能获得成功

成功不是一蹴而就的，需要持之以恒的努力，在追求职业发展和实现个人目标的过程中，大学生必须清楚自己的能力与局限以及自己的兴趣和激情在哪里。当一个人对自己的职业方向有了清晰的认识，才能够根据自己的优势和弱势，制订合适的计划，并付诸实践。在这个过程中，不断地学习和提升自己，不断地积累经验，都是实现职业目标的重要环节。但这个过程中难免会遇到困难和挑战，在面对这些难题时，不应轻易放弃，而应积极面对，寻找解决办法。努力、坚持和积极的心态是通往成功的关键。在自我规划的过程中，需要清楚自己的优势在哪里，怎样才能将优势转化为成果，实现职业目标，也需要认识到自己的不足，积极寻求改善的方法，努力提升自己的竞争力。在不断努力的过程中，逐渐接近自己的目标，最终获得成功。

自我规划法适用面广，且操作比较简单，很适合大学生使用。但有些对自己的能力、性格、兴趣等不了解的大学生就不可能客观地分析自己、审视自己，做出科学的职业规划，这时他们就需要借助职业规划测评系统来认识自己，进而做出适合自己的判断。

二、职业测评法

职业测评是一种了解个人与职业相关的各种心理特征的方法，简言之，就是应用到职场的心理测评。它通过一系列的科学手段对人的基本心理特征，包括能力、兴趣、性格、气质及价值观等进行测量和评估，分析你的特点，再结合工作的特点，帮助你进行职业选择。

（一）性格测评

卡尔·荣格在《心理类型学》一书中将人的性格划分为四种：内向性—外向性、辨认性—直觉性、感性—理性、熟思性—果断性。具体来说，荣格把人类的性格分为：

E 代表外向型（extrovercy）——着重外在的世界；

I 代表内向型（introvercy）——着重内在的世界；

S 代表辨识型（sensing）——重实际、具体、事实的看法；

n 代表直觉性（intuition）——着重考虑事件的可能性及关系到我们如何下结论、做决定；

T 代表理智型（thinking）——较客观、重分析、公平；

f 代表感性型（feeling）——较主观、重视价值；

j 代表决断型（judging）——处理问题时重次序、有计划性；

p 代表熟思型（perceiving）——重视或依照突发灵感及弹性处事。

荣格主张，在人的性格结构中，有八种主导的心智倾向。此外，人还有辅助功能的心智倾向和第三功能的心智倾向。在此基础上，人们又进一步完善了辅助功能的概念，并将其融入性格类型的描述中，由此形成了16种性格类型。

1. ISTJ 性格

这种性格的人通常表现得沉静且认真，有着很强的责任心和实际操作能力。他们会从逻辑和实际出发，坚持做自己认为正确的事情，并且不会因外界的干扰而分心。对他们来说，有条理和次序地完成工作以及对传统和忠诚的重视是他们生活的重要组成部分。

2. ISFJ 性格

此类性格的人通常是友善、负责任且谨慎的。他们在承担责任时会全力以赴，细心、耐心地完成工作，且不会因为工作的辛苦而放弃。对他们来说，忠诚是一种重要的美德，他们会时刻记住亲朋好友的点点滴滴，并且尽力为他们创造一个和谐的环境。

3. ESTP 性格

此类性格的人则表现得较为弹性和容忍，他们注重实际效益，更喜欢通过行动而不是理论来解决问题。这种性格的人活在当下，乐于与人交往，享受物质的生活方式。他们学习的方式通常是通过实践而非理论。

4. ESFP 性格

此类性格的人通常是外向、友善、包容的。他们热爱生活，喜欢与人共事，具有良好的常识和现实的观察力，能够使工作变得富有情趣和灵活。新朋友、新环境以及新技能对他们来说都是学习的好机会。

5. INTJ 性格

此类性格的人创意十足，有着强烈的目标意识。他们善于掌握事物的发展规律，确立长远的发展方向，并能够有条不紊地开展工作，直至目标达成。他们独立自主，有着怀疑的精神，无论是为自己还是他人工作，都能表现出极高的工作能力和水平。

6. INFJ 性格

此种性格的人可以深入探讨思想、人际关系以及物质欲望，并寻求它们之间的深层联系。这种性格的人渴望理解能够激励他人的因素，对他人有着独到的洞察力；他们能够负责任地坚持自己的价值观，并有明确的理念去追求大众的最大利益；他们以有条理、果断的方式实践自己的理念。

7. ENTP 性格

这种性格的人思维敏捷、机智，能够激励他人，对周围环境保持高度的警觉，并勇于发表自己的观点；他们能够灵活地应对新的、具有挑战性的问题，擅长从概念层面发现潜在的问题，并以策略性的方式进行分析；他们善于洞察他人，对日常的例行公事感到厌烦，极少用相同的方法处理同一问题，而是能够灵活地应对连续出现的新问题。

8. ENFP 性格

这种性格的人热情、热心，富有想象力，认为生活中充满了各种可能性；他们能够迅速找出事件和资料之间的关联性，并根据自己所看到的模式充满信心地采取行动；他们渴望得到他人的肯定，也乐于欣赏和支持他人；喜欢即兴发挥，在许多情况下都能表现出极佳的临场应对能力和流畅的语言表达能力。

9. ISTP 性格

这种性格的人容忍力强，是冷静的观察者；但在问题出现时，他们会迅速行动，寻找并实施解决方案；他们能够分析出哪些因素有助于事情的顺利进行，能够从众多的资料中找出问题的核心所在；他们重视事情的因果关系，能够根据理性的原则组织事实，追求效率。

10. INTP 性格

这种性格的人对自己感兴趣的事物有强烈的探索欲，总是试图找到对问题合理的解释；他们喜欢理论和抽象的事物，更倾向于理性的思考而不是社交活动；他们沉静、满足，有很强的适应力；在感兴趣的领域，他们有非凡的能力，能够专注并深入地解决问题；他们有质疑的精神，有时喜欢批评，善于分析。

11. ESTJ 性格

实际、重视现实、关注事实，这些都是 ESTJ 性格的人的核心特征。他们拥有果断的决策能力，能迅速做出可行的决定。他们擅长安排计划和组织人员完成工作，总是以最有效率的方法达到目标。他们对日常例行工作的细节非常注重，有一套清晰的逻辑标准，并且会系统地执行，希望其他人也能跟随执行。他们会以坚定的态度去实施计划。

12. ENTJ 性格

此类性格的人通常坦率、果断，乐于担任领导者的角色。他们容易识别不合逻辑和缺乏效率的程序和政策，并且能够制订和实施全面的解决方案来解决组织上的问题。他们喜欢制订长远的计划和目标。他们通常博学多闻，喜欢追求知识，并且善于将知识传授给他人。他们能够有力地表达自己的主张。

13. ISFP 性格

此类性格的人通常是沉静、友善、敏感和仁慈的。他们欣赏目前及周围发生的事情，喜欢有自己的空间，能够按照自己的节奏来完成事情。他们忠于自己的价值观和所重视的人。他们不喜欢争论和冲突，不会强迫他人接受自己的意见或价值观。

14. INFP 性格

此类性格的人是理想主义者，忠于自己的价值观和所重视的人。他们能够将外在的生活与内在的价值观相融合，有好奇心，能够迅速判断事情的可行性，并且能够迅速将理念付诸实践。他们努力了解他人，协助他人发展潜力。他们具有很强的适应力，如果没有与他们的价值观产生冲突，通常能够包容他人。

15. ESFJ 性格

此类性格的人具有爱心、尽责、合作的特质。他们渴望和谐的环境，并且决心营造这样的环境。他们喜欢与他人共事，能够准确、准时地完成工作。他们忠诚，即使在细微的事情上也能够表现出这一点。他们会注意到别人在日常生活中的需求，并努力去满足他们。他们渴望得到别人的赞赏，希望别人能够欣赏他们的贡献。

16. ENFJ 性格

此类性格的人充满温情，同情心，反应灵敏，并具有责任感。他们高度关心他人的情绪、需要和动机，能够帮助他人发挥潜能。他们能够积极地协助个人和组织的成长。他们忠诚，对赞美和批评都能做出迅速的回应。他们在社交活动中表现活跃，在一组人中能够惠及他人，展现出启发他人的领导才能。

（二）动力测评

动力测评致力探索参测人员的动机结构特征及其强度，这些特征与组织行为紧密相关，其中包括影响愿望与成功愿望的动机、挫折承受的动机、人际交往性等。对这些信息综合分析，可以进一步揭示参测人员的目标设定、活动的目的性和选择性、管理工作的主动性、风险意识等重要信息。

动力测评是在动力理论的基础上完成的。首先，需要清楚地理解动机的定义。动机是引发、维持和指导人们从事某种活动的内在动力，是人类行为动力中调控机制的重要组成部分，也是人类行为的原动力。

动机在人类行为中扮演着至关重要的角色，具有强烈地支配和调控作用：

第一，动机使组织行为表现出明显的选择性和目的性，引导人们朝着对组织有利的目标前进，回避那些有害的目标。因此，动机是人们决策行为的核心要素。

第二，动机赋予组织行为积极性和主动性，人们能否成功完成工作在很大程度上取决于他们能否发挥积极性和主动性。

第三，动机的取向或性质决定人们的责任感和自信心的强度及其特质。

第四，组织行为学和管理心理学研究表明，影响愿望、成功愿望、人际交往和领导者的组织行为之间存在密切的联系。正是在这些理论的指导下，动力测评系统得以不断完善和优化。

动力测评由四个分量表构成：影响愿望、成功愿望、挫折承受、人际交往。

每个分量表的具体内容如下：

1.影响愿望

在组织行为过程中，力图获得、巩固和利用权力，试图以自己的思想、意图影响和控制他人，控制环境和牵引对自己有影响的作用力的愿望。

2.成功愿望

在面对任务情境时，朝向高标准设置具有挑战性的工作目标，并为实现这一目标进行艰苦的努力，希望得到优秀成绩的愿望。

3.挫折承受

在现在或将来可能遇到的挫折、困难和失败面前的心态、情绪反应以及特定的行为方式。

4.人际交往

在生活和工作中对人际关系的关注与重视程度，与他人建立并保持良好关系的愿望及技巧以及能够获得人际支持的程度。

进行这些测试的最佳途径是前往专业的职业规划机构，那里有专门的测评咨询人员和职业规划指导师来进行指导。值得注意的是，职业测评是一种人与人之间的测试，其结果具有相对性。一方面，测评方案的设计及测试活动的实施都依赖于施测人的个人经验，不同的施测人对测评目标的理解、测评工具的使用以及对测评结果分数的解释都有可能带有个人色彩，因此不可能完全一致；另一方面，作为测评对象的人，其素质是抽象模糊的，其构成极其复杂，并且测评工具本身也带有一定的局限性。故测评结果和职业规划指导师的意见应作为参考，要结合个体的特点，制订适合自己的职业生涯规划。

如今，人们在追求生存和实现个人理想的过程中，已经能够找到一种平衡的点。传统的“终身一职”观念已经被人们抛弃，对于大学生而言，只有通过不断规划，不断完善自己的知识结构，积累丰富的社会经验，才能在步入社会后，顺利地追求自己的目标，实现自己的梦想。

第三节　大学生职业生涯规划的实施准则与要点

一、大学生职业生涯规划的实施准则

职业生涯规划对于大学生而言，是一个复杂且动态的过程，这个过程不可能在短时间内迅速完成，而是需要通过长时间的调查、对自身能力的测试、实习等一系列实践活动来制订出满意且可操作的职业生涯规划方案。在规划的具体过程中，大学生需要根据实际情况，及时调整职业生涯规划。大学生职业生涯规划的实施准则主要包括以下几个（图4–1）：

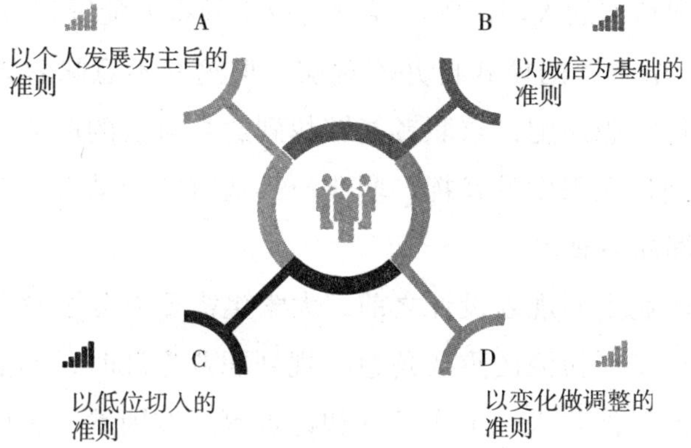

图 4-1　大学生职业生涯规划的实施准则

（一）以个人发展为主旨的准则

众所周知，社会上不同的职业各具特点，他们对从业者的个人特质有着不同的要求，并试图通过一系列工具来测试这些特质。因此，大学生在进行职业生涯规划时，必须充分考虑到每种职业对从业者的明确要求，充分考虑自己的能力，以制订出符合个人特色的职业生涯规划。例如，对于技术性的岗位，大学生需要具备以下典型的特征：性格沉静，喜欢独立思考，工作细致谨慎，选择职业时注重工作的实际技术。对于管理型的职位，大学生需要具备以下特点：思考问题理智，善于从宏观角度分析问题，能够在信息不完全的情况下解决问题，善于影响、监督、带领和组织成员等。

长期的实践表明，虽然一些职业的录用标准得以明确，心理测试工具日益完善，技术水平不断提升，但由于职业种类繁多，职业发展变化迅速，难以确定各种职业所需的个人特质。另外，心理测试工具的可信度和有效性也未能达到预期的水平，由于这些因素的影响，基于这些标准的人职匹配过于单一，对于人的态度、期望、人格、价值观等主观因素关注不足，这样的人职匹配往往较为粗疏，尤其对于毕业生在择业环节上难以实现精准的人职匹配。通过就业指导将人配置到特定的职业上，“一个萝卜一个坑”的模式也并不现实，但这并不意味着人职匹配不需要，因为通过人职匹配，求职者能够找到适合自己的职业，使个人的特长和潜能得到最大限度的发挥。职业与其适宜的劳动者相匹配，才能最大限度地发挥社会效益。

在进行职业生涯规划设计之前，大学生需要充分了解职业对个体的成长和社会进步所扮演的重要角色。规划职业生涯时，不能仅将注意力集中在工作的经济收入、工作条件和地点等外在因素，更应深入考察自身的素质，探究所选择的职业是否适合自己的性格和处世态度，是否拥有广阔的发展潜力，并通过这些细节来判断这项职业能否助力个人实现自我价值。

因此，大学生需要在调研社会需求的基础上，树立自我发展和自我创新的职业价值观，优先考虑那些具备较大发展空间，能够让自己发挥才能的单位；重视那些潜力巨大，创业机会多的工作地点。避免盲目选择那些表面看似不错，但实际上并不适合自己，且难以让才能得到充分发挥的单位，以免未来后悔。应以一种强调个人、社会与职业三者紧密结合的职业生涯发展观来指导自己的选择。研究发现，职业生涯规划的发展观在很大程度上决定了大学生的就业质量。在相同的条件下，那些以个人发展为核心的职业生涯规划能够帮助大学生更顺利地找到工作，且工作质量相对较好。所以，大学生需要增强自己的职业生涯发展意识，运用相关的职业设计理论和方法，明确规划自己的职业发展和人生方向，帮助其当前的职业选择，助力其未来的职业发展和事业成功。

（二）以诚信为基础的准则

诚信是个体在社会中立足的根本要求。在社交过程中，失信的人可能在他人尚未发现真相时获得信任，但失信的行为终究会有被揭露的时刻。

中国传统文化将诚信视为道德规范的重要组成部分，并把它置于至高无上的位置；在西方社会，诚信也受到重视，与商业伦理紧密相连。在当今社会，诚信仍然是维持社会持续发展的重要因素，它能够促进人与人之间的沟通与合作，有助于建立和谐的社会环境。从心理学的角度看，诚信是人寻求安全感的基础，人的社会性本能使其通过相互之间的责任和义务形成社会关系。人并非生来就具备诚信的美德，但社会的规范和教育将其覆盖于每个个体，使其拥有诚信的潜质。

随着社会主义市场经济体制的确立，中国的大学生就业方式由过去的计划分配转变为"双向选择、自主择业"，成功实现"软着陆"。这一转变使高校毕业生的就业形势日趋严峻，社会也处于过渡状态，导致大学生的思想产生较大波动，情绪变得浮躁。面对压力，大学生学会了包装和推荐自己，进行合理的职业规划。他们的主动出击体现了新时代青年的朝气和英勇，但也暴露出一些不和谐的现象，如虚假包装等失信行为。

1.虚假包装会丧失企业、单位的信任

目前，个别大学生通过对自身的专业技能、综合素质和特长进行夸大的描述，以此作为开始自己职业生涯规划的基础。这种行为虽然是个别现象，但其产生的负面效应不容小觑，成为大学生职业选择的潜在风险。

少数缺乏诚信的大学生，会在就业市场上造成不良的影响。从表面上看，他们的虚假包装似乎只是个人的行为，但其实对就业单位和整个学校都会产生负面的影响。就业单位会对其母校产生不信任感，而学校在社会上的名誉也将受到损害，使得同一学校的其他毕业生也会受到连带影响。进一步说，这种行为容易使就业单位对整个大学生群体产生不信任，对大学生的就业市场造成不利影响。

这种失信行为还会对失信者自身产生负面的影响，虽然他们可能成功蒙骗过关，但心里不可避免地会产生负罪感，承受内心的痛苦。一旦被揭穿，他们的职业生涯变得困难重重，个人品格也会受到质疑，社会声誉一落千丈。

除此之外，大学生的就业失信还会增加学校的培养成本、用人单位的招聘成本和大学生自身的就业成本。学校需要增加投入，建立完善的诚信档案和信用查询系统等，以增强用人单位的信任感；用人单位为了确保引进的人才合格，需要通过多种途径进行核实，建立完整的防伪系统。

为了维护自己的就业优势，大学生应积极努力，营造良好的诚信环境，确保诚实守信成为自己立足社会的坚实基石。

2.频频跳槽不利于个人的发展

对工作的投入与认可，往往超越了专业知识和经验的重要性。唯有全心全意地投入，方能够真正实现自己的事业目标。当前的年轻一代学生，很容易陷入这样一种误区：一方面奋力工作，另一方面却在不断寻求新的就业机会，无法真正投入工作中。

对于职场新人而言，头几份工作可能并不完美，无法与自己的能力和素质完全匹配。在这种情况下，寻求理想中的工作是完全可行的。但是，一旦找到了满意的工作岗位，便应该以拼搏进取的精神，全力以赴，与企业共度时艰。

在经济快速而稳健发展的时期，不少企业通过提供更高的薪酬和更优的职位来吸引人才。许多人将跳槽视为迅速升职加薪的便捷途径，因为跳槽的过程中，薪酬和职位往往都有所提升。尽管在市场经济的背景下，每个人都有权利追求自己的利益，但个体在做决策的时候，也应当有长远的规划，不能仅仅关注短期利益。

经济的发展不会一帆风顺，总会有起伏和波动。在经济平稳的时候，人们应当好好把握机遇，不要将目光聚焦于通过跳槽来实现自己的职业目标。虽然市场是由利益驱动的，人们总是追求更高的利益，但过于急功近利，过于无视择业道德和职业道德，最终会影响个人的职业生涯。

在人力资源市场充分实现市场配置的今天，跳槽得到了法律的保护，但大学生在职场上应当慎重，不能仅为了增加自己的阅历或获取短期利益而跳槽，更应当有明确的职业目标和长远的规划，因为无论在什么经济环境下，专注于自己的事业和忠诚于自己的企业，都是受人欢迎的，这是不可改变的大势所趋。

（三）以低位切入的准则

大学生在进行职业生涯规划时，应摒弃仅以高学历为荣的观念，保持谦逊的态度，让实际的能力为自己代言。

首先，需要清楚现代职业的特性：

（1）职业常伴随危机；

（2）职业本身是一场不断学习的过程；

（3）职业的产生源于市场需求，而非企业的层级结构；

（4）职业选择涉及“全面发展”与“专业化”之间的权衡；

（5）职务权力并非总与职业能力成正比；

（6）每种职业都有其所需的特定能力。

明白了上述特点，大学生在规划自己的职业生涯时，将更有方向和目标，更能找到合适自己的定位，以实力走向成功。

一个聪明的求职者需要具备多种职业能力，这些能力都是可以通过学习获得的，包括决策能力、交际能力、系统思考能力、信息处理能力、聆听能力、项目管理能力、团队合作的能力、高情商、创新能力、领导能力、创造自我品牌的能力、学习能力、写作能力以及打扮得体和自我照顾的能力。

在职业生涯中，个人的社会阅历、人际交往、客户关系和法律常识也都是十分重要的。在日益激烈的求职竞争中，大学生必须通过自己的实际行动，彻底扫除“好高骛远”“小事不肯做，大事不会做”的不良社会印象。

在职业生涯的规划和设计过程中，大学生应该做全面的打算，尽最大的努力，保持谦逊的态度，并一步步提高自己的目标，全力以赴。这样，他们不仅可以学到课本以外的知识，还能有意想不到的收获。

（四）以变化做调整的准则

大学生的职业生涯规划是一个不断完善的过程，需要在实践中随着个人素质和社会发展的变化进行调整。大学生的职业生涯规划应该贯穿整个大学学习生活，而不是在面临择业的时候才去考虑。人的职业兴趣和能力的提升是一个持续不断的过程，职业选择也应该是一个发展过程，需要长期的、系统的工作。

从发展心理学的角度来看，人从童年时期就开始孕育职业选择的萌芽，随着年龄、经历、教育等因素的变化，人的职业选择的态度、期望、兴趣也会发生变化。发展性职业指导理论认为，职业发展可以分为几个连续的阶段，每个阶段都有特定的特征和发展任务，如果前一阶段的职业发展任务不能完成，就会影响后一阶段的职业发展任务，从而在职业选择时遇到障碍。

在大学阶段，职业生涯规划应着重于准备工作，为未来的职业生涯打下坚实的基础。因此，大学生需要构筑以下四个支柱：

1.学会学习

学会学习是学习能力的体现，包括认知、理解、消化吸收的能力以及知识系统化的能力。大学生既要掌握广泛的通识知识，还要深入研究某些学科，尤其要掌握学习的方法，适应学习型组织和学习化社会，从终身学习中获得各种发展机会。

2.学会做事

学会做事是职业适应能力的体现，即如何使所学的知识与未来的工作相适应。学会做事不只是适应某一特定的工作，更是适应职业的流动性特征和具备自主创业的能力。

3. 学会共同生活

合作已成为现代人的普遍要求。在这个全球化的时代，人们既需要有情感同化的态度和意识，还要学会认识和接纳自己，与他人和谐共处，其中包括理解人类的多样性和相互依存性以及学会面对和解决人际和群体间不可避免的紧张关系。

4. 学会生存

学会生存是上述三种学习的综合体现，大学生应具有适应和改造自身环境的能力。职业生活不仅是生存的手段，也是实现个人价值的途径。个体的生存能力与其人格的成熟度相一致，大学生应该全面发展自己的人格和个性，用增强的自主性、判断力和责任感来引导自己的行动。

离开大学的校园，踏入职场，如果发现自己的职业并未如预期般成功，那就应该反思，是不是走错了方向？是不是没能发挥自己的才华？如果发现原先制订的职业生涯规划不再适合当前的自己，就应该立即调整，寻找新的机会和领域。在重新定位自己的目标和方向之前，应该谨慎思考，避免草率行动，免得一事无成。

虽然重新开始会遇到更多的困难，但这样的勇气和行动仍然比死守一个不适合自己的职业、过一生平庸的日子要强。找到正确的职业方向，会让生活和思想焕然一新，充满希望和斗志，自信满满。

二、大学生职业生涯规划的要点

（一）明确职业生涯规划的目的

职业生涯规划的宗旨不单纯在于协助个体达成及实现自己的目标，更为关键的是帮助个体全面了解自己，并在此基础上深入评估内外环境的优缺点，综合外部情势和自身条件，确立合适且可行的职业发展方向。

（二）遵循职业生涯规划的基本步骤

职业生涯规划主要包括觉醒、确立目标、制订职业生涯策略和职业生涯评估四个步骤。

1. 觉醒

规划者需准确且全面地认识自己，深入了解自身条件以及相关环境，将这些信息作为制订职业生涯目标的基石。对自我和环境的深刻洞察，是实现成功职业生涯的关键，例如，有志成为医生的大学生可能并不完全了解这一行业的工作内容和所需付出的努力；同样，梦想成为歌手的大学生也需要了解成为歌手所需的条件和所要付出的努力。

2. 确立目标

明确的目标是成功的推动力。设定目标有助于消除不必要的犹豫，使人全身心投入目标的实现过程中。

3. 制订职业生涯策略

职业生涯策略是指为实现职业目标而制订的详细行动计划，这些计划通常是具体的、可行的。

4. 职业生涯评估

通过工作及非工作活动对职业生涯策略进行评估，不仅能够验证策略的适当性，为自我调整提供依据，也能够作为下一轮职业生涯规划的重要参考。

（三）设定职业生涯目标

设定职业生涯目标涉及对人生目标、长期目标、中期目标以及短期目标的制订，这些目标分别对应人生规划、长期规划、中期规划和短期规划的概念。通常，大学生首先需要依据个人的专业背景、性格特点、气质、价值观以及社会发展趋势等因素，来确定人生目标和长期目标。

随后，将这些目标具体化，依据个人的生活经历和所处的组织环境，制订相应的中期目标和短期目标。

人们通常认为自己对自身有充分的了解，但事实上许多不适当的职业抉择恰恰源于对自己的认识并不清晰。职业生涯的设计目的在于使大学生通过反思过往的成长经历，全面评估自己的价值所在，这种反思过程可以在专业人士的协助下进行。以下是一些主要的反思点：

（1）究竟喜欢从事何种工作？

（2）自己擅长做什么？

（3）目前的工作在自己的生活中占据怎样的位置？

（4）家庭对自己意味着什么？

（5）目前有哪些机会可供选择？

（6）与工作相关的其他考虑因素有哪些？

有效的职业生涯设计源于对自身优势、劣势、机会以及潜在威胁的全面分析。

（四）注重职业生涯规划的条件分析

仅理解职业生涯规划的流程和内容是不足以帮助人们成功创立有效职业生涯的。实现有效职业生涯规划需要满足以下条件：

（1）对自身及其所处环境有深刻的了解；

（2）设置符合实际情况的目标，这些目标要能够反映出个人的价值观、兴趣爱好、能力水平以及对未来生活形态的期望；

（3）制订合适的职业生涯策略；

（4）持续不断地反馈和修正职业生涯目标，以便适应不断变化的环境。

（五）不间断地审视自身的不足

人们需要持续不断地审视自身的优势和不足。正如“历史不能假设，过去不能重来”所言，回顾过去需要付出代价，且随着职业分工的日益精细，职业生涯规划的成本也在逐渐提升。因此，大学生需要依靠具有前瞻性的职业生涯规划，减少在人生路途中的迷茫和犹豫，以避免浪费宝贵的时间。

人的心理和所处的环境都在不断变化，这就要求大学生在职业生涯规划的过程中，时刻审视内外环境的变动，并随时调整自己的前进步伐。在21世纪，生活方式也在不断推陈出新，大学生除了学习新技能和知识外，还需持续审视自身的不足，不断调整和修正自己的目标，以立于不败之地。

下篇　就业指导

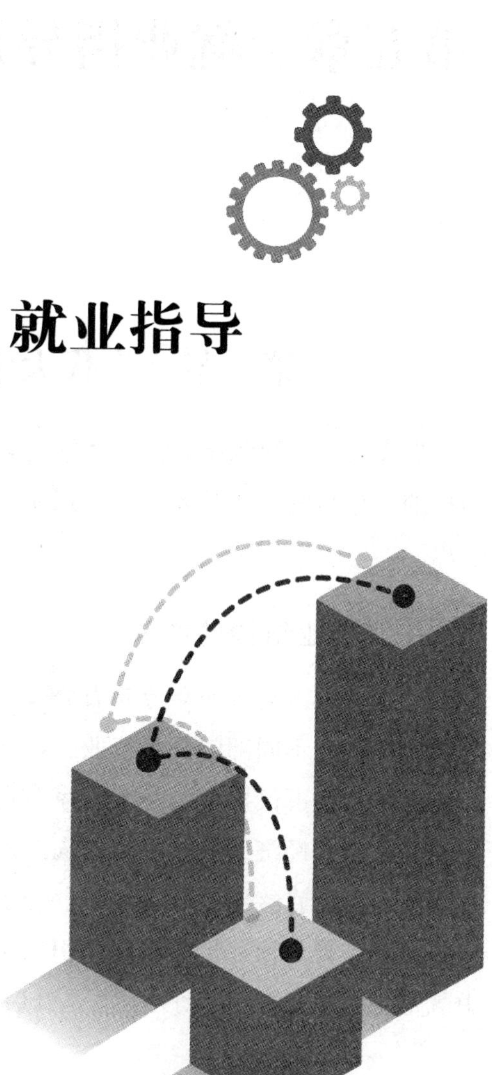

第五章　就业指导形势与环境制度

第一节　当代大学生就业形势

当代大学生的就业形势已经发生了重大变化，其中最明显的是产业结构的变化与调整以及大学生的就业观念对大学生就业状况的影响日益加深。

一、就业结构的调整

就业结构，又名社会劳动力分配结构，是指在一定时间内，劳动力在国民经济的不同部门、各行业、各地区的分布比例以及相互关系的总和。这种结构不仅揭示了一个国家劳动力的分布情况和利用效率，还能反映出该国的经济发展水平和方向。产业结构的转变、科技水平和教育发展等因素会直接影响就业结构。当前，全球已步入知识经济时代，高科技信息主导的新兴产业崛起，引发了经济领域的一场革命，知识在其中既是经济发展的直接动力，更是开启了新时代的序章。

（一）经济与产业结构的调整

我国正致力于进行经济结构和产业结构的调整，知识经济对产业经济的影响主要体现在四个方面：知识经济在产业经济的增长中占据主导地位，将引起产业结构的重大调整和产品构成的全面变革；知识经济将推动企业的重组；知识经济的兴起引发劳动力的结构性转移。这样的经济结构和产业结构的调整对大学生的知识结构和综合素质提出了更高的要求，大学生的能力需要与企业的需求更好地对接，实现自身价值并为企业的发展贡献力量。

（二）知识经济与就业革命

在当代就业形势中，知识经济的兴起已经引发了一场深刻的就业革命。知识经济是一种基于知识和信息的经济形态，在这种经济体系中，知识和信息成为主要的生产力和竞争力来源，这种变革直接影响了就业市场的需求结构，导致高知识水平和创新能力成为就业市场上的宝贵资产。

随着知识经济的发展，传统的就业模式正在逐步转变，新兴的行业和职业不断涌现，这些新兴职业通常要求较高的专业知识和技能，但也为求职者提供了更多的创新和发展空间。对于大学生而言，这意味着他们需要不断更新知识和技能，以适应快速变化的就业市场。知识经济还促成了更加灵活多样的就业形式，如远程工作、项目合作等，为大学生提供了更多样化的就业选择。

（三）知识经济对人才和教育的要求

知识经济的崛起对人才和教育提出了新的要求，对高等教育及其培养的大学生提出了更高层次的挑战。在知识经济背景下，市场对创新能力强、具有高级知识和技能的人才需求日益增加，这要求大学教育既要传授专业知识，还要着重培养学生的创新思维、解决问题的能力和终身学习的能力。大学生需要具备快速适应变化的能力，能够在不断变化的工作环境中学习新知识、掌握新技能。知识经济还强调跨学科知识的整合能力，对此，大学生需要具备跨领域工作和学习的能力，以便在多变的就业市场中把握更多机遇。

（四）区域经济发展状况的改变

中国不同地域经济和社会发展的不平衡状态是由历史和地理等多种因素造成的。以珠江三角洲、长江三角洲和环渤海地区为代表的东部沿海地区，工业和经济基础较为雄厚，而中西部内陆地区的经济发展则相对滞后。随着各地区发展水平的不断变化，区域间的比较优势将成为驱动未来发展的关键因素。这种比较优势包括自然差异、人文差异、经济差异和组织体制差异等。能否缩小区域间的经济水平差距，将取决于各地区如何选择适合自己的资源条件以及能否涌现具备竞争力的新兴产业。

与依赖自然资源的工业经济不同，知识经济更依赖人力资源的素质和数量来推动经济的发展，所以，知识经济对大学生提出了更高的要求。为了更好地适应知识经济时代的发展，培养大学生的创新能力成为适应社会经济发展潮流的必然要求。

二、当前大学生的就业观念

（一）就业观念的定义

大学生的就业观念集合了他们对就业目的、意义、方式的根本认识和态度，涵盖了就业动机、选择、途径和方式等多个要素，它是受到社会经济、政治、文化影响，也受到个人价值观影响的复合体，是社会性和个体性的结合体。

在特定的时间和环境下，人们的就业观念相对稳定，但随着社会政治、经济、文化的变迁和个人的世界观、人生观和价值观的演变，它也会发生变化，具有一定的前沿性和发展性。每个人的家庭背景、生活经历、受教育程度、思维方式和性格特点等因素的差异，也会导致就业观念的差异。

1.就业观念与就业力的关系

就业观念直接影响个人的就业行为和职业选择。一个积极、现代的就业观念能够促进个人的就业力，即个人获取和开展工作的能力。就业力包括专业技能、沟通能力、解决问题的能力和适应能力等，是个人在就业市场中竞争的资本。正确的就业观念能够使个人更加主动地提升自己的就业力，如通过终身学习不断增强专业技能，通过社交活动提升人际交往能力，通过实际工作经验提升解决问题的能力等。相反，消极的就业观念可能导致个人忽视自我能力的提升，从而降低在就业市场中的竞争力。

2.就业观念与职业生涯的关系

职业生涯规划，也称为职业生涯设计，指的是个体利用一系列方法，对自己的兴趣、爱好、能力、优势、经历以及不足进行全面的分析与权衡。在此基础上，结合时代特征，对职业生涯的主观和客观因素进行测量、分析与总结研究，明确自己的职业目标，并制订相应的行动计划。这一过程通常建立在对个人、组织和社会等多种因素的科学分析以及有效引导的基础上。

对于大学生而言，绝大部分的时间都是在进行职业生涯活动，有清晰的职业生涯规划意味着能够更好地实现自我价值，提升竞争力，以使其在职业选择的过程中，不会盲目追随他人，缺乏明确的方向。

在就业观念形成的过程中，需要学生深入了解并分析自身的特点，明确自己的目标以及需要具备的素质，进而树立正确的就业观念，最终成功就业。在这个过程中，想要准确分析自己，就必须依靠职业生涯规划这一手段。可以认为，职业生涯规划对于大学生树立正确的就业观念起着至关重要的作用，也能有效预防错误就业观念的产生。

（二）就业观念现状分析

在分析当前的就业观念时，可以从以下两方面入手：

1.积极方面

随着社会的不断进步和革新，大学生普遍接受了高等教育大众化的现实。在市场化就业形势的推动下，大学生也逐渐形成了积极的心态，体现出诸多积极的方面。

（1）逐渐形成的竞争观念。中国的就业体制从计划经济时期的“统一分配”政策转变为市场经济体制下的“双向选择，自主择业”，并伴随着政治、经济和文化的不断发展和完善。在这个变革的过程中，大学毕业生逐渐形成了比较理智的认识，对日益激烈的就业市场持积极态度，主动投身招聘竞争中，意识到风险的存在，对“职业稳定性”的追求在大学生群体中逐渐淡化。这表明在当代大学毕业生的就业观念里，就业不只是为了谋生，更是个人自我发展和实现自我价值的过程。

（2）逐渐增强的主体意识。当今社会中，就业观念的一个显著特点是逐渐增强的主体意识，这种变化主要体现在大学生对于职业选择和职业发展的自主性和主动性上。在以往，就业观念往往受到社会传统、文化习俗和家庭期望的强烈影响，个人在职业选择上往往是被动的，或者是顺应外部压力和期望。然而，随着社会的发展和个人意识的觉醒，越来越多的人开始追求职业自主权，强调在职业生涯规划中的个人选择和个人价值的实现。这种主体意识的增强一方面体现在职业选择上的自主性，另一方面还体现在对职业生涯规划的主动性。现代人越来越意识到，职业发展不仅是一份工作的选择，更是一种生活方式的选择，与个人的兴趣、激情和长期目标密切相关。所以，人们在选择职业时不再单纯考虑经济收益，更加注重工作与个人兴趣、能力和生活规划的契合度。此外，个体对于持续学习、职业技能提升和职业转型的重视也日益增加，以适应不断变化的就业市场和职业环境。

这种就业观念的变化给社会和个人都带来了积极的影响。对个人而言，强烈的主体意识有助于其实现个人价值和职业满足感，更能够适应快速变化的社会和经济环境。对社会而言，这种趋势促进了就业市场的多元化和灵活性，有助于激发创新和创业精神，推动经济和社会的持续发展。但这也意味着个人需要承担更多的就业风险和不确定性，需要更加注重自我教育、自我提升和终身学习。

（3）就业观念的普及趋势。随着高等教育的普及，大学生的就业模式也在逐步转变。首先，大学生开始放下所谓“天之骄子”的心态，将自己定位为踏实的普通劳动者，通过勤劳为社会贡献价值，从而实现自我价值的增长。其次，“非公有”制单位逐渐崛起，受到了越来越多大学生的青睐，而社会保障体系的日益完善也使得毕业生更倾向于选择灵活多变的中小型企业。最后，从“专业对口”向“通用人才”的转变也日益明显，一些具有创新精神的毕业生开始关注行业的发展前景，而不再局限于专业对口的工作，他们愿意根据市场的需求调整自己的职业选择，不断提升自己的综合素质，增强职业的适应性。这些转变无疑有助于推动大学生确立普及型的就业观。

（4）多元化的就业类型选择。传统的全职工作模式正在逐渐被更加灵活多样的就业形式所取代，这些新兴的就业类型包括兼职工作、远程工作、自由职业、创业等。多元化的就业类型为个人提供了更广阔的选择空间，使得他们能够根据自身的生活需求、职业规划和个人兴趣选择最适合自己的工作方式。

第一，兼职工作和远程工作的兴起使得工作与生活的平衡成为可能。随着网络和通信技术的发展，越来越多的工作可以在家中或任何有互联网连接的地方完成。这种灵活的工作模式特别受到追求工作灵活性和个人自由的年轻一代大学生的欢迎。对于那些需要兼顾家庭、学习或其他个人事务的人来说，兼职工作提供了更大的灵活性和自主性。

第二，自由职业和创业作为新兴的就业类型，为个人提供了展现才华和追求梦想的机会。这种工作方式往往与个人兴趣和专长紧密相关，给予了个人更大的创造空间和自主权。自由职业者和创业者能够自主选择项目和合作伙伴，按照自己的节奏和方式工作，但这也意味着他们需要承担更多的职业风险和不确定性。尽管如此，对于那些有独特技能和创新思维的人来说，自由职业和创业提供了实现个人价值和职业成就的独特途径。

（5）就业期望更加理性。在许多人的职业生涯中，他们渴望通过发挥个人才能，实现个人价值与社会价值的统一。通常，环境、行业和岗位是求职者优先考虑的因素，他们追求的是与兴趣爱好相匹配的工作，同时希望这份工作能够为他们的未来发展提供更多的机会。如今，大学生对我国高等教育普及的影响和变化已有深刻认识，他们以普通劳动者的身份投身职业生涯，期望自己的工作能在人职匹配、个人发展、工作环境和薪酬福利等方面实现平衡。从近几年的大学生就业数据可以看出，越来越多的毕业生开始理性看待就业，选择与实际情况相符的工作。

（6）职业规划意识逐步形成。在人的一生中，有近三分之二的时间将在职业生涯中度过，职业规划是每个人生命和生活中重要的一部分，它既是选择一种职业，也是选择一种社会角色和生活方式。近年来，高校越来越重视培养大学生的职业规划意识，并逐步建立了相关的课程体系，很多高校不仅开设了就业、创业等相关课程，还组织举办了各类讲座，甚至邀请了企业高管、创业大赛获奖指导教师等专业人士为大学生提供实际的指导。学生也越来越注重职业规划，其中自主创业更是成为他们感兴趣的一种选择，并在他们的意识中扎根发芽。自主创业可以促进经济发展，缓解就业压力，也受到了社会各界和政府的广泛关注和高度重视。党和政府实施的扩大就业的发展战略中，自主创业的地位至关重要，它也在高校的推动下得到了大学生的普遍认可。

2. 消极方面

虽然现在的大学生在就业观念上总体呈现出理性、务实、开放的态势，但观念的转变并非一蹴而就的过程，而是一个漫长且需要磨合的过程。在我国高等教育普及的初级阶段，大学生的就业观念仍处于转型期，因而不可避免地存在一些问题，而这些问题正是影响当下就业的主要因素。这些问题包括对自我认识不够明晰、缺乏明确的就业目标、职业标准过于趋向“货币化”、在就业区域的选择上仍然倾向于大中型城市，以及创业意识相对较弱等。

（三）树立正确的择业观念

就业观是指个体在职业选择及职业发展过程中所秉持的基本看法和态度。正确的就业观念有助于实现人与职位的匹配，进而顺利实现就业目标。对于大学毕业生来说，合理评价自身能力的同时，根据社会的变化调整自己的就业观念显得尤为重要。

1. 建立自主择业的观念

随着高等教育的普及，自主择业成为毕业生的主要就业模式，毕业生应摒弃过时的就业观念，树立自主就业的观念，并在大学时期积极规划职业生涯，努力学习专业知识以锻炼自主择业的能力。在临近毕业时，要积极收集和了解就业市场的信息，做好自己的职业定位，学会如何更好地展示自己。

2. 培养竞争的观念

市场经济的显著特征便是竞争，竞争能够推动经济和社会的发展，还能够激发个体的潜能，提升工作能力。在竞争激烈的就业市场中，毕业生必须树立竞争意识，摆脱消极等待的态度，积极备战，以获取职业生涯的成功。

3. 确立先就业后择业的理念

计划经济时期形成的“一次就业定终身”的传统观念已不再适应现代社会，大学生需要意识到，在现代社会，个体有更多的独立空间来实现自己的发展，不应拘泥于一开始就找到理想的工作，而应当学会在流动中求生存、求发展。随着国家人事制度的完善，毕业生有更多的选择和机会，所以应当学会在变化的环境中寻找和把握机会，实现自己的职业目标。

4.培养创业的意识

在经济体制改革和产业结构转变的背景下，私营经济逐渐占据国民经济的重要位置，成为吸纳大学毕业生的主要渠道，并且随着自媒体的兴起，创业领域也为毕业生提供了更多机会。国家相继推出了一系列鼓励创业的政策措施，这些政策的最终目的是让大学生认识到自主创业的重要性，提升自身能力，主动掌握就业的主动权。

确立积极合理的就业观念能够助力顺利就业，也能够为职业生涯的发展指明方向。大学毕业生应该充分了解自己的情况，制订明确的求职计划和职业目标，以积极主动的态度，采取有效的行动，勇敢迎接职场的挑战。

第二节　大学生就业政策

一、颁布《中华人民共和国就业促进法》促进大学生就业

《中华人民共和国就业促进法》并未明确提及“促进高校毕业生就业”，然而该法律的普惠性质对于大学生的就业提供了积极的推动作用。此法律在六个层面对大学生的就业产生影响：

第一，有助于促使政府各级提升其认识，进一步重视大学毕业生的就业问题，引导社会更新其对于大学生就业的观念。

第二，对于实现毕业生就业政策的长期化和由政策推动转变为依法推动具有积极意义。法律的支持将使政策更为巩固，工作力度也将加强。

第三，法律明确强调实行有利于就业的财政政策，并确定了专项资

金的支持。长久以来，高校毕业生就业工作因缺乏资金支持而面临困境，《中华人民共和国就业促进法》的专项资金支持为大学生的就业工作提供了坚实的物质基础。

第四，法律明确提出培养和完善统一开放、竞争有序的人力资源市场，规范了就业市场的行为。目前，为大学毕业生提供就业服务的市场主要包括毕业生就业市场、人才市场和劳动力市场。就业市场行为的规范化将使市场更为开放，实现信息和资源的共享，对于大学生的就业具有重要的意义。此外，对虚假招聘的规范也至关重要，教育部始终重视打击虚假信息和招聘行为。

第五，法律为自主创业和灵活就业提供坚实的法律框架和保障，鼓励劳动者追求个人职业道路的多样性。

第六，法律着重在城镇地区新进劳动力的就业问题上施以特别关注，推崇职业教育和技能培训，体现了国家对于提高劳动力的职业能力和整体素质的重视。在这一框架下，大学生群体得到特别关注，无论他们的背景如何，都能够获得必要的支持和帮助，助力大学毕业生的个人发展和职业成功，促进社会的整体幸福和国家的长期稳定。

二、鼓励和引导高校毕业生到城乡基层就业

指引和激励大学毕业生向城乡基层发展是党中央做出的关键决策，也是引导和激励大学毕业生向基层，尤其是艰苦边远地区就业的政策基础，是推动国家经济社会协调发展的重要措施。对于那些选择向基层就业的大学毕业生，政府在户籍迁移、偿还助学贷款、考录公务员、报考研究生等多个方面都推出了优惠政策。

（一）基层就业的定义和内涵

所谓基层就业，即指向城乡基层从事工作，主要包括基层的社会管理和公共服务岗位。国家在近几年陆续推出了多项优惠政策，旨在激励

大学毕业生积极投身社会主义新农村建设、城市社区建设以及参与军队。

基层和艰苦边远地区虽是两个不同的概念，但也有所交叉。通常来说，基层包括了广大的农村地区、城市的街道和社区；涵盖了县级及以下的党政机关、企事业单位以及社会团体、非公有制组织和中小企业；包含自主创业、自谋职业以及在艰苦行业和岗位上的工作。而艰苦边远地区则是国家根据特定标准划定的。

（二）城乡基层就业的优惠政策

为了促进大学生积极到城乡基层就业，我国出台了《关于引导和鼓励高校毕业生面向基层就业的意见》（以下简称《意见》），针对到基层就业的大学生，主要有以下优惠政策：

第一，户籍可留在原籍。到西部县以下单位和艰苦边远地方工作的高校毕业生，可以把户口留在原籍，也可以转到工作的所在地区。工作满 5 年以后，可以到自己的原籍或者是直辖市以外的其他地区去工作，落实接收单位的，接收单位当地给予落户，人事部门提供免费的代理服务。

第二，对到农村基层和城市社区从事社会管理和公共服务工作的高校毕业生，符合公益性岗位就业条件并在公益性岗位就业的，按照国家现行促进就业政策的规定，给予薪酬或生活补贴，同时按规定参加社会保险。

第三，国家代偿助学贷款。为了引导和鼓励广大毕业生面向基层就业，《意见》特别规定：毕业以后自愿到艰苦地区、艰苦行业工作的，达到一定年限，国家代偿学生在校期间的助学贷款。

第四，研究生招录优先政策。对具有基层工作经历的高校毕业生，在研究生招录时实行优先政策。针对一些大学生考上了研究生，但还想去西部工作这种情况，大学生可保留两年学籍，也就是说在这两年之内，国家都承认他是学校的研究生，只是两年在外面服务，回来按照正常的研究生培养计划接受培养和教育。

三、鼓励高校毕业生应征入伍

应征入伍是指从2010年开始部队每年从应届高校毕业生中征收义务兵。经国务院、中央军委批准，自2020年起，将义务兵征集由一年一次征兵一次退役调整为一年两次征兵两次退役。我国现行的义务兵役制度服役年限是两年。

（一）应征入伍的要求

1. 招募对象

预征对象为中央部门和地方所属全日制公办普通高等学校、民办普通高等学校和独立学院的全日制普通本专科（含高职）、研究生、第二学士学位应届毕业生（以下简称高校毕业生）。不包括往届毕业生及成人高等教育、高等教育自学考试类学生、各类非学历教育的学生。

2. 招募条件

应征的公民必须热爱中国共产党，热爱祖国，热爱人民军队，遵纪守法，品德优良，决心为抵抗侵略、保卫祖国、保卫人民的和平劳动而英勇奋斗。征兵政治审查的内容包括应征公民的年龄、户籍、职业、政治面貌、宗教信仰、文化程度、现实表现以及家庭主要成员和主要社会关系成员的政治情况等。

公民应征入伍要符合国防部颁布的《应征公民体格检查标准》和有关规定。其中，有几项基本条件。

（1）身高。男性160cm以上，女性158cm以上。

（2）体重。体重符合下列条件且空腹血糖<7.0mmol/L的，合格。

①男性：17.5 ≤ BMI<30，其中，17.5 ≤男性身体条件兵<27。

②女性：17 ≤ BMI<24。

（3）视力：任何一眼裸眼视力低于4.5，不合格。任何一眼裸眼视力低于4.8，需进行矫正视力检查，任何一眼矫正视力低于4.8或矫正度数超过600度，不合格。

屈光不正经准分子激光手术（不含有晶体眼人工晶体植入术等其他术式）后半年以上，无并发症，任何一眼裸眼视力达到4.8，眼底检查正常，除条件兵外合格。条件兵视力合格条件按有关标准执行。

3. 报名方法和流程

（1）网上报名预征：有应征意向的高校毕业生可在夏秋季征兵开始之前登录“全国征兵网”进行报名，填写、打印《应届毕业生预征对象登记表》和《高校毕业生应征入伍学费补偿国家助学贷款代偿申请表》（以下分别简称《登记表》《申请表》），交给所在高校征兵工作管理部门。

（2）初审、初检：毕业生离校前，在高校参加身体初检、政治初审，符合条件者确定为预征对象，高校协助兵役机关将《登记表》和《申请表》审核盖章发给毕业生本人，并完成网上信息确认。

4. 实地应征

高校应届毕业生可在学校所在地应征入伍，也可在入学前户籍所在地应征入伍。

组织高校应届毕业生在学校所在地征集的，结合初审、初检工作同步进行体格检查和政治审查，在毕业生离校前完成预定兵，9月初学校所在地县（市、区）人民政府征兵办公室为其办理批准入伍手续。政治审查以本人表现为主，由其就读学校负责，学校分管部门具体承办，原则上不再对其入学前和就读返乡期间的现实表现进行调查。在入学前户籍所在地应征入伍的，高校应届毕业生持《登记表》和《申请表》到当地县级兵役机关参加实地应征，经体格检查、政治审查合格的，9月初由当地县（市、区）人民政府征兵办公室办理批准入伍手续。

（二）应征入伍享有的待遇和优惠政策

1.“四个优先”

（1）优先报名应征。报名由县级兵役机关直接办理。夏秋季征兵开始前，县级兵役机关通知其报名时间、地点、注意事项等。确定为预征对象的高校毕业生，持《应届毕业生预征对象登记表》，可以直接到学校所在地或户籍所在地县级兵役机关报名应征。

（2）优先体检政审。体检由县级兵役机关直接办理。夏秋季征兵体检前，县级兵役机关通知其体检时间、地点、注意事项等。确定为预征对象的高校毕业生，未能在规定时间内在学校参加体检的，本人持《应届毕业生预征对象登记表》，可在征兵体检时间内报名直接参加体检。

（3）优先审批定兵。审批定兵时，应当优先批准体检、政审合格的高校毕业生入伍。高职（专科）以上文化程度的合格青年未被批准入伍前，不得批准高中文化程度的青年入伍。

（4）优先安排使用。在安排兵员去向时，根据高校毕业生的学历、专业和个人特长，优先安排到军兵种或专业技术要求高的部队服役；部队对征集入伍的高校毕业生，优先安排到适合的岗位，充分发挥其专长。

2. 就业招录

（1）高校毕业生士兵退役后 1 年内，可视同高等学校应届毕业生，凭用人单位录（聘）用手续，向原就读高校再次申请办理就业报到手续。退役高校毕业生士兵可参加户籍所在地省级毕业生就业指导机构、原毕业高校就业招聘会，享受就业信息、重点推荐、就业指导等服务。

（2）在招录公务员、参照公务员法管理机关（单位）工作人员，招聘事业单位工作人员时，同等条件下优先录用（聘用）符合政府安排工作条件的退役大学生士兵；退役士兵报考公务员、应聘事业单位职位的，在军队服现役经历视为基层工作经历，服现役年限计算为工龄。

（3）国有、国有控股和国有资本占主导地位企业在拿出一定比例的工作岗位定向招收符合条件的退役士兵时，同等条件下优先招收退役大学生士兵。

（4）乡镇补充干部、基层专职武装干部配备时，注重从退役大学生士兵中招录；对返乡务农的退役大学生士兵，鼓励通过法定程序积极参与村居“两委”班子的选举。

（5）按照国家规定发给退役金，由安置地的县级以上人民政府接收，根据当地实际情况，发给经济补助，安置地的县级以上人民政府组织其免费参加职业教育和技能培训，经考试合格的，发给学历证书、职业资格证书并推荐就业。

四、鼓励和支持高校毕业生到中小企业、服务外包企业就业

（一）中小企业就业

中小型企业在国民经济中占据极其重要的地位，对于推动国家的建设、促进国民经济的高速增长、吸纳就业人口以及构建和谐社会的发展具有无可替代的价值，是我国经济社会发展中不可忽视的力量。

这些企业在发挥其优势和抓住市场机遇的同时，也需要面对激烈的市场竞争以及各种风险。中小型企业符合生产社会化和科技进步的要求，能在投资和生产经营上带来显著的经济效益，是贯彻“大众创业、万众创新”政策的主要实施主体，对于提高就业率、促进经济增长、推动科技创新以及维护社会的和谐稳定等方面都具有独特的作用，其影响在国民经济和社会发展中不可忽视。

相较于大企业，中小型企业的优势主要体现在经营决策的灵活性，成本和综合风险较低，有对市场变化的敏锐捕捉和快速反应的能力。其中，以家族企业为主的中小企业，由于其内部指令的统一性，执行力较强，能迅速协调企业内部资源，实现效率和效益的最大化。此外，中小

型企业在生产规模上相对于微型企业有所扩大，其劳动力、劳动手段、劳动对象和产品生产的集中程度也相对较高。

1.中小企业的就业档案管理

在我国，档案管理主要遵循两种模式：单位管理和社会管理。具备档案管理资格的企事业单位，包括政府机构和一些大型公有企业，可直接管理其员工的档案。而对于那些规模较小、不具备管理资格的企业，特别是中小型的私营、个体或外资企业，他们通常依靠当地的人才交流中心或政府认可的人才服务机构来管理员工档案。这些服务机构为企业提供全方位的人事服务，包括档案管理、人事代理以及社会保险的办理和转移等。重要的是，个人不被允许私自保管档案，所有的档案管理必须通过正规渠道进行。

2.人事代理身份

人事代理是指政府授权的人事档案管理机构（包括各类人才服务机构），依照国家的相关人事、劳动政策法规，接受单位或个人的委托，为多种所有制经济尤其是非公有制经济单位和各类人才，办理各项人事管理事务。主要事务包括人事档案的管理；因私出国政审；在规定的范围内申报或组织评审专业技术职务任职资格；转正定级和工龄核定；大中专毕业生接收手续；其他需经授权的人事代理事项等。

人事代理的方式包括单位集体委托代理和个人委托代理；多项委托代理和单项委托代理；单位全员委托代理和部分人员委托代理。

对于离校时已落实工作单位的高校毕业生，其人事代理应由毕业生的接收单位统一负责委托管理。而对于离校时未就业、自主创业和灵活就业的高校毕业生，可以选择个人委托政府授权的人事代理机构办理委托管理。

3.社会保险的办理

社会保险是国家通过法律手段强制参与的，旨在为劳动者在面临年老、工伤、疾病、生育、残疾、失业、死亡等情况时，失去劳动能力或暂时失去工作，提供物质帮助的一种社会保障制度。社会保险分为养老保险、失业保险、医疗保险、工伤保险和生育保险。

对于已就业的大学毕业生，其所在的用人单位有责任按照规定为其办理参保缴费手续，建立社会保险关系；对于选择灵活就业的毕业生，则需要本人前往当地的社会保险经办机构，办理参保缴费手续。用人单位和个人均应依照规定，按时足额缴纳社会保险费用。一旦与单位解除劳动合同关系，毕业生需要按照当地政府的规定，到社会保险经办机构办理社会保险关系的中断或转出等事务。当毕业生与新单位建立劳动合同关系后，社会保险经办机构应为毕业生办理社会保险关系的转移和接续手续。

（二）服务外包和服务外包企业就业

服务外包作为一种现代化的企业管理战略，指的是企业将一些非核心的业务流程委托给外部专业服务提供商，以便能够集中资源与精力发展核心业务。这种策略的目的在于降低运营成本、提高效率和强化企业的主要竞争优势，使企业能更灵活地应对市场的变化。

服务外包企业则是指那些专门提供此类外包服务的公司，它们通过与其他企业建立长期合作关系，为其提供各种外包服务。服务外包行业已经发展成为覆盖众多领域的大型产业，涵盖范围广泛，包括但不限于软件和信息技术开发、技术研发、工业设计以及各类技术支持与业务流程外包等。通过这种模式，外包服务企业既帮助了其合作伙伴优化资源配置，也为自身创造了稳定的收入来源和业务增长机会。

第三节　大学生就业环境与就业制度

一、大学生就业环境

大学生的就业环境是由多种因素共同决定的，包括社会环境、政策环境、经济环境以及用人单位的需求情况。

（一）社会环境

在社会主义初级阶段，中国正面临着向现代化国家发展的重大任务，这就要求发展科技、教育，缩小地区差距，实现国家工业化、经济社会化、市场化以及现代化，最终实现中华民族伟大复兴。

在这一特定阶段，中国的社会环境有以下几个显著的特征：

1. 市场经济竞争激烈

在市场经济体制下，优胜劣汰、适者生存，竞争也变得日益激烈，对此，企业也建立了新型的劳动就业制度，劳动者在就业过程中既可以自由选择，还可以合理流动或自主创业。劳动者的素质通常根据其对经济和社会的贡献来衡量，每个人都需要接受市场经济的考验。

2. 多元经济共同发展

在社会主义初级阶段，公有制是主体，但也需要发展多种所有制经济。这是因为中国是一个社会主义国家，需要坚持以公有制为基础，并在公有制的条件下发展多种所有制经济。

观察全球科技的发展趋势，科技在推动世界经济和社会进步中扮演着重要的角色。中国的快速发展必须依赖科技的进步，这是现代化的必由之路。进入 21 世纪，新的科技革命以信息的爆炸性增长、技术进步的速度加快、更新周期的缩短、多学科领域的相互融合以及高科技在各领域的主导作用等特点为标志。这一高科技革命的直接产物便是全球化的电脑、电视、网络、卫星通信和程控电信等现代化信息手段的普及，这些手段将世界各地的人紧密相连，架起了信息的高速公路。

20世纪70年代，人们对未来经济的走向提出了多种预测，到了1990年，联合国的研究机构正式提出了“知识经济”的概念，并明确这种经济形态是以知识为基础的。知识是创造社会财富的核心生产要素，是推动其他生产要素装备和更新的重要力量，全球一些发达国家已经开始由工业经济向知识经济转变，知识经济的基本单位已经形成并正在逐渐壮大，人类进入知识经济时代指日可待，这是一个全新的历史阶段。

（二）政策环境

关于大学生就业政策，上一节已经进行了详细介绍，在此不再赘述。

（三）经济环境

经济的蓬勃发展与否，与大学生的就业形势息息相关。国家的经济状况将决定当年对人才的整体需求，而区域经济的状况则会影响人才的流向和需求。

中国的经济发展存在显著的地区差异，这导致了各地区对人才的需求不一，影响了大学生的就业选择和流向。东部沿海地区及中心城市，如北京、上海、广东、江苏、浙江等，因其经济繁荣，对人才的需求较大，吸引了众多大学生前往求职，而在政府的号召和政策的支持下，越来越多的大学生开始选择前往中西部地区工作，虽然西部地区对人才的吸引力有待提升，但随着西部开发的深入，那里的经济环境将更为有利于人才的发展。

大学生在寻求就业机会时，应充分考虑国家和地区的经济状况，以便更准确地定位自己的就业目标。经济较为繁荣的地区，对高层次人才的需求更为旺盛，人才环境更为优越，机遇也更为丰富，但这也意味着竞争更为激烈。相比之下，经济欠发达的地区对高层次人才的需求较少，工作环境和条件可能相对较差，但这也为大学生提供了更多的机会来展示自己的才华，创造事业，实现人生价值。

（四）用人单位需求情况

用人单位所发布的招聘需求信息，就如同市场上的“订单”，反映出就业市场的繁荣与萧条。毕业季，那些希望招募应届毕业生的用人单位通常会通过教育部门的就业指导中心或大学的就业指导中心进行信息登记，发布招聘信息，并积极参与双选会等活动，也有一些用人单位会直接在学校举办企业宣讲会，为学生提供了解企业和岗位的机会。学校的就业指导中心也会通过网络、报纸、公告栏等多种方式，将招聘信息传递给学生。

用人单位对人才的需求并非一成不变，而是随着多种因素而动态变化的。第一，用人单位自身的发展，包括国民经济的整体状况、行业的发展情况、企业的经营状况和未来规划，都会影响对人才的需求。第二，人才的供给情况，包括大学生的数量、质量以及他们的期望薪酬，也会影响用人单位的选择。第三，用人单位的人力资源观念，是否重视人力资源的开发和利用，也会影响对人才的需求。第四，国家的相关政策也会对用人单位的需求产生影响，政府为了推动大学生就业，出台了一系列政策，包括针对大学生的政策和针对用人单位的政策。

目前，大学的就业指导工作部门的一项重要任务就是跟踪和收集用人单位的招聘信息，并及时分析后发布给学生，帮助学生更好地了解市场行情。除此之外，学生还可以通过分析行业的经济发展情况，从报纸和网站等渠道获取相关信息，这也是大学生了解用人单位需求的另一种方式。

二、大学生就业制度

现行的大学生就业制度包括毕业生就业的相关政策、就业管理体制和服务保障体系等多个方面。

（一）双向选择和自主择业

根据教育部颁布的《普通高等学校毕业生就业工作暂行规定》、国务院批准的《面向21世纪教育振兴行动计划》以及国务院办公厅向教育部等四部委下发的《关于进一步深化普通高等学校毕业生就业制度改革有关问题的意见》等文件的精神，我国目前主要采用双向选择、自主择业的方式，让毕业生和用人单位根据自己的需求和条件进行双向选择，以构建互利共赢的就业关系。

（1）高等学校毕业生就业应贯彻统筹安排，合理使用，加强重点，面向基层，充实生产、科研、教学第一线的方针。

（2）在就业计划安排上，要优先考虑国家和地方重点建设的需要，尤其要保证在艰苦地区的国防军工和科研等重点单位的需要。

（3）国家采取措施，鼓励和引导毕业生到边远地区、艰苦行业和国家急需人才的集体企业、私营企业、联合企业和股份制企业等单位就业。

（4）建立由学校和有关部门推荐、学生和用人单位在国家政策指导下，通过人才劳务市场供需见面、双向选择、自主择业的就业制度。

我国现阶段高校毕业生就业制度内容很多，但根本的是双向选择、自主择业。而落实这一制度，市场导向、政府调控学校推荐、学生和用人单位双向选择是其重要的保障机制；开展供需见面活动是非常重要的实现方式。

（二）人才聘用制度

人才聘用制度是满足国家党政机关、社会团体、企事业单位的人员选拔任用，聘任任用的一系列规章制度的总称。核心内容是根据公开、平等、竞争、择优的导向，建立有利于人才脱颖而出、充分发挥才能的选人用人机制，是落实双向选择、自主择业制度的重要保障。

1. 企业人才聘用制度

企业人才聘用制度的实施标志着国有企业人才资源配置由传统的行政计划配置转变为市场配置。国有企业在实施专业技术岗位和行政管理岗位公开竞争，择优上岗的同时，除少数由出资人管理和法定程序产生或更换的企业领导人员招聘外，其他岗位都要签订劳动（聘用）合同。企业间的人才流动中如产生争议，相关当事人需按劳动（聘用）合同规定的条款协商解决，协商不成可向政府劳动人事部门申请裁决。

2. 事业单位人才聘用制度

事业单位人才聘用制度包括公开招聘、签订合同、定期考核、解聘辞聘、亲属回避及人事争议仲裁等内容。核心是所有事业单位与职工按国家有关法律法规，在平等自愿、协商一致的基础上，通过签订聘用合同确定双方的人事关系及各自的权利和义务。按照统一部署、稳步推进的原则，计划在 2–3 年内在事业单位全面试行人员聘用制度，努力在 5 年内建立起正常化、规范化的聘用制度。

三、人事代理制度

政府人事部门下属的人才服务中心，在国家人事政策法规的要求下，接受单位或个人的委托，为多种所有制经济尤其是非公有制经济单位及各类人才提供档案管理、职称评定等全方位服务，这便是人事代理。

（一）人事代理的功能

1. 促进企业人事管理的社会化

随着市场经济的发展和体制改革的深化，企业需要将档案管理、户籍管理、计划生育管理、离退休管理等不属于其人事管理的社会事务外包出去，以减轻企业负担。

2.促进人事管理的专业化

人事代理机构提供的专业化、优质的人事服务能够帮助企业降低成本、提升效益，从而在激烈的市场竞争中占据优势。

3.促进企业人事管理的规范化

发展人事代理有助于企业建立科学、规范的现代企业人事管理制度。

（二）人事代理的范围

人事代理是一种人力资源外包服务，企业可以根据自身需求，将一项或多项人力资源管理工作外包给专业的第三方代理机构，以此降低人力资源管理成本，提升人力资源管理效率。

人事代理的服务内容有以下几点：

（1）政策咨询与规划。向委托代理单位提供国家人事工作方面的法律法规和政策规定的咨询服务；协助委托单位进行人事规划设计，建立新型人事管理制度；帮助委托单位解决人事工作中的问题。

（2）人才招聘引进。根据委托单位工作和发展对人才的具体要求，代拟和代发人才招聘启事；组织报名、考试、考核、素质测评工作，提出初选名单；根据单位的特殊需求，向省内外、国外招聘引进人才。

（3）应届毕业生人事代理。为委托单位提供应届毕业生就业政策咨询；申报应届大中专毕业生需求计划；为接收的大中专毕业生接转档案；办理转正定级手续。

（4）代办专业技术职称申报评审手续。为委托单位专业技术人员和管理人员办理专业技术职务资格初定及资格考试报名、晋升推荐手续；组建相应评审委员会；负责对部分专业技术职务资格评审与评议推荐工作。

（5）人事档案管理。按照有关政策规定，管理委托单位专业技术人员、管理人员的人事档案、考绩档案；为委托代理人员保留原有身份、计算工龄、调整档案工资、接转党团员组织关系、办理出国（境）政审手续、代办集体户口落户、出具以档案材料为依据的有关证明。

（6）办理在职流动人员人事关系接转手续。根据单位工作需要，为聘用人员接转人事关系、党团员组织关系；为合同期满流动者，办理人事关系转出手续。

（7）聘用合同鉴证。按照有关规定，办理聘用专业技术人员、管理人员的合同鉴证。

（8）协调专业技术人员流动争议。受人才流动争议仲裁机构的委托，受理专业技术人员、管理人员流动争议申请，进行调查、取证，根据有关规定进行调解或提交仲裁。

（9）开展岗位及专业技能培训。根据单位对人员素质和技能的要求，进行岗位知识及专业技能培训，为单位代培中长期专业人才；按照有关协议，向社会推荐委托单位的辞聘、解聘人员重新就业。

（10）代办失业、养老保险。按照国家有关规定，为委托单位代管人员代办失业、养老保险。

（11）为委托单位承办其他人事管理事宜。

（12）对个人委托的人事代理，可参照上述人事代理内容提供代理服务。

（三）人事代理的程序

（1）与客户公司沟通，了解其人事服务需求及规定。

（2）双方互通企业信息，展示彼此的合法经营资质，如营业执照、机构代码证及企业概况等。

（3）针对客户公司的具体需求与要求，制定符合双方利益的人事服务方案，并进行深入沟通。

（4）双方达成共同的理解与协议，明确所提供服务的具体内容，以及双方的权利和责任。在《人事服务合同》中规定合同的解除与终止条款，并正式签署该合同。

（5）人事代理机构配备专业人员来执行服务，而客户企业指派专人负责与代理机构的协调工作，确保合同中约定的各项服务得以顺利实施。

（6）在涉及员工的劳动合同签订时，如由代理机构承担此职责，客户企业需要提供其规章制度、员工手册及有关员工工作职责、薪酬和福利的详细信息。

（7）若代理机构负责劳动合同的终止或更新，将提供法律咨询服务，并协助处理相关程序。

（8）人事代理机构负责收集、整理并管理客户企业员工的信息，建立和定期更新员工的个人档案，以保持信息的准确性和时效性。

通过上述流程，人事代理机构与客户企业之间建立了稳固的合作关系，共同确保合作的顺利开展，实现人事管理工作的高效和规范。这种合作模式在节约成本、提高人事管理效能的同时，还能为企业提供专业的法律支持，有助于企业在市场竞争中取得优势。

第六章　大学生就业准备

第一节　就业决策

一、就业决策的构成

（一）就业决策的主体

就业决策的主体是指那些参与制订就业决策的个体。而在此，主要的决策者是指正在选择就业机会的大学毕业生。

（二）就业决策的目标

就业决策的目标是整个就业选择过程的核心，也是在一定时期内择业活动所要达到的终点。明确决策目标能够为整个就业选择过程提供明确的方向，并对最终的就业选择结果产生决定性的影响。大学毕业生在选择就业目标时，需要清楚认识自己的需求和条件，并进行准确的自我评估，以便选择出符合自己条件的就业目标，使择业过程更加明确和有计划性。

（三）就业决策的具体实施方案

在进行就业选择时，必须制订具体的实施方案，以指导决策者的行动。任何一个决策都需要在多个可选方案中做出选择，而就业决策则涉及大学生在择业过程中的每个环节。决策者需要为每个环节制订相应的行动方案，并在方案实施过程中进行结果预测，选择相应的处理方法，以便及时调整策略，把握更多的就业机会。通过这种方式，可以确保整个就业选择过程的顺利进行，帮助大学毕业生更好地实现自己的职业生涯目标。

二、影响就业决策的主要因素

任何一项科学的决策都不是决策者基于一时的冲动所做出的，而是一种涉及决策者的目标、预测、评估、喜好、判断等主观元素，并同时考虑各种客观现实情况的动态流程。在决策过程中，人作为决策主体，将受到主观和客观因素的影响和限制。主观因素主要包括决策者的世界观、人生观、价值观，知识背景，素质，性格等个人特质，这些因素决定了决策者的思想境界和评价标准；而客观因素则包括社会的存在和发展状况，决策者的认识、判断和行为无疑会受到这些客观因素的制约和影响。因此，决策者的判断具有时代特征，同样，对于就业决策来说，它也是具有时代特征的，本书介绍以下几种主要因素，如图 6-1 所示。

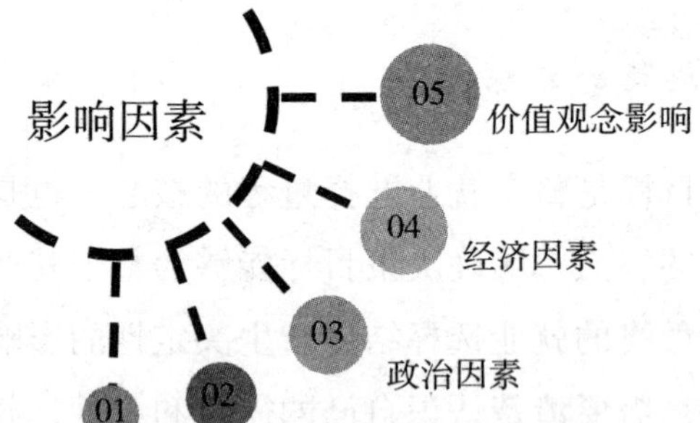

图 6-1　影响就业决策的主要因素

（一）个人性格因素

“强扭的瓜不甜”这句谚语恰如其分地反映了大学毕业生在就业决策时个人性格因素的重要性，这些因素主要包括个人的兴趣、爱好和性格等。对于一个职业或专业领域，个人的兴趣会极大地影响他的学习和工作表现。当一个人对某一领域产生浓厚的兴趣时，即使是在其他人看来单调、乏味的工作，对他来说都丰富多彩且充满乐趣，所以说，个人的性格和喜好在整个就业决策过程中扮演着极其重要的角色。如果一个人对某项工作感兴趣，他的才能将得到最大程度的发挥，且他能在这项工作中保持高效率和持续的积极态度。相反，如果对工作不感兴趣，那么这个人将只能发挥出有限的潜能，且容易感到疲劳和乏力。

（二）教育因素

在优秀的社会文化氛围里，个体能够接受高质量的教育，为未来的职业生涯奠定坚实的基础。教育对人的一生产生深远的影响，其不只是指学校的教育，还包括个体从诞生至成年在家庭、学校、社会中接受的所有教育以及自我教育的全过程。教育使大学生获得学历证书，更重要的是，它塑造了人的性格、世界观、人生观和价值观。各种社会教育活动都会对教育的过程产生正面或负面的影响，包括家庭教育、学前教育和大学教育等，此外，社会教育和自我教育也会对大学生的就业决策产生影响。大学生所接受的各个阶段的教育和大学期间接受的各种内容的教育，如专业教育、思想教育、就业指导教育等，都是相辅相成的，它们相互交叉、相互渗透，促进了大学生的全面素质提升。大学生应当自觉意识到成长的家庭环境和受教育的环境对个性形成的重要性，并通过主观努力，转变不利因素，全面提升自身素质，为就业创造更有利的条件。通常高等教育背景会在工作后发挥重要作用，使个体更容易适应新的工作环境，在职场中表现更为优秀，故大学毕业生应该对自己有正确的定位，从而更好地适应社会的发展和就业市场的变化。

（三）政治因素

政治因素一方面可以构建国家的经济框架，另一方面还对企业的组织架构产生重要影响，间接影响个体的职业发展路径。政治制度和政治环境也可能在不知不觉中影响个人的职业追求，并对其职业生涯产生深刻的影响。在不同的时期，就业分配政策反映出社会对人才的需求，它为人才资源的配置提供了具体的标准，也成为毕业生分配和就业过程中所遵循的基本规范。

在中国，毕业生分配和就业制度的改革经历了多个阶段，包括统包统分、双向选择和自主择业等。实际上，自主择业并不是完全由求职者随心所欲地选择，而是双向选择的一种体现。例如，用人单位的劳动用工政策、吸引人才的政策以及发达地区和中心城市的人才引进政策，都会对毕业生的就业选择产生重要影响。

当前中国正在进行的政治体制和经济体制改革，对大学生的就业制度和择业方向产生了深远的影响。政治体制改革的目标是完善法治、实行政企分开、精简机构结构、维护社会安定团结，这些改革对大学生就业制度的改革和推进产生了积极影响，也为经济体制改革的深化创造了有利条件。经济体制的改革直接关联到社会的经济结构、经济的发展状况和趋势，这些变化对大学生的就业观念和就业形势产生了巨大的影响。

（四）经济因素

经济发展的区域性不平衡常常导致经济较为繁荣的地区成为大学毕业生就业的首选。在经济水平较高的地区，由于企业数量众多，其中不乏优质企业，毕业生在选择职业时有更多的机会，这无疑对他们的职业发展更为有利。相对而言，经济较为落后的地区，毕业生的职业发展机会则相对有限。

从职业的角度来看，随着经济的持续发展，社会职业的类型逐渐增多，职业的专业性也在不断增强，这就导致产业、行业和职业结构的快速调整，从事第三产业的人群数量也呈现出增长的趋势。经济的发展催生了产业和行业结构的调整，也进一步影响了就业的热点领域。除此之外，职业的发展方向也呈现出多元化的趋势，过去对每个职业所设定的范围和限制逐渐打破，人才的需求也日益增加，对个人的素质要求也逐渐提高。大学毕业生在择业的过程中，需要密切关注社会经济的发展状况和发展形势，了解与之相关的职业变化，及时把握就业的良机。

（五）价值观念影响

价值观念的范畴包含了社会价值观、择业价值观和社会观念等多个层面。当一个人生活在特定的社会环境之中，他的价值观念无疑会受到周围社会价值观的深刻影响。实际上，多数人的价值取向都是受制于主流社会的价值导向的，个人思想的发展和成熟的过程，本质上就是一个认可并接受主流社会价值观的历程。

所谓的社会价值观，是指人们对其周边事物的评价标准以及由此产生的行动方向。社会价值观的不同，会驱使人们做出不同的选择，其中包括职业选择。当社会价值观产生变化时，社会观念也会随之调整，而这些变化直接影响到人们择业时的热点领域。

社会因素对大学生就业意识的形成起着不可忽视的影响，其中包括经济环境、文化氛围、就业政策等，这些客观外在的条件与大学生自身的就业价值观相互交织，共同作用于大学生的就业行为和结果。

在这个过程中，大学生的就业价值观起着至关重要的作用，这些价值观并不是孤立存在的，而是深受个体的世界观、人生观的影响。就业行为是关于职业选择的问题，更是大学生世界观和人生观的体现，反映出大学生对生活的目的、价值和意义的追求。

不同的就业价值观会为就业行为指明不同的方向，也影响着大学生最终的就业结果。此外，就业观念的形成和发展与个体的自我意识息息相关，每年的毕业季，都会有毕业生因过高的就业期望而在就业市场上屡遭挫败，这很大程度上是由于他们对就业的认识过于片面和肤浅，未能准确评估自己的优缺点和社会的需求。

大学生作为独特的青年群体，其就业观有着与众不同的特点，既需要体现出个体的价值，还要展现出时代赋予他们的社会使命感。每一位大学生都应该树立正确的就业价值观，以积极的态度为社会和人民做出贡献，实现自身的成长和成才。

在当前中国市场经济的环境下，大学生在就业上受到的社会价值因素的影响较为显著，他们必须树立主体意识，培养科学的思维方式，准确判断自身的条件和社会的需求，摆脱对父母的依赖，逐渐建立起符合市场经济的新观念，以便更好地适应当前的就业市场。

三、如何做出就业决策

（一）就业决策应遵循的原则

选择了一份职业，就是选择了一种社会角色和生活方式，每位大学毕业生都在为寻找一份“好”工作而奔波，在就业决策时，应遵循以下原则，如图 6-2 所示。

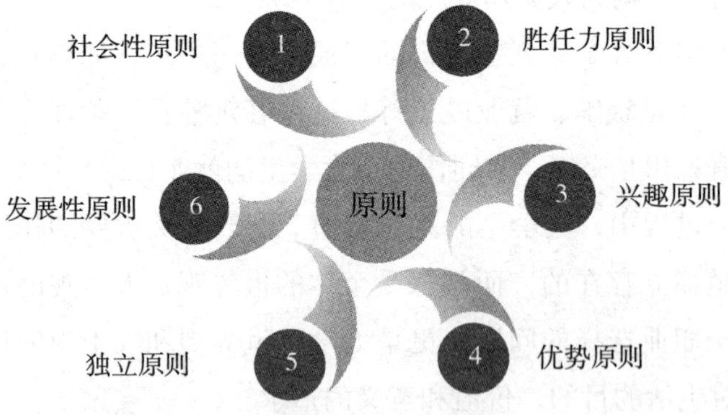

图 6-2　就业决策应遵循的原则

1. 社会性原则

在职业选择的过程中，大学生作为社会的组成部分，需要综合考虑社会和家庭的实际需求，顾及所处的时代的特定要求，而不应仅追求个人的利益。事实上，人们在从事各式各样的职业活动的同时，既满足了社会的需要，也实现了个体的需求。社会的进步和发展，正是众多职业活动共同作用的结果。

2. 胜任力原则

大学生需要客观认识和评价自己的能力，包括组织能力、管理能力、语言表达能力、职业技能、身体素质以及个性特点等，判断是否符合职业的要求。切忌盲目跟风，而应根据自己的能力和所长选择适合的职业岗位，这是满足工作所需的胜任力，也是发挥个人创造力的需求。

3. 兴趣原则

兴趣是驱使个体投入职业活动的最根本动力。大学生应在确保符合社会需求的前提下，在自己胜任的职业领域，应当充分考虑个人的兴趣爱好，唯有对某一职业产生兴趣，才能激发出敬业的精神，产生强烈的求知欲和成就欲，进而创造价值，实现自我成就。

4. 优势原则

每个人的能力和优点都有所不同，尺有所短，寸有所长。在职业的选择上，大学生需要全面分析自己的优势，突出自己的长处，避免自己的短板，以此来确保能够在职业岗位上顺利且优秀的履行自己的职责。如果错误地将自己放在一个需要依靠自己弱项来谋生的位置上，那么可能就会一直感到低落和失望，而无法谈及事业的成功和价值的贡献。

5. 独立原则

大学生正处于一个特殊的阶段，他们需要主动搜集信息，同时还会受到来自家庭、学校等多方面的关注和帮助，希望他们能够尽快找到合适的工作。这些外界的意见和建议五花八门，有的可能会为他们的发展提供有力的支持，而有的则可能会对他们产生干扰，面对各种不同的意见和建议，大学生需要仔细分析，独立判断，不可盲目追随。

6. 发展性原则

职业是谋生的手段，也是个体发展自我、实现人生价值以及服务社会的重要渠道。在寻求工作的过程中，大学生不能仅着眼于短期的利益，而忽视了企业的长期前景，也不能只追求眼前的安逸，而忽视了对事业的追求。在选择职业的过程中，大学生需要有远见，要将个性的发展与职业的发展相结合，要将个人的发展与国家的发展相结合，全面考虑所有的因素，牢牢把握住自己的职业决策的主动权。

（二）就业决策前的准备工作

“知己知彼，百战不殆”，这一古老的智慧同样适用于大学生在做出职业选择时的决策过程。在决定未来职业道路之前，大学生需要对自身以及职业市场有全面且准确的了解，包括自我评估、定位以及了解职业的具体要求等环节。

第一，自我评估和定位。选择职业意味着找到一份工作，也意味着这是一个自我发现和自我认识的过程。对于即将步入职场的大学毕业生而言，需要在整个求职过程开始前，对自己的大学生活进行总结，清楚自己的优缺点、长短处。在求职的路上，切勿忘记自己的身份、能力以及职业愿景。

第二，了解职业要求。这一点包括大学生对所涉及的行业、组织、岗位、工作内容、工作方式、工作环境等方面的深入了解。如果存在不清楚的环节，那么就需要回过头去对相关内容进行进一步的研究，以防未来走上歧途。

第三，在做出职业决策时，大学生需要建立在充分了解自身和外部环境的基础上，通过分析自身的优劣势，结合外部环境的变化，综合考虑多种因素，做出合适的选择。

（三）就业决策的策略

1. 5W 归零思考法

认识自己，建立自信、自主、自爱、自重的观念，是人生旅途中必不可少的部分。找到自己的闪光点，遮掩自己的不足，理解自己的特质，这些都是认识自我的关键。通过这些，每个人都能找到适合自己的职业方向。

为了帮助自己更好地认识自我，可以尝试使用“5W 归零思考法”，按照顺序回答以下五个问题（上文已经详细介绍了该方法，这里不再赘述，仅列出问题）：

（1）“Who am I（我是谁）？”列出自己的优点和缺点、特长、性格类型等对自己进行评估。

（2）“What do I want（我想干什么）？”检查自己职业发展的心理趋势。

（3）“What can I do（我能干什么）？”对自己的能力与潜力进行全面总结。

（4）“What can support me（环境支持或允许我干什么）？”考虑客观环境对自己职业发展的影响。

（5）“What I can be in the end（自己最终的职业目的是什么）？”得出不利条件最少的、最适宜自己的职业目标。

2.“4M”职业定位战略

选择职业是每个大学生必须面对的问题，其关键是确定哪种职业最适合自己的技能、教育背景、经验、性格和兴趣，并在此基础上找到有价值的潜在雇主。参考市场营销学的相关理论，在做出就业决策时可以借助“4M”战略来帮助自己。

（1）市场调查（Market Research）。要充分收集和了解职业市场的信息，包括各类单位的招聘需求、行业发展趋势等，为职业分析和就业定位打下坚实的基础。信息的获取可以通过多种渠道，包括政府发布的相关政策和规划文件、劳动和人事部门的信息、人才市场的招聘会、媒体报道以及从亲朋好友和其他熟人那里获得的信息。

（2）市场分析（Market Analysis）。要根据自己的专业知识、职业技能以及个人喜好，对自己愿意从事和不反对从事的职业范围进行分析。然后，为了保证职业目标的最优化和科学性，需要对职业目标进行综合评估、比较和分析。

（3）市场细分（Market Segment）。根据国际和国内的职业分类，大学生需要选择自己有可能就业的职业范围，并在市场细分中加以比较和思考，确定自己的目标市场和备选方案。

（4）市场定位（Market Position）。了解职业市场的基本情况和对照自己的能力及特长之后，就可以从中筛选出符合个人兴趣并具有良好发展前景的行业，锁定求职的目标。接下来，需要将自身的条件和能力与职业岗位的要求进行对比分析，以确保两者的契合度。一旦职业定位清晰，就意味着职业生涯、工作和生活都有了明确的方向和意义。

为了验证自己的职业定位是否准确，可以进行一番想象：在未来的某一天，当生命即将走向尽头，回首这一生，你是感到满足和自豪，还是充满遗憾和悔恨？当你离开人世，希望别人怎样评价你？ 如果能够清楚地回答这些问题，那么就意味着找到了人生的目标，生活也将变得充满意义。反之，如果答案并不明确，那么还需要继续探索职业生涯的方向。

3. 决策平衡单

在确定了几个职业目标，并打算将其中之一作为未来的长期职业目标，但又难以做出选择时，决策平衡单就显得尤为重要，成为帮助大学生做出最终决定的有效工具。

决策平衡单是一种从个人及他人的角度出发，列出生涯决策的各项考虑因素，并对每一个可能的选项进行利弊分析的方法。通过对利弊得失进行加权计分，确定各个选项的优先顺序，最终做出最优的决定。

平衡单中可以包括的因素有自我物质方面的得失、他人物质方面的得失、个人精神方面的得失、他人精神方面的得失等四个层面。

具体操作步骤如下：给每个影响因素设定权重，每项单独赋值，与权重乘积后，再把同选择项得分相加，比较总得分大小，以帮助自己做出决策。

第一步：列出具体的职业选项，最好能够具体到职位。

第二步：列出自己关注这些选项的要素，填写平衡方格表，如表 6-1 所示。

表6-1 平衡方格表

决策细目	选项			
	选项 1		选项 2	
	预期		预期	
	正面预期	负面预期	正面预期	负面预期
自我物质方面的得失				
他人物质方面的得失				
个人精神方面的得失				
他人精神方面的得失				

第三步：填写生涯决策平衡单，如表 6-2 所示。

表6-2 决策平衡单样表

决策细目		选项												
		选项 1					选项 2				选项 3			
		预期					预期				预期			
决策细目		权重	+	+ 加权分	−	− 加权分	+	+ 加权分	−	− 加权分	+	+ 加权分	−	− 加权分
自我物质方面的得失	1													
	2													
	3													
	4													
他人物质方面的得失	1													
	2													
	3													
	4													

（续 表）

决策细目		权重	+	+加权分	−	−加权分	+	+加权分	−	−加权分	+	+加权分	−	−加权分
自我精神方面的得失	1													
	2													
	3													
	4													
他人精神方面的得失	1													
	2													
	3													
	4													
合计														
总分 =（+ 加权分值）+（− 加权分）														

（1）修订考虑因素。对关注因素的列举可以参照决策细目表所列要素，并按照自己的实际情况进行修订。

（2）对考虑因素进行权重分析。将每个因素按照自己认为的重要性赋予一定的权重，最重要的为 5，最不重要的为 1。可以采取反问自己的方法，如“哪些因素是非要不可的”等，循环反问直至依次赋予权重。

（3）对每个因素进行得失程度评分，计分范围为 1 ~ 10 分，1 分最差，10 分最好。

（4）计算加权分数。加权分数 = 权重 × 得失分数

（5）累计加权总分，并算出各个职业选项的优劣势差距分数，得出该项目最后分数。

至此各职业选项也就按照分数高低完成排序。

第四步：自我觉察。

在查看最终的排序结果时，不可忽视的一步是，对照自己最初的直觉选择和最终的排序是否存在差异。若出现不一致的情况，进一步分析原因是必要的，与此同时需反思自己在考虑因素方面是否还有遗漏或需

要调整的地方，确保所考虑的因素是全面且完备的。虽然运用决策平衡单能够帮助完成选项的排序，但其真正的价值并不仅限于此。实际上，在填写平衡单的过程中，已经悄然开始了一场自我探索的旅程，通过梳理和分析各种考虑因素，给予不同的权重，进而对各个选项的利弊进行评分。重要的是要注重在这一过程中的自我反思和洞察，这将成为做出明智职业决策的坚实基石。

第二节　求职材料准备

一、简历的制作

（一）简历的概念及类型

1. 简历的概念

简历是向用人单位表明自己拥有能够满足特定工作要求的技能、态度、资质和自信的应聘交流材料，主要包括个人信息、应聘岗位或求职意向教育背景、社会工作实践或实习经历、主要成果和技能、获得的荣誉、自我评价、兴趣爱好与特长等。

2. 简历的类型

（1）传统上，求职者通过纸质简历进行自我展示，此类简历主要用于招聘会或直接投递给企业（可参考相关行业的简历模板）。

（2）电子简历为纸质简历的数字化版本，可通过网络播放，也可以制作成网页或 Flash 动画形式。

（3）视频简历则利用数码设备将求职者的外貌和职业技能录制下来，经过编辑和格式转换后，可通过播放器进行播放。这些不同形式的简历最终目的都是吸引招聘人员的注意，使求职者在激烈的竞争中脱颖而出，赢得面试的机会。

（二）简历的主要内容

1.个人信息

个人信息通常包括姓名、性别、民族、籍贯、学历、专业、政治面貌、出生日期、联系方式、照片，甚至身高、体重、血型等。这些信息能够帮助招聘人员对求职者进行初步的了解，如籍贯有可能让招聘单位感到亲切，照片能够帮助他们直观地认识求职者，增强记忆；政治面貌方面，如中共党员的标识可能会让人觉得求职者的政治素质高，是一位优秀的大学毕业生。

2.求职意向

求职意向或应聘岗位，意指求职者希望进入的单位或公司的某个具体岗位。举例而言，若一家公司在招聘会计岗位，那么求职者在简历中的求职意向就应该明确写为会计。同理，若医院有护士岗位的招聘信息，简历上的求职意向则为医院护士。求职意向是简历的核心，简历中除个人信息外的所有内容都应紧密围绕求职意向来进行撰写。

用人单位通常会同时发布多个不同职位的招聘信息，招聘人员在一天之内需审阅成百上千份简历，他们不会花费过多的时间去关注那些没有明确求职意向或求职意向模糊不清的简历，若求职者本身都无法明确自己的职业定位，就更不应期待别人能为自己匹配合适的岗位。

一份有针对性的简历，一方面能体现求职者目标明确、定位准确的优点；另一方面，也能让人感到求职者是专门为了应聘某个职位而精心准备的简历，增加求职者的吸引力。每位毕业生都应根据自己的求职意向，精心准备多份简历，以便随时递交给不同单位或公司的招聘人员。

有些大学生可能认为为某个单位的某个岗位专门制作简历过于麻烦，所以选择“广撒网”的方式，向用人单位投递简历，尤其在招聘会上，往往会将事先准备好的同一版本的简历广泛投递给多个单位或不同的公司，但这种方式的简历是无法体现其针对性的。

还有些大学生会选择在招聘会现场，根据应聘的职位再填写与之匹配的求职意向，这种方法并不推荐，因为手写体与打印体混搭在一起，难以给人以美观的感觉，也显露出求职者“投机取巧”的意图。

大多数招聘会在开展前夕都会公布参会单位的信息，求职者应提前确定自己感兴趣的方向。若存在多个方向，那么就针对不同方向撰写不同版本的简历，以便在招聘会现场能够精准投递，达到事半功倍的效果。

3. 教育背景

教育背景展示的是毕业生所经历的教育历程，包括在学校接受的正规教育、个人的自我提升和学习经历以及参与的专业机构培训等。通常情况下，至少需要明确记载大学和高中阶段的教育背景，并最好依照时间的倒序来进行排列。在描述大学阶段的教育背景时，应包括起始时间、毕业院校、所属学院、专业方向、所获学历或学位等相关信息。例如：

2017.9~2021.7 ×× 大学 ×× 学院 会计专业 管理学学士；

2018.7~2018.9 校内计算机培训。

4. 社会工作经历

社会工作经历则通常指的是在校期间担任的学生干部职务以及组织策划的活动经历，如班长、团支书、学习委员、生活委员、组织委员、宣传委员，学生会主席、学院团总支书记、学生社团或协会负责人等。在记录这些经历时，需要在明确职务的基础上，简要描述在担任该职务期间所策划或组织的主要活动。例如：

2018.9~2019.9 担任经管学院学生会主席，负责学生会日常管理和协调工作。

也可以是社会或者学校公益组织服务的经历。例如：

2018.4~2019.9 担任 ×× 大学青年志愿者协会会长。

此外，社会或学校的公益组织服务经历也是社会工作的重要组成部分，应予以体现。值得注意的是，如果没有担任过学生干部的经历，可以选择不在简历中体现。

5. 实践经历

勤工助学、兼职工作、参与志愿服务等活动的经历，通常可以纳入实习经历或社会实践经历的范畴。面对职场的竞争，有的同学可能会因为自己缺乏工作经验而感到无法与社会上的求职者一较高下，但用人单位选择在校园内招聘应届毕业生时，通常会预料到他们对工作的经验和社会的阅历相对较少。在这种情况下，毕业生需要向用人单位证明自己具备相应的岗位技能和潜力，能够展示毕业生具备相关技能和潜力的“教育背景”和“实践经历”格外重要。

实践经历是一份简历的亮点之一，这些经历包括但不限于有薪水的工作、无报酬的劳动、志愿服务活动、校园实习、社会实践、课题研究、项目经验等。甚至半天的市场促销活动也能成为实践经历的一部分。关键在于毕业生需要在海量的实践经历中挑选出与求职岗位的能力要求紧密相关的部分，以便在保证简历内容丰富的同时，也能够凸显自己的亮点。

在书写个人实践经历的时候，建议使用专业术语，用数字来展现经历的结果，注重对工作细节的描述，以及体现工作效果。以下为示例：

2018.11~2018.12 为 ×× 公司做手机市场推广专员；

2019.5~2020.6 利用课余时间，在打印复印店做文字处理工作；

2018 年暑假在 ×× 电子科技公司做软件工程师助理。

有些毕业生在写简历时，可能会发现自己在大学期间并没有任何社会实践的经历，因而不知道该如何填写这一部分，若面临这样的情况，那么有必要好好反思自己在大学期间的学业规划和生涯规划了。如今的社会早已不是过去“两耳不闻窗外事，一心只读圣贤书”的时代了，对人才的认定越来越趋向于多元化。沟通能力、适应能力、团队协作等综合素质技能越来越受到用人单位的重视，毕业生需要珍惜毕业前的宝贵时间，充分利用实习期间的锻炼机会，全面提升自己的综合实力。

6. 主要技能

包括外语技能、计算机技能和专业技能等各项能力。

（1）外语技能：此项主要展示外语的听、说、读、写能力，涵盖英语四六级、BEC、托福、雅思、CRE、CMAT、托业等考试的证书及分数。若成绩优秀，可将其列入简历。若有使用外语工作的实习实践经历，如在某公司服务期间工作语言为英语、为国外客户提供陪同翻译服务等，也应加以说明。

（2）计算机技能：此项主要包括对 Office、ERP、财务软件、统计软件、制图软件等的掌握程度。

（3）专业技能：主要包括与应聘岗位相关的专业知识和行业技能，以及相应的从业资格证书、毕业证书、学位证书等。

7. 获得的荣誉

展示在校期间获得的奖励、荣誉称号、证书等，按时间顺序和奖励类型进行整理。例如：

2016 年 6 月获云南省会计技能竞赛二等奖；

2017~2018 学年获大理大学和云南省三好学生称号、大理大学一等奖学金。

毕业生应将获得的各项奖励或荣誉证书扫描，按类别整理成 PDF 格式，一并附在简历之后，以便招聘人员一目了然。

8. 自我评价

在此部分，毕业生需简洁明了地阐述自身特点和胜任岗位的决心。在介绍个人特点时，应补充简历内容中未涉及的部分，如活泼开朗、乐观向上、诚实谦虚、勤奋工作、吃苦耐劳、尽职尽责等。毕业生应表达出胜任工作的决心，说明自己通过积极的生活态度、丰富的专业知识和实践经验，有能力将工作做好。

9. 兴趣爱好与特长

兴趣爱好与特长可能看起来不是非常重要，但实际上许多雇主喜欢查看求职者的这一部分，因为它能够直接展示一个人的性格特点。不少人在简历中遗漏了这一内容，或者在填写公司的求职登记表时，在“兴趣爱好与特长”一栏填写“无”，这其实是不正确的，兴趣爱好并不需要是非常高深或特别的事物，它可以是日常生活中在空闲时间喜欢做的普通活动。

兴趣爱好与特长是展现一个人在其专业领域之外的其他能力与素质的窗口，它还能够体现出职位所需要的某些特质。对于雇主而言，虽然专业技能是可以在工作中逐渐培养的，但是其他的能力和素质通常是难以后天培养的。举个例子，喜欢打篮球的人通常被认为具有团队合作的精神，而经常进行体育锻炼的人则通常被认为有坚强的意志力和吃苦耐劳的品质。有些公司还会有自己的篮球队，如果大学生的特长是打篮球，并且在简历中写明自己是学校篮球队的一员，曾代表学校参加过大学生篮球比赛，那么这份工作可能已经成功了一半。

二、求职信的撰写

求职信是求职者写给雇主的信件，目的是让对方了解自己，进而愿意录用自己，这是一种私人向公共机构请求帮助的信函形式。求职信的格式应遵循信件的一般格式，内容要简明扼要，避免含糊不清或面面俱到的情况。

（一）自荐信的写作格式和方法

自荐信通常分为标题、称呼、开头语、正文、结语、落款和附件等七个部分。

1. 标题

标题是自荐信的头衔，需要简洁明了，能够引起注意，使用较大的字体，在纸张的上方中央标注“求职信”或“自荐信”三字，以显得整洁、美观。

2. 称呼

称呼是对收信单位或收信人的称呼。如果用人单位的名称明确，可直接写上单位的名称，并在前面加上“尊敬的”以示敬意，后面可加上领导职务或用“领导”或“负责人”作为称呼，如“尊敬的 ×× 单位（医院、公司或学校）领导”“尊敬的 ×× 公司负责人”或者“尊敬的 ×× 公司人力资源部领导”。如果单位的名称不明确，可使用“尊敬的贵单位（公司或学校）领导”作为称呼，避免直接使用最高领导职务的称呼，以免引起首位读者的不悦。

3. 开头语

首先应向对方表示问候，示以礼貌和尊敬，然后用恰当的语言说明信息来源，如“在 ×× 网站上看到贵公司（或单位）的招聘信息”，这样就能自然地引入后续的内容。接着进行简要的自我介绍，比如“我是 ×× 大学 ×× 专业的应届本科毕业生，名叫 ××”，开头语的表达应简明扼要，避免过于冗长。

4. 正文

正文内容通常围绕以下五个基本原则来展开：雇主需求原则、目标需求原则、优势展示原则、职位匹配原则以及深入了解原则。正文部分通常包括自我介绍、自荐目的、能力与特长展示、未来规划等方面。

（1）自我介绍。在自我介绍部分，求职者应当对自己进行简要概括，主要内容包括姓名、性别、民族、年龄、籍贯、政治面貌、教育程度、所学专业、家庭住址等。在此基础上，根据自荐目的进行适当的说明，避免冗长和烦琐的叙述。需要特别注意的是，自我介绍并不是简历的翻版，其重点在于补充简历中无法涵盖的内容。

（2）自荐目的。在自荐目的部分，求职者需明确表示自己希望加入用人单位的岗位，并展示自己的求职意愿。例如，希望能够找到与自己专业相关的工作岗位，可以写“我期望能够发挥所学，为公司贡献力量”；对于愿意回到家乡发展的求职者，可以写“我希望能够为家乡的繁荣贡献一份力量”。

（3）能力与特长展示。能力与特长的展示是自荐信的重中之重，求职者需要针对岗位需求，突出自己的专业优势和独特才能。内容可以包括所学课程、参与的实践活动、获得的奖项等以及在担任学生干部或其他职务中培养的各项能力，如组织协调能力、人际交往能力等。除此之外，还可以强调自己的品质，如诚实守信、团结友好等。

（4）未来规划。在未来规划部分，求职者需表达自己对加入用人单位的渴望，展望单位的前景，并表示希望得到认可和接纳。还需要强调一旦得到聘用，将如何努力工作，取得成功。未来规划的描述要真挚，不可过于谦卑或傲慢。

5. 结语

在正文的后方，依据信件的书写格式，适当添加祝福的语句或者是“此致，敬礼”“期待您的回音”等语。无论是否被录用，都需对雇主表示感激之情。

6. 落款

落款部分包括信件的署名和日期。如果是打印的信件，需要在署名处留有空白，由求职者亲自签名，以显示其诚意和尊重。日期应选择在投递求职信的前一至两天，或者是当天的日期。落款处可以附上自己的联系方式，尤其是电话号码。

7. 附件

附件通常包括个人简历、相关证书、个人作品或成果、文章复印件等需要附上的资料。若附件较多，需标明序号。

（二）求职信的撰写注意事项

1. 长度

求职信的篇幅不宜过长，一般以一页纸为宜。注意遵循格式，清晰地分段，确保收信人能够一目了然地理解内容。

2. 书写与用纸

如果拥有良好的书法技能，建议手写求职信。不过，求职信的用纸应符合规范，不能使用印有其他单位名称的纸张，除非是毕业学校的官方纸张。

3. 用词

用词需准确，避免过分自信的措辞，如“我将为贵公司带来光芒”或“给我一次机会，我将带来惊喜”等夸大的说辞，招聘者对这类言语可能已经产生反感。同样，应避免使用主观的语言，如“我觉得”“我认为”等，这样的词汇可能会给人留下自负的印象。

4. 写作方式

在求职信中，尽量不要提及自己的缺点，特别是与岗位相关的缺点。例如，如果岗位需要能够吃苦耐劳的人，那么个人介绍中就不应该写“喜欢规律的生活”等可能让人产生负面印象的内容。

三、毕业生就业推荐表

1. 毕业生就业推荐表的管理规定

毕业生双向选择就业推荐表，简称毕业生就业推荐表，是学校向用人单位推荐毕业生的一种书面文件。其包括的主要信息有基本情况、学业成绩、个人简历、特长与兴趣、社会实践与活动参与情况、在校获奖及受罚情况、职业意向以及学校的推荐意见和备注等，这些信息对于用人单位在招聘过程中的决策具有重要意义，并且也关系到毕业生的个人利益。

关于毕业生就业推荐表的管理，各高校都有一套统一的规范。学生需根据自己的实际情况填写表格，经学校盖章后，该材料才被视为有效。为确保推荐材料的真实性、严肃性和唯一性，有以下管理规定：

（1）毕业生就业推荐表仅供毕业生在求职时使用，由各学院的招生就业处统一制作、印发，每位学生仅能获得一份，不过复印件也是有效的。学生也可以自行制作个人的就业推荐表，但学院只对按照统一格式制作的推荐表进行审核并盖章。

（2）原则上，毕业生就业推荐表仅进行一次审核，并盖一次公章，由毕业生所在的系或部门负责核实信息的真实性。学生在提交表格前，需仔细检查，以免造成不必要的困扰。

（3）在填写毕业生就业推荐表时，学生应如实、认真填写每一项内容，使用黑色钢笔或签字笔书写，并保证字迹工整、清晰。

2. 毕业生就业推荐表填写注意事项

（1）姓名：应清楚、工整地填写，确保与身份证上的姓名完全一致。

（2）毕业专业：必须填写专业的全称，如“临床医学”“护理学”“旅游管理”“计算机应用技术”“康复治疗学”，避免使用“临床”“护理”“旅游”“计算机”“康复”等简称。

（3）政治面貌：需要填写完整的政治面貌，如“中共党员”“中共预备党员”“共青团员”“群众”等。

（4）学制：五年制的学生填写“五年”，四年制的学生则填写“四年”。

（5）E-mail：填写时需保持清晰、工整，同时要注意数字“0”与字母“o”之间的区别。

（6）专业与技能等级证书：请填写已获得的证书的名称和级别，包括所学的专业与技能以及其他职业资格证书的名称。

（7）任职情况、社会实践、奖惩情况：一般填写在校期间的相关经历，务必明确时间，可标注为年份或学年。

（8）个人简历：内容应真实、客观，并尽量简洁。

（9）学生填写的所有内容需经所在系、部门的核查，系、部意见由学生所在的系、院和部门的相关老师填写。所有在校期间的成绩由教务处统一打印并盖章，手写成绩单无效。

（10）学生的政治思想表现和专业业务能力的评定由班主任或辅导员根据日常表现综合评价，而德、智、体的综合成绩和学院推荐意见则由学院的相关部门领导和老师填写，并加盖章确认，最后交由学校的招生就业处进行最终审核和盖章。

第三节　求职面试准备

一、资料和信息的准备

（一）面试资料的准备

面试往往是毕业生首次与用人单位建立工作关系的过程，双方的了解并不深入，毕业生需要通过详细的求职材料，充分展示自己在校内外的学习经历和表现。为了在面试前做好充足的准备，应准备学习成绩、相关资格证书、荣誉证明、成果证明等材料，这些材料能够有效证明自己在某一领域的能力。此外，个人简历、求职信、推荐信等也是不可或缺的组成部分，通过反复阅读和熟悉这些材料，毕业生能够将自己的个人信息、性格、能力、爱好和特长等烂熟于心，在面试时展现出充足的信心。

（二）面试信息的准备

除了个人材料的准备，应聘者还需要了解用人单位的相关信息，如企业性质、所属行业、主要职能、员工结构、公司规模和经济效益等，还要了解应聘职位的具体要求，包括所需的专业知识、技能和个性等。

此外，主考官的相关信息（如姓名、职务、性格特点、兴趣爱好等）以及面试的时间和地点等也需要提前掌握。在掌握这些信息的基础上，结合自己的条件和特点，有针对性地制订策略，充分做好准备，有助于提高面试的成功率。

二、形象准备

把握首因效应在面试中非常重要，首因效应是指人们依据初次见面时所形成的印象来判断和评价他人。初次印象往往能直接影响面试的结果，一个不好的第一印象甚至可能让求职者失去理想的就业机会。面试前，求职者需要提前考虑如何包装自己，从穿着打扮和精神状态两方面着手，努力在对方心目中留下良好的第一印象。

（一）服装仪表的准备

仪表礼仪是基础，穿着打扮和仪容仪表会直接影响到求职。个人形象不仅代表着自己，也代表着未来所在单位的社会形象，多数单位都希望在候选人中找到那些能够提升公司形象的人。被聘用的人既要能够胜任工作，还要有良好的外在形象，服装应该整洁、得体。对于服装的选择，不同的招聘单位会有潜在的不同要求：例如，国家机关在招聘工作人员时，希望未来的公务员衣着端庄，体现出稳重踏实的作风；企业（尤其是外企）则注重员工整体形象的明快和干练，有的企业甚至要求员工穿职业装，强调服装与工作性质、场合的协调性。大学毕业生在面试时千万不能懈怠，需要充分准备，整齐划一，不可随意。对细节的忽视往往是很多毕业生失去就业机会的原因。

1.得体的着装

对于男士而言，有几点着装建议值得注意：一是穿西服时，搭配皮鞋是必不可少的，而且牛仔裤与西服并不相宜；二是避免选择明显的假名牌服饰，保持低调的品位；三是若选择长袖衬衫，白色或淡色系为佳，避免带图案或条纹的衬衫；四是如果选择低帮皮鞋，必须谨慎挑选袜子，颜色应与西装相搭，长度合适，最佳颜色为黑色或深灰色，绝对不能是白色袜子；五是避免随身携带过多的物品。

对于女士来说，职业套装是最理想的选择。穿裙装时，可以选择不穿袜子，或穿长筒丝袜，切勿选择短丝袜；裙子的长度要适中，避免过短或过长；避免选择男式的衬衫或西装；饰物的选择要简约而不失品味，避免过多的装饰；指甲的保养也很重要，应保持整洁，避免过于鲜艳的颜色；包包的颜色最好与衣服相配；不宜选择 T 恤衫、迷你裙、牛仔裤、紧身裤等过于随意的服装，鞋子以中高跟为宜。

在职业装的选择上，有些招聘单位会特别要求应聘者穿职业装。职业装要合体、清洁，求职者头发的长短要适中，长发最好盘起或使用发网、发卡，短发不宜过肩，否则也需盘起或戴发网。

2. 整洁的仪容

头发的长度要适中，避免在面试前一天剪发，以保持自然的状态。面试前一天要洗净头发，防止头屑停留在头发或衣服上，头发需梳理整齐，可以适当使用定型产品，保持发型的整洁与不散乱。发型的选择应与脸型、年龄、体形、个性以及职业要求相搭配，以呈现出整体的和谐美感。

（二）行为举止和谈吐的准备

在面试中，文雅、得体的行为举止和谈吐能够给面试官留下深刻的印象。行为和谈吐是一个人内心世界的外在体现，能够反映出个人的修养和特性。在面试过程中，求职者的一言一行，包括微笑、眼神交流等，都能够传递出个人的内在信息，直接影响到面试的结果，这些都是求职者需要特别留意的地方。

三、面试问题准备

对于面试问题的准备，主要指的是对可能在面试中被提出的问题进行充分的准备。很多大学生在面试前会表现出紧张、害怕的情绪，这主要因为他们不了解面试官会问什么样的问题以及如何去回答这些问题，所以会产生恐惧的情绪。为了能够在面试中从容应答，就必须在面试前做好准备，仔细思考面试官可能会问的问题以及自己应该如何回答这些问题。需要注意的是，不同类型的面试会有不同的问题。

（一）面试的种类

1.结构化面试与非结构化面试

按照面试的结构化程度，面试可分为结构化面试、半结构化面试和非结构化面试。所谓的结构化面试，也叫作标准化面试，它是指在面试题目、面试过程、面试评价以及考官的构成等方面，都是根据一定的规范和标准进行的面试；半结构化面试则是指在某些方面有明确的要求，如规定了明确的面试过程和评价标准，但面试题目可根据面试对象的不同而变化；非结构化面试则是指在面试的各个方面都没有设定限制，也就是通常所说的随意性面试。

正式的面试通常为结构化面试，如公务员录用的面试就通常是结构化面试。结构化面试主要包括三个方面的内容：一是面试过程的把握，也就是面试程序的结构化。在面试的开始、核心和结束阶段，主考官需要做些什么，需要注意些什么以及要达到什么目的，这些都需要事先规划好；二是面试题目的结构化。在面试过程中，主考官会考察应试者的哪些素质，从哪些角度出发，主要会提出哪些问题，什么时候提出这些问题以及如何提出这些问题，这些都需要在面试前做好准备；三是面试结果评判的结构化。从哪些角度评判应试者的面试表现，等级如何划分，甚至是如何打分等，这些都需要在面试前有明确的规定，并且考官之间需达成一致。

2. 单独面试与集体面试

依据参与面试的人数，面试可以划分为单独面试和集体面试两种主要类型。

所谓单独面试，即指主考官与被面试者一对一的交流，这是一种最为常见且基本的面试模式。通过提供单独的面对面交流机会，单独面试使得面试双方能够更加深入地相互了解。在单独面试中，又可分为两种情况，一种是整个面试过程由一位主考官负责，这通常适用于较小规模的企业或机构在招聘较低职位的人员的情况；另一种情况是整个面试过程由多位主考官参与，但每次仅与一位被面试者交流，或者多位考官参与面试，但只有主考官根据事先准备好的提纲进行提问。

集体面试，又称为小组面试，是指多位被面试者同时面对面试考官。在这种面试形式中，通常要求被面试者进行小组讨论，通过协作解决某一问题，或者轮流担任领导主持会议、发表演讲等。这种面试方式主要用于评估被面试者的人际沟通能力、环境洞察与掌控能力、领导能力等。

无领导小组讨论是集体面试中最为常见的一种形式，被面试者被分为若干小组，每组人数通常为 4 到 8 人。在讨论中不指定领导，所有人的地位平等，被要求就某些有争议的问题，如干部提拔、工作任务分配、额外补助金分配等，进行集体讨论。在某些情况下，还需要小组形成一致的意见，并以书面形式进行汇报，每位小组成员都需要在汇报文件上签字，以示对汇报内容的认同。在讨论过程中，主考官们保持一定距离，不参与提问或讨论，通过观察和倾听来对被面试者进行评分。

3. 压力性面试与非压力性面试

依据面试的目的不同，面试可被划分为压力性面试和非压力性面试两种形式。

在压力性面试中，面试官故意营造一种紧张的氛围，通过提出挑衅性、质疑性或困难性的问题，以此来检验应试者的应急能力、压力承受能力和情绪稳定性等方面的素质。典型的压力性面试如面试官以一种穷究不舍的态度，不断追问某一问题，问题本身往往是棘手且难以应对的。这种“压力提问”的方式，迫使应试者展现出自己解决难题的机智灵活性、应变能力、思考判断能力以及气质性格和修养等方面的素质。

相对而言，非压力性面试则呈现出一种较为轻松的氛围。在这种面试形式下，面试官与应试者可以自由交流，面试官通过聊天的方式观察应试者的各种能力以及其谈吐、气质和风度等方面的特质，这种形式的面试通常被称为交谈式面试。

4. 常规面试、情境面试与综合性面试

面试按照内容设计重点的不同，可分为常规面试、情境面试和综合性面试三种类型。

常规面试通常是主考官与应试者面对面，通过问答的形式进行，在此过程中，主考官主动提问，应试者被动回答，展示自己的知识、能力和经验。主考官会根据应试者的回答、仪表、身体语言及面试过程中的情绪反应，来评价应试者的综合素质。

而情境面试则突破了传统的问答模式，采用无领导小组讨论、公文处理、角色扮演、演讲、答辩、案例分析等多种情景模拟的方法来选择人员。这种面试形式是近年来的新趋势，具有灵活多样的特点，能更全面地展现应试者的才华，也能使主考官能更全面、深入和准确地评价应试者的素质。例如，面试教师职位时，可能要求应聘者试讲一节课；面试办公室工作人员时，可能要求接待一个“来访者”。

综合性面试则兼具常规面试和情境面试的特点，且为结构化的形式，主要集中于与工作职位相关的知识技能和其他素质的评价。

5. 一次性面试和分阶段面试

一次性面试是指用人单位将面试集中在一次进行，面试考官通常由人事部门负责人、业务部门负责人和人事测评专家组成，一次性面试的结果直接影响应试者是否能通过面试，甚至是否被最终录用。

分阶段面试主要分为依序面试和逐步面试两种类型。

依序面试通常有初试、复试和综合评定三个阶段。初试的目的是在众多应试者中挑选出合适的人选，这一阶段通常由用人单位的人事部门负责，主要对应试者的仪表风度、工作态度、上进心和进取精神等进行评估，将不合格者淘汰。初试合格的应试者将进入复试阶段，这一阶段通常由用人部门的主管负责，主要对应试者的专业知识和业务技能进行考察，以判断应试者是否适合拟任的工作岗位。复试结束后，人事部门将与用人部门一起对每位应试者的表现进行综合评定，确定最终的合格人选。

在逐步面试中，用人单位通常会组建一个由主管领导、处（科）长和一般工作人员组成的面试小组，按照小组成员的职级，从低到高依次对应试者进行面试。面试的内容会根据每个层级的不同而有所侧重，低层通常注重专业和业务知识的考察，中层注重能力的考察，而高层则进行全面考察并做出最终决策。应试者需要在每一层级的面试中都留下良好的印象，不可在低层级的面试中骄傲马虎，也不必在高层级的面试中显得胆怯拘谨。逐步面试的过程中，会逐层淘汰筛选人员，随着层级的升高，面试的难度也会相应增加。

（二）面试问题的类型

虽然不同的用人单位和面试官可能会提出各种不同的问题，但这些问题通常都遵循一定的规律，并且可以归纳为以下几类：

1. 教育培训类问题

面试官可能会询问应试者毕业于哪所学校，学的是什么专业，要求简要介绍所学的专业，询问最喜欢的课程是什么，为什么喜欢它以及毕业论文或毕业设计的情况等。这些问题旨在了解应试者的教育背景和学术成就。

2. 求职动机类问题

面试官可能会问到为什么选择应聘该单位，对应聘职位的期望是什么以及在工作中追求的目标等。这些问题主要是为了了解应试者的求职动机和职业规划。

3. 经历类问题

应试者在面试中可能会被问及参加过哪些社会活动，是否有过实习经历，实习的时间和具体工作内容以及在工作中遇到过的困难等。这些问题主要是为了了解应试者的实践经验和问题解决能力。

4. 计划和目标类问题

面试官还可能询问如果被录用，应试者准备如何开展工作，未来的打算或想法，是否已经确定了职业目标等。这些问题主要是为了了解应试者的未来规划和职业定位。

（三）面试问题的实践方式

在面试的准备阶段，应试者可以先认真思考面试中可能提及的各种问题，然后将要点写下来，并进行反复练习，模拟正式面试的场景进行自问自答。还可以邀请朋友、同学或家人列席模拟面试，以便纠正错误，并了解回答的效果。

四、高频问题及解读要点

在准备参加面试之前，深思熟虑面试官可能提出的问题，并提前想好应对的答案，是取得面试成功的关键步骤，做到这一点，就能让自己在面试中胸有成竹，流利回答，达到理想的效果。以下将介绍几个面试中经常出现的问题及其分析，以供参考。

（一）问题一：请对自己进行一个简要介绍

解读：这是面试中的常见问题，应试者在回答时需要做到充分的准备。若没有特定的时间限制，控制在 1 至 3 分钟的时间范围内最佳。在回答时，需保证所述内容与简历上的内容一致，可根据应聘单位的性质，有针对性地强调自己的优点和长处。回答时需留意细节，因为面试官很可能会就其中的细节提出追问。在此过程中，若简历上存在虚构的部分，很容易被揭穿，所以介绍自己时需坚持实事求是的原则，展现出诚恳的态度和对自己的信心。在准备时，可以邀请同行业的在职人员进行模拟面试，也可以自己独立对着镜子进行练习。

（二）问题二：请描述一下您的家庭情况

解读：用人单位提出这个问题主要是为了了解应聘者的家庭成员和主要社会关系，从而进一步了解其性格、心态和观念等。国有企业和部分民营企业特别喜欢问这个问题，在回答时，可以先简要罗列家庭成员，然后强调家庭的和睦与温馨、父母对教育的重视、家庭成员的健康状态以及家庭成员对工作的支持和自己对家庭的责任感等。

（三）问题三：您有什么业余爱好或特长

解读：用人单位提出这个问题主要是为了了解应聘者的性格特点以及在专业领域之外的能力和素质。在回答时，可以首先强调自己的稳重、认真和其他特长，然后提及一些积极向上的业余爱好。建议不要表示自己没有业余爱好，也不要提及那些可能让面试官产生负面印象的爱好，如仅限于读书、听音乐和上网，以免让面试官怀疑自己的性格是否孤僻。

（四）问题四：你失败过吗？请简述其中一次失败的经历

解读：面试官实际上是想通过这个问题来了解应聘者在面对挫折和

失败时的心态和应对策略。在回答这个问题的时候，应该保持积极向上的态度。例如，可以讲述一次失败的经历，并着重说明在这次失败中学到了什么。例如可以回答：“曾经在一次重要的机会面前，我因为冲动而失去了它。但是，这次失败让我认识到，每做一件事之前，都需要深思熟虑，预见可能产生的后果，以便对自己和他人负责。”

（五）问题五：你希望与什么样的上级共事

解读：该问题是在了解应聘者的适应能力和态度。在回答这个问题的时候，不应过多地讲述对上级的期望，而应该着重说明对自己的要求。可以回答：“作为一名刚步入社会的新人，我应该主动去适应环境，不应过于挑剔。只要有展示自己专长的机会，我就会满足。”

（六）问题六：与上级意见不一致时，你将怎么办

解读：主要是在考察应聘者的沟通能力和协作态度。在回答这个问题的时候，可以表示：“我会向上级提供必要的信息和解释，以便他们能够更全面地了解情况。最后，我会尊重并服从上级的决定。”

（七）问题七：请谈谈你的缺点

解读：这是在考察应聘者的自知之明和自我改进的能力。在回答这个问题的时候，可以巧妙地指出自己的一些小缺点，同时强调自己正在努力改进。例如：“我最大的缺点是有时候过于追求完美，但我正在学习如何找到平衡点。由于刚刚从学校步入社会，我缺乏工作经验，有时会显得有些浮躁。不过，我相信随着时间的推移，我会逐渐变得更加成熟和稳重。”

（八）问题八：请谈谈你过去的一次工作经历

解读：要求应聘者回顾以往的打工或兼职经验，并具体阐述自己的工作职责和取得的成果。这样能让面试官更全面地了解你的实际工作能力和经验。

（九）问题九：你喜欢这项工作的哪一点

解读：如果应聘者没有相关的工作经验，可以说明是哪些方面吸引了你，使你愿意从事这份工作。对于有工作经验的应聘者而言，能够提出这份工作的独特之处，能更容易引起用人单位的兴趣。

（十）问题十：你为什么要来我们单位应聘

解读：这是每个应聘者都会遇到的问题。通过这个问题，面试官希望了解应聘者的求职动机、愿望以及对工作的态度。建议从行业、企业和岗位三个角度来积极、正面地回答这个问题。除了说明公司的待遇、福利等吸引人的因素外，还可以进一步表示对公司的发展战略、奋斗目标和工作作风的高度评价，说明自己一直向往能成为公司的一员。表达到公司工作是自己进一步学习和提升的良好机会，展示自己的专业特长与公司的需求相匹配，并说明这份工作正是自己理想的职位。

五、网络面试

网络面试是在视频会场或语音电话中，供需双方进行面试活动的一种形式。面试者通过回答问题和聊天等方式，接受用人单位考官的面试。根据使用设备的不同，网络面试可以分为电话面试、视频人工面试和视频人工智能 AI 面试。在参加网络面试时，应聘者需要注意以下几点：

（一）注重仪表

虽然网络面试不涉及面对面的交流，但仪表形象依然是给考官留下良好印象的重要因素，求职者需要保持干净整洁，服装朴实大方且合适，以符合大学生的身份。对于戴眼镜的应聘者，需要提前调整好角度，以避免眼镜的反光影响考官观察自己的眼神。

（二）调整好语速语调

由于网络面试的特殊性，考官无法直接观察面试者的身高体型，也不能完整地看到面试者的肢体语言，这就使得语速、语调成为影响考官判断的重要因素。在面试前，求职者可以对着镜子练习发音，也可以录下自己的声音，以便找到最适合的语音、语速和语调。

（三）展现自我，直视考官

背景的选择应该能够反映出面试者的兴趣爱好和经历，并且房间需要保持整洁雅致。与线下面试不同，考官的“眼睛”其实是摄像头，在回答问题时，求职者需要直视摄像头，保持微笑，并适时点头示意，而不是盯着画面里的考官。

（四）杜绝投机取消

有的面试者认为考官只能看到摄像头内的画面，因此会请人在摄像头外协助回答问题，或者利用手机搜索答案。但这样的行为不仅对求职者自身没有任何好处，而且任何微小的动作都可能被考官察觉。

第四节　求职笔试准备

一、笔试的应用与形式

笔试是招聘过程中的一个环节，这种方式通常用于应聘人员众多，所需检测的知识范围广泛，或者需要特别考察文本能力的场合。对于大型企业、重要单位的大量人员招聘以及国家机关的公务员选聘等情况，笔试是常见的考核形式。对于大学生来说，笔试并不是一个陌生的概念，但在求职择业的过程中，与在校期间的课程考试有所不同。笔试的种类包括综合考试、专业考试、命题作文、心理测试、智商测试和情商测试等。

二、笔试的种类与试题示例

（一）目前常见的笔试种类

1. 专业知识考试

专业知识考试是为了检验应试者的专业水平和实际操作能力。一般情况下，考官通过查看毕业生的成绩单，就能大致了解他们的知识水平。但对于一些对专业要求较高的岗位，用人单位需要通过笔试来进一步考察求职者的专业水平，例如，外贸、外资企业招聘时通常会考察外语水平，金融单位则会考察金融专业知识，公检法机关则需要考察法律常识等。

2. 心理测试

心理测试主要是通过标准化问卷来评估应试者的心理素质，包括态度、兴趣、动机、智力和个性等方面。某些单位还会通过智商测试来评估应试者的观察问题能力、综合分析能力和思维反应能力等。

3. 技能测试

技能测试主要是为了考察应试者的实际操作能力，包括计算机操作、英语会话和阅读能力以及在财会、法律和驾驶等方面的能力。这类测试主要检验应试者的动手能力和实践能力。

4. 命题写作

为了评估应试者的文字表达能力和分析归纳能力，用人单位通常会通过命题作文、论文或公文写作的形式进行考察，包括限时撰写会议通知、请示报告或某项工作的总结等。也可能会提出一个论点，并要求应试者进行论证或辨析。

（二）常见的笔试试题示例

1. 专业类

不同专业的笔试题目差异较大，可以参考各类考试的具体要求，查找相关的笔试试题或往年的模拟试题。

2. 政治类

用马克思主义的基本观点阐述一两个具体问题；对我国当前的改革开放政策发表见解；表达对目前国际形势的看法等。

3. 公文类

假设学校学生工作部计划购置三台计算机，撰写一份请示报告；假设学院教务处计划召开临床教学管理研讨会，撰写一份会议通知；根据提供的材料，遵循“请示”的写作格式，为 ×× 省人民政府向国务院起草一份内容清晰、结构合理的请示；在 5 分钟内，找出文中的错别字并进行改正等。

4. 技能类

请将一篇短文从英语翻译成汉语或从汉语翻译成英语；请使用计算机操作来打印一篇短文；请简要阐述心肺复苏的步骤和方法等。

5. 综合类

在一次主题讨论会上，主题为如何加强国家宏观调控的能力，增强国有大中型企业的活力，以及如何深化经济体制改革。请根据本次讨论会的内容，撰写一份会议纪要，并用计算机打印出其英文提要；在与一家外国商务公司洽谈合作的过程中，会有相关的日程安排通知通过电话传达。请使用相应的语种接听电话，并将通话内容记录后打印出来，呈报给相关领导；请阅读数篇群众来信，结合秘书工作的特点，撰写一份情况汇报，并打印后上报；在规定的时间内，对一组数据或资料进行分析，找出其中的合理之处和存在的问题，并提出解决方案等。

三、笔试准备

对于任何考试，最重要的准备是日常的勤奋和付出。笔试的准备主要包括日常的学习积累和考前的复习，还要保持良好的身心状态，提前熟悉考场环境。

（一）日常积累

优秀的笔试成绩源于日常的努力学习。大学生在校期间应该专心学习，掌握专业知识和技能，重视对所学内容的常态复习，巩固基础和专业知识。当大学生在日常生活中不断积累相关知识时，就能够在面对各种笔试题目时，充满信心地迎接挑战，表现得得心应手。

（二）笔试前复习

回顾以前学过的知识也是备考的关键，有些已经学过的知识可能会随着时间的流逝而淡忘，通过复习，大学生可以迅速恢复记忆，掌握知识。从备考的角度看，知识可以分为靠记忆掌握的和靠不断应用来掌握的两种类型，对于后者，用人单位通常更看重应试者的实际运用能力。大学生应根据招聘考试的具体要求，查阅相关的书籍、期刊和网络资料，全面学习相关专业知识，回顾和巩固原有的专业知识，积极储备各种知识，并注重实际应用。

（三）维持优秀的身心状况

求职笔试是企业选拔人才的关键因素之一。应试者在参加笔试时，需要具备良好的心理素质。很多时候，怯场的原因在于缺乏自信，所以考前的心理准备尤为重要。考生需客观评估自己的实际水平，克服自卑心理，树立信心，调整心理状态，以最佳的姿态面对考试。在考试前，考生应当采取以下措施：首先，减轻心理压力；其次，保障足够的休息和睡眠；最后，适量参与体育活动，让紧张的大脑得到休息和放松，从而以充沛的精力投入考试中。

（四）熟悉考场环境

提前了解考场环境，能有效缓解考试时的紧张心理。考生在考试前，应仔细阅读考试须知，确保按照要求行动。考试当天，考生需准时到达考场，携带所需的证件、文具和手表等考试用品。进入考场时，需遵守秩序，按照规定的座位就座；严格遵守考场的各项规则，遵循监考人员的指导。考试过程中，考生不仅要认真作答，还需牢记填写姓名等个人信息，避免因疏忽而影响成绩。

第五节　就业心理准备

一、心理健康对就业的影响

在即将迈入社会的转折点上，每一位大学生都会体验到从学生到职场人的变革过程，这一过程中，“职业”二字与他们的一生将紧密相连。职业能够满足人的生理需求、安全需求、归属需求、尊重需求、自我实现需求，也将是每一位大学生未来生活的重要组成部分。然而，在面临选择职业、求职和工作等一系列挑战的过程中，许多大学生会经历不适和困惑，陷入恶性循环的境地，其中，心理健康是影响大学生顺利完成这一转变过程的重要因素之一，其对就业的影响主要表现为以下几点，如图 6–3 所示。

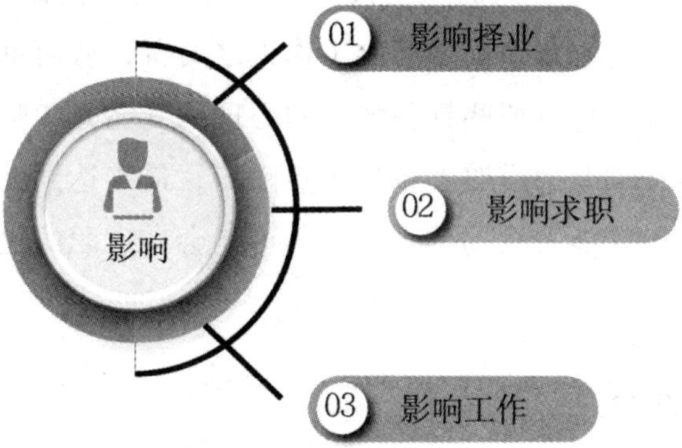

图 6–3　心理健康对就业的影响

（一）心理健康影响择业

大学生在校期间，通过学习能够更为清晰地确定未来的职业方向，也能够初步建立起对自己未来职业的期待，但当他们毕业后，真正面临选择职业的时刻，一系列具体的问题会摆在他们面前。例如，一位学习营销的大学生，需要决定自己是在大城市工作还是在偏远地区工作，是希望在私营企业工作还是在政府机关工作，是希望从事产品销售还是策划宣传等。在这一过程中，每一位大学生都需要经受心理素质的考验，那些自信、果敢的大学生会在深思熟虑之后，做出明智的选择，并制订合理的行动计划，顺利进入求职的阶段。而那些性格较为脆弱的大学生，往往在遇到问题时，会犹豫不决、举棋不定，最终随波逐流，难以找到令自己满意的结果。

（二）心理健康影响求职

即便是那些已经有明确职业规划的大学生，在求职的过程中也会遭遇各种挑战。在当前激烈的社会竞争中，求职的过程是异常艰辛的，大学生需要投入大量的时间和精力，参加各种招聘会，投递简历，却常常石沉大海。好不容易进入面试阶段，却又需要应对面试官的各种考验，有时甚至因为一些小细节与理想的工作失之交臂，从而重新开始整个求职的过程。因此，只有那些具备强大的心理承受能力和坚韧的耐挫力的大学生，才能在求职的道路上越过重重障碍，最终达到自己的目标，相反，那些心理承受能力较弱的大学生，可能会在求职的道路上跌倒，难以再次站起来。

（三）心理健康影响工作

在经历了无数艰辛与努力后，大学生终于迈入职场，这只是漫长征程的第一步，课堂上学到的知识与实际工作中的要求常常存在差距，专业能力和技能有时无法满足职位的需求。由于分工合作、职位晋升等利益分配问题，同事关系、上下级关系变得复杂，职场中的“潜规则”也成为不可回避的现实。刚步入职场的大学生既要面对工作的压力，还要应对复杂的人际关系，缺乏足够的心理调节能力，就可能导致身心疲惫，无法正常工作，甚至丢失工作。

二、健康就业的心理表现

（一）志向远大

求职不单纯是为了获得一份工作，更是承载着大学生的希望与梦想，反映出他们不同的人生价值观。那些有着社会意识和长远规划的大学生，能够将国家利益与个人利益结合在一起，走出自己的小世界，只有拥有强烈的社会责任感，才能在面对困难与挫折时毫不畏惧，从职业中找到人生的意义与价值。虽然当今社会的价值观多元化，但奉献社会的人依然是最受尊敬的。若只从个人角度出发，心理上便容易陷入困境。

1835 年，马克思在中学毕业时写了一篇关于职业理想的文章《青年在选择职业时的考虑》，其中提出了对当前大学生求职与择业有深刻启迪的观点。在职业选择方面，马克思强调，如果生活条件允许，人们应该选择那些让自己有尊严、建立在正确思想基础上，能够为人类做出贡献、达到共同目标的职业。正因为对职业理想的坚定信念和深刻理解，马克思毕生都在为自己的事业不懈努力，克服了无数困难，实践了自己青年时代的职业构想。

（二）自信乐观

只有对自己的能力有充分的信心，坚信自己有实力胜任某项工作，一个求职者才能展现出坚定的态度和从容不迫的性格，进而赢得雇主的赏识和信任。在求职的道路上，心理上的自信是取胜的关键，它是一种无惧任何困难、坚信自己能够战胜所有挑战的精神状态，这种状态的基础在于对自己的知识、能力、特长有清晰的认识和准确的评价。虽然信心不是解决所有问题的万能钥匙，但它却能帮助大学生傲视一切困难，以最为旺盛和活跃的精神状态去迎接和克服这些困难。

（三）积极参与竞争

大学生就业制度的改革赋予了毕业生和雇主“双向选择”的机会，使毕业生能够根据自己的能力，结合个人的专业、兴趣、性格、特长和愿望来挑选合适的工作岗位。毕业生可以通过合适的途径和方法展示自己，推销自己，从而赢得雇主的青睐。大学生应该把握机遇，树立竞争意识，敢于思考，敢于发言，敢于行动，要有勇立潮头的决心，并充分考虑自己的专业、性格、气质和兴趣，扬长避短。取胜的关键在于真才实学，而不是纸上谈兵，夸夸其谈。正确的竞争方式是在相互学习、相互勉励、共同进步的过程中进行。大学生还要做好心理准备，因为求职择业的过程必然充满竞争，而失败也是难免的，只有做好充分的思想准备，才能成为竞争中的强者。

人才的竞争对社会的发展和个人的成长具有极其积极的作用。只有在平等的竞争环境中，人们才能够更好地展现自己的能力，发挥自己的潜力，从而促进个人的成长。平等的竞争也能够更好地体现实力，克服不正之风对人才成长的影响，确保有实力的人能够获得施展才华的机会，进而推动社会的进步和发展。

（四）正视现实

正视现实要求求职者对外部环境和自身情况有清晰的认识与了解。随着高等教育的普及，毕业生的就业环境和就业形势也发生了显著的变化，获取大学学位不再等同于获取职业的保障，其主要目的在于提升个人的综合素质，在一些大型城市和高端用人单位，对人才的需求经过多年的补充已趋于饱和，大学生的就业方向也逐渐向下游转移，中小城市、乡镇基层单位和私有企业已成为毕业生的主要就业渠道。另外，大学生应实事求是地评价自己，对自己有准确的认识，客观、准确地评估自己在德、智、体等方面的实际情况，了解自己的优点和缺点，性格、兴趣和特长。明确自己的职业目标以及自己能够胜任的工作类型，还要清楚社会对自己的职业发展的容许程度，这种实事求是的态度是形成健康求职心态的关键。

三、就业心理的调适

（一）心理调适的概念

心理调适是指依据个体成长和环境的要求，对自己的心理状况进行操控与调适，最大化地发挥个体的潜能，维护心理的平稳，排除心里的障碍。大学生若能在遭遇心理困惑的情境下，充分利用心理调适的手段进行自我调节，有助于其准确地了解自身，确保其身心的健康发展，并进一步增强自身的就业市场竞争力。因此，心理调适对大学生的成长和成才过程扮演着重要的角色，它能够促进大学生心理健康的发展，助力大学生充分发挥其聪慧和才干，更好地为社会主义建设事业贡献力量。

（二）心理调适的作用

心理调适的作用主要体现在以下几个方面：

第一，心理调适有助于大学生正确地理解和认识社会，并在社会中找到合适的定位。随着我国社会主义市场经济的逐步构建和完善以及经济的快速增长，大学毕业生受到社会的热烈欢迎，社会对其需求也随之增加，但具体到某一地区、某一学校和某一专业，情况则各不相同。时至今日，就业困难仍是困扰众多大学毕业生的一大难题，毕业生不应将其就业的期望值设定得过高，哪怕是就读于热门专业的毕业生，也需不断调适自身的期望值，以使其理想更为符合现实，如此一来，便能在激烈的职场竞争中抢占主动位置，实现理想中的工作岗位。

第二，心理调适的重要性也体现在它能够引导大学生以客观的眼光评价自己，并根据自身的特点与需求，制订个性化的职业规划。在求职的过程中，由于对自己的不充分了解，许多大学生往往难以明确自己的职业方向与定位，这导致一部分大学生过分自信，认为自己在就业市场上具有诸多优势，因而在择业时过于挑剔；而另一部分大学生则可能因自卑而感到无所适从，认为自己不如他人，最终导致在就业市场上失意。在这种情境下，及时的心理调适变得尤为重要，它能够帮助大学生认清自己的优点与缺点，深入分析自身的职业发展潜力，并在此基础上制订出符合自身特点与需求的职业规划，从而在就业市场上找到合适的位置。具体而言，大学生应当首先明确自己的职业方向，进而确定适合自己发展的地点、自己在社会中的位置，最后调适自己的心态，做到心平气和，从而在就业市场上既不会因自卑而低估自己的价值，也不会因过分自信而错失良机。

第三，心理调适能够帮助大学生以积极的心态面对求职过程中可能遇到的挫折。在职场竞争激烈的今天，大学生在求职择业过程中遭遇挫折在所难免。然而，挫折往往是成功的垫脚石，它能够锻炼个体的意志，还能够提升个体的综合素质与能力。在遭遇挫折时，大学生应当学会放下心理包袱，积极寻找失败的原因，并在此基础上调适自己的职业目标，迎接新的机会与挑战。历史上有许多成功人士的初期职业都并不如意，成功的道路往往是从低起点、逐步迈向高峰的过程。在面对挫折时，大学生应当抛弃“等、靠、要”的心态，迅速完成自立的转变，以更加积极的态度应对就业市场的挑战，顺利实现就业目标。

（三）心理调适的方法

本质上来看，就业需要逐步认识并适应这个社会，求职过程中遭遇的难题和挫折是成功的基石。就业过程中产生的心理冲突、茫然与情绪低落等现象都是正常的心理行为。当求职过程中碰到难题时，大学生应当对自己的心态进行及时调整，保持积极乐观的心态，积极面对就业遇到的各种问题并采取有效的解决办法，在经过慎重考虑和权衡的情况下做出就业选择。建议从以下几方面来调节求职过程中遭遇的心理问题，具体如下：

1.接受社会现实，对就业心理预期进行调整

在市场多样化与自主择业的背景下，虽然人们的就业机会明显增多，可是也遇到了诸多困难和挑战，部分大学生并没有真正认识到市场竞争的激烈性，未能全面了解就业市场的真实状况。经过深入探索和亲身体验后，需要认识到现实的残酷性，抱怨和愤怒不仅无益，浪费了大量时

间，情绪焦躁，因此勇于接受和认可社会现实，降低就业期望值，抛弃一些不切实际的理想，找到突破口，找到正确的解决问题的办法。

大学生应当结合个人的实际状况，顺应当下的就业环境，对自己的就业心理预期进行调整，这样才有可能找到心仪的工作。对就业心理预期进行调整并非放弃自己所选择的单位，也不是随意找一份工作，调整就业期望需要立足于科学的职业规划，以职业发展理念作为指引，明确自己的人生发展方向，因此需要大学生对未来的职业发展进行科学规划，择业不是一次性到位，现在没有绝对稳定的工作。

需要明确一点，即使是非常理想的单位，也存在下岗的可能性，大学生在择业时应当树立长远的发展目标，对未来的职业发展进行科学规划。由于当前的时机尚未成熟，“先就业、后择业、再创业”成为许多大学生在就业时的选择。某种意义上来看，科学的职业规划是先选择一个职业，通过这个职业增强自己的综合能力，学好本领，积累工作经历，之后选择更适合自己的职业或进行创业，创造更多的价值。例如，愿意到经济落后地区工作的大学生并不多，可是在国家大力推进西部大开发的形势下，广阔的西部地区将实现经济腾飞，大学生能够从中找到众多就业机会。到西部地区工作对大学生的职业发展有很大帮助，也能为大学生的事业发展提供支持。

2. 对职业价值有深刻的认识，保证职业价值观的合理性

传统观念认为，人们工作是为了满足生存的基本需求，然而进入到现代社会，工作的目的并不局限于此，个体的需求也会越来越多样化。职业价值结构由多种类因素构成，包括挑战、求新、交往、归属以及自我认识等。由此可见，职业也对应着多样化的价值，应对个体发展和社会进步期间，职业起到的作用有准确的认识。个体择业期间，除对工作环境、时间和经济收益等进行考虑外，还需要关注职业是否有助于实现自我价值。这就要求准确掌握自我职业需求后，形成正确的职业价值观。大学生选择工作单位期间，首先需要考虑工作条件是否达到自己的要求，

尽可能地选择未来发展空间大且能够发挥自身潜能的单位。此外，部分单位经济发展有限，但是可提供较好的创业机会且可挖掘潜力较大，也可列入选择对象中。

3. 认识与接受职业自我，主动捕捉机遇

对于许多大学生来说，缺乏对职业的自我认识是导致大学生就业过程中遇到心理障碍的一大因素，大学生应当对自己有清晰的认识，积极调整心态，接受和面对社会现实，适当降低就业的期望值，也是寻找与自己相匹配职业方向的关键。

第一，大学生需要深刻理解自己喜爱的职业类型、所需求的职业环境以及自己的择业标准，并结合自己的实际能力，判断能够从事哪些工作。

第二，通过实际的求职经历，大学生会发现自己的能力与水平可能并未达到自己预期的高度，这往往伴随着失望、悲观以及不满的情绪，在意识到自己的不足之后，学会接受现实，不要无端抱怨，也无须自卑，毕竟，自己的能力是客观存在的，想要在短时间内彻底改变是不可能的。求职应当做到尽可能发挥自己的优势和补助自己的短板，学会用发展的眼光对待自己的缺点和不足，在新的工作岗位上弥补自己的缺点，不断提升自己的能力，最终找到理想的职业。

第三，及时抓住机遇。首先需要对自己有一个全面客观的认识和评价，其次也要及时抓住发展机遇，为顺利找到工作奠定基础。大学生应当尽可能收集各种职业信息，参加不同类型的人才招聘会，结合自己的择业标准来筛选用人单位提供的岗位。

对于不同的求职者来说，需要辩证地看待工作机会，大学生应当结合自己的实际情况和就业形势选择适合自己的工作，找工作切忌随大流，只有最适合自己的工作才是最好的。此外大学生也要明白机遇有可能转瞬即逝，一旦发现就业机会，要果断采取行动，不要犹豫，更不要害怕失败，要有勇敢尝试和冲破难关的决心和勇气。

4. 坦然面对就业挫折，提高心理承受能力

如今市场竞争不断加剧，在找工作的过程中大学生难免会遇到各种挑战和困难。有的专业可能因为市场需求较大而“热门”，有些专业由于市场需求不足而选择的学生比较少。对于求职过程中遇到的困难，不能怨天尤人，必须及时调整心态，积极乐观，增强调节情绪的能力和抗压能力。

求职过程能够让大学生对自身有更为准确的认识，通过不断调整自己来适应社会，在此期间大学生的自我调节能力和心理承受能力会有显著提升。如果遇到挫折，应该在保持冷静和坦然的基础上，找出失败的具体原因，通过调整来避免发生类似问题。

如今，就业市场行业竞争较大，大学生对此应持良好心态，认识到并不是每次求职均能够成功。从本质上进行分析，就业属于动态发展过程，也是大学生不断认识自我并挑战自我的过程。大学生求职，是不断提升自己的整个过程，进而走向成熟，并不是以失败来评价自己。求职失败通常并不只是个体存在不足，还有可能是因为岗位不匹配，或者是单位文化与求职者价值观不相匹配，抑或是其他偶然因素导致。应对失败有正确的认识，找到失败的具体原因，对求职策略进行调整，找到安慰自己的办法。

5. 培养健康的就业心态和人格品质

求职期间，若发现自身或周围同学出现了不健康的心态，对此不必过于担心，要知道这本身是正常的现象。大学生应该主动去调整此种心态，若需要可求助于心理专家，在专业的指导下对心理进行疏导。

大学生应寻求多样化的自我心理调整方式。采取积极心理暗示方式，对自己进行鼓励和认可，让自己能够敢于面对并应对困难。也可以倾诉给身边的朋友或老师，也可以采用郊游、听音乐、体育锻炼等方式，转移自身注意力，不受烦恼困扰，以此来释放自己压抑的情绪。

对自己求职期间产生的不良心态进行分析，能够识别出自身忽略的

人格问题。从本质上分析，此种人格问题是造成就业心理问题的直接原因，若不对此缺陷进行弥补，在未来的工作中还会遇到类似的困扰，所以及时找到并弥补这一不足至关重要。当然，个体并不需要因此种缺陷而感到担忧，要知道很少有人能够做到人格完全健全。重点在于找出问题并不断改善，让自己不断向前，成为成熟的人。

6.大胆拼搏，敢于创业和突破

大学生有远大的抱负、敢于创新、有理想，且因受过高等教育，具备创业所需的相关知识，也可在积累一定社会经验后再实施。大学生应有勇气和信心，通过自身努力来开拓事业，当前部分大学生创业期间面临诸多阻碍，但是依然有较多可参考的成功案例。高校应鼓励并引导大学生进行创业，让大学生形成明确的思路和理念，能够对自身有正确的定位和规划，与经验丰富的个体或单位进行合作，而不是始终持“学生公司”的传统观念，应朝着职业化和科学化的管理方向前进。

7.求助心理咨询和职业咨询

心理咨询旨在运用心理学的方法，解决人们在心理适应方面的问题，并向寻求帮助的个体提供心理援助。对于大学生群体而言，他们可以通过以下途径获得心理咨询服务：

第一，许多高校在毕业前会开设针对全体毕业生的心理健康教育课程，或定期举办专题讲座。这些课程和讲座旨在帮助学生解决心理问题，指导他们如何调整就业心理以及引导他们正确地认识自我和定位自己的位置，帮助他们更加理性地应对就业压力。

第二，高校中通常设有心理健康中心，并聘请专业的导师为学生提供心理咨询服务，这些服务是预防心理疾病、优化心理素质以及增强学生心理健康的主要途径。

第三，高校还通过开设选修课的形式，为学生提供心理咨询和辅导服务。大学生心理健康网络课程是高校推动学生健康成长的重要举措。

这种自助形式的网络学习对学生了解自己的心理发展规律有很大帮助，并且他们的心理适应期也能大幅缩短，尽快做到人格成熟。

第四，高校利用移动互联网、广播、校刊校报、宣传橱窗和展板等校园文化平台，广泛宣传和普及心理健康知识，在潜移默化中促进大学生的心理健康。

第五，发挥教师的作用。班主任或辅导员可以利用班会的时机，任课教师则可利用思想教育课以及在指导学生社团活动时，对学生进行心理健康教育，帮助他们解决心理问题，培养学生正确的就业观。

第六，发挥班级同学的作用，许多高校在班级管理中，都会设立心理委员的职位，将心理健康教育落到实处。

在大学毕业后，毕业生应积极参与学校组织的就业实习、技能培训、技能辅导和模拟招聘等活动，学习和了解相关职业的知识和信息。大学生应当借助学校推行的毕业证书与职业资格证书的“双证书”制度，积极参与企业推出的顶岗实习和人社部门认定机构组织的职业技能培训，不断提高自己的综合能力，才能更好地适应这个社会和即将从事的工作，并且也能提升自己的职业素质，在实践中锻炼心性和品质。

第七章　毕业生就业权益保护

第一节　毕业生就业权益概述

一、毕业生就业权益

毕业生作为就业过程中的一个重要主体，享有多方面的权益。根据目前就业规则的有关规定，毕业生主要享有以下几个方面的权益，如图7–1所示。

图 7-1　毕业生就业权益

（一）获取就业信息权

毕业生获取就业信息的权利是确保其就业决策具有信息支持和选择基础的重要条件。该项权利的确保，有助于毕业生全面了解职场环境和不同行业的就业机会，而且为其提供了评估各种职业路径、选择最适合自己的工作的可能性。透明、全面的就业信息可以帮助毕业生做出更加合理的职业规划，提高他们的就业满意度和职业发展质量。毕业生获取就业信息的途径多样，包括高校就业指导中心、网络招聘平台、职业博览会、行业讲座、实习经历等。

（二）接受就业指导权

在当前的就业环境中，毕业生享有从学校和相关就业服务机构获得专业就业指导的权利。这一权利对于帮助毕业生更好地理解就业市场、制订适合自己的职业规划至关重要。高校应建立完善的职业指导体系，包括专业的职业顾问团队和定期的职业发展讲座，以帮助毕业生深入了解不同行业的发展前景和就业趋势。此外，国家的就业服务机构也提供了丰富的就业指导资源，如劳动和社会保障部门的规定和建议。这些资源旨在帮助毕业生更加清晰地找到自我职业定位，合理规划自己的未来发展路径。通过积极利用这些资源，毕业生能够有效地提高自己的就业竞争力，为未来职业生涯的成功奠定坚实基础。

（三）被推荐权

过去的实践证明，学校的推荐在许多情况下对用人单位在选择毕业生时起到了关键性的作用。因此，毕业生应当享有被学校推荐的权利，该权利主要体现在以下几个方面。

（1）学校在推荐毕业生时应当本着实事求是的原则，根据毕业生本人的实际情况向用人单位进行介绍和推荐，不能故意贬低或过度夸大毕业生在校的表现。

（2）学校在对毕业生进行推荐时应保持公平和公正，给予每一位毕业生公平的推荐机会，不能因为任何非客观因素对毕业生区别对待。公平的推荐既是学校的基本责任，也是毕业生的基本权益。

（3）学校在公平、公正的基础上，还应当根据毕业生在校的表现进行择优推荐，用人单位也应当坚持择优的原则，在招聘过程中选用优秀的毕业生，以充分发挥他们的才能和潜力，实现优生优用的目标。

（四）自主选择权

在自主选择权方面，根据国家的相关规定，高校毕业生有权在国家就业方针和政策的指导下，自主选择自己的职业，也可以选择自主创业。任何学校、单位和个人都不得强迫毕业生到某一单位就业，或者使他们从事违背个人意愿的工作，这样的行为属于侵犯毕业生的自主选择权。

（五）公平待遇权

用人单位在招聘毕业生时应当公平和公正，平等对待每一位求职者。但在现实的就业市场中，由于各项配套措施尚不完善，一个完全开放和公平的就业市场还未能完全形成，因此在招聘过程中仍然存在不公平、不公正的现象。例如，有的单位以貌取人、过分重视学历而忽视能力、女性就业难等问题，这些问题仍然是困扰高校毕业生就业的主要障碍，因此，保障毕业生公平受录用的权利十分迫切。

（六）违约及求偿权

毕业生在与用人单位签订就业协议后，若因特殊原因无法履行合约，有权主张违约，但必须依照协议书中的违约条款进行，并承担相应的责任。与此相对，若用人单位因内部变故无法履行合约，其违约行为可能会导致毕业生长时间无法就业，造成严重损失。在就业选择的双方关系中，毕业生相对处于劣势地位。学校在审核就业协议的过程中，应督促毕业生和用人单位明确赔偿金额和条件的约定，确保毕业生权益得到保障。

（七）户档保留权

在户籍档案保留方面，部分省份规定，毕业生在择业期限内（通常为两年），若当年未能找到工作或只能找到非正规就业单位，有权将其档案和户口在省级地方行政主管部门的毕业生就业指导服务中心进行保留，以便在未来两年内有更多的机会寻找到合适的工作。在处理就业过程中出现的违约问题和户籍档案保留问题时，毕业生应积极行使自己的权益，也要清楚了解相关的法律法规和政策，以便更好地保护自己的权益。毕业生在面对就业市场的竞争和不确定性时，应积极学习相关的知识和技能，提升自身的竞争力，为自己的未来职业生涯打下坚实的基础。

（八）国家和省规定的与就业有关的其他权利

关于毕业生就业相关优惠政策，在本章第二节将进行详细介绍，此处不再赘述。

二、毕业生就业权益的保护

（一）毕业生就业权益保护的原则

毕业生在求职过程中享有相应的权益，这些权益受到社会的全方位保护。然而，在实际情况下，有部分毕业生误解了就业权益保护的本质，滥用保护自身权益的途径，这不仅导致了与用人单位的就业纠纷，同时对其未来职业的发展造成了长期的负面影响。毕业生的就业权益保护需要遵循以下几个基本原则：

1. 双赢原则

毕业生就业权益保护的双赢原则强调在就业过程中应追求毕业生和用人单位双方的利益最大化。这一原则要求用人单位在提供就业机会时，既要考虑到企业的利益，也要充分考虑毕业生的职业发展需求和个人价值的实现。对于毕业生而言，他们在选择就业岗位时，除了关注薪资待遇，也应考虑个人职业发展前景和工作与个人价值观的契合度。双赢原则鼓励双方在平等、公正的基础上进行沟通和协商，共同促进就业市场的健康发展，保障毕业生的就业权益，同时帮助企业吸引和留住合适的人才，实现良性循环和持续发展。

2. 契约为本

就业行为本质上属于一种民事法律行为，因此双方的权益与义务关系受到就业协议书、劳动合同等法律文件的制约。在保护毕业生就业权益的过程中，应充分尊重契约，提升自我保护的意识，谨慎签订就业协议和劳动合同。一旦契约文件成立，就具有法律的强制力和约束力，毕业生与用人单位双方都有义务遵守相应的条款。

3. 依法保护

法律是保护毕业生就业权益的有力武器，毕业生在遇到权益受损的情况时，应在法律框架内寻找解决的途径，而不是通过不正当的方式向用人单位或学校施压，这样的做法只会对社会产生负面影响。

4. 平等自愿

毕业生的个人意愿是就业协议和劳动合同订立的基础，在保护毕业生的就业权益时，应充分尊重毕业生的个人意见，建立平等的权利义务关系。

5. 充分协商

在出现就业纠纷或毕业生权益受损的情况下，首先应通过毕业生、用人单位、学校之间的沟通和协商来解决问题，这样可以更有效地保障毕业生的权益。

（二）毕业生权益保护的途径

1. 通过毕业生就业主管部门进行权益保护

中国的毕业生就业主管部门设有相应的规章制度，确保毕业生的权益得到保障，并会对侵犯毕业生权益的行为进行处理。

2. 通过毕业生所在学校进行保护

毕业生应提高自我保护意识，积极了解和掌握就业法律法规，如《中华人民共和国劳动法》《中华人民共和国劳动合同法》等，在就业过程中维护自己的合法权益。毕业生在求职时应认真审核用人单位提供的合同条款，确保合同的合法性和公平性，特别是对工资待遇、工作时间、福利政策等关键条款要有充分了解。毕业生还应学会运用法律手段解决就业中可能出现的纠纷，如在遭遇不公平待遇或劳动争议时，要敢于通过法律途径维权。此外，毕业生还应培养良好的职业素养和工作态度，提高自身竞争力和适应能力，以更好地适应就业市场的需求，在职场中立足。

3.毕业生自我保护

毕业生在保护自己的权益方面，应该充分了解国家针对毕业生就业的方针、政策和规章制度，熟悉自己在就业过程中应该享有的权利和应当履行的义务。毕业生应该自觉遵守相关的就业规则，保证自己的就业行为符合法律法规，不侵犯其他毕业生和用人单位的合法权益。在遇到侵犯自己就业权益的行为时，毕业生应学会用法律手段来维护自己的合法权益，可以与侵权的用人单位进行协商，如果协商不成，可以向签署就业协议的地方的毕业生就业主管部门申请调解，或者向有关部门提起仲裁，也可以直接向人民法院提起诉讼。

（三）毕业生就业权益保护的方法

毕业生在进入职场时，其权益的确立主要是通过与用人单位签订就业协议书和劳动合同来实现的，同时这些协议书和合同也是毕业生在权益受到侵害时寻求法律保护的基础。

1.就业协议争议的解决

在就业协议争议中，常见的两种情况分别是毕业生违约和用人单位违约。

毕业生违约的情况表现形式多样：例如，在与一家单位签署就业协议后，若发现更优选项，可能会选择违约；或是在等待专升本或公务员考试结果期间与单位签约，但未向单位透露可能无法履约的情况。

而用人单位违约的主要情形包括：在毕业生按时报到时无故拒绝接收；向毕业生提供虚假招聘信息，误导其签约；收取不合理费用或施加不当约束；违反相关法律法规，侵害毕业生合法权益。一旦出现违约情况，违约方需按照就业协议的约定支付相应的违约金，并承担由此产生的责任。这要求毕业生和用人单位双方都应谨慎处理就业协议，尽量避免违约及其所带来的负面后果。

2.劳动争议的解决

劳动争议是指劳动关系当事人因权利与义务产生分歧引起的争议，包括但不限于以下几个方面：

（1）劳动争议的范围。确认劳动关系发生的争议；因订立、履行、变更、解除和终止劳动合同的争议；辞退、辞职、离职的争议；工作时间、休息休假、社会保险、福利、培训以及劳动保护等方面的争议；劳动报酬、工伤医疗费、经济补偿或赔偿金等的争议。

（2）劳动争议的解决途径。《中华人民共和国劳动争议调解仲裁法》关于劳动争议的解决有如下规定：

第三条：解决劳动争议，应当根据事实，遵循合法、公正、及时、着重调解的原则，依法保护当事人的合法权益。

第四条：发生劳动争议，劳动者可以与用人单位协商，也可以请工会或者第三方共同与用人单位协商，达成和解协议。

第五条：发生劳动争议，当事人不愿协商、协商不成或者达成和解协议后不履行的，可以向调解组织申请调解；不愿调解、调解不成或者达成调解协议后不履行的，可以向劳动争议仲裁委员会申请仲裁；对仲裁裁决不服的，除本法另有规定的外，可以向人民法院提起诉讼。

劳动争议的解决可以通过协商、调解、仲裁、诉讼四种途径。

第二节 就业协议和劳动合同

一、就业协议的内容

就业协议（亦称三方协议）是“全国普通高等学校毕业生就业协议书”的缩写。其主要作用在于为毕业生、用人单位、学校三方在毕业生就业工作过程中所涉及的权利与义务提供了明确的书面规定，有效处理应届毕业生在户籍、档案、保险、公积金等方面的相关事宜。协议的效力自毕业生到用人单位报到并由用人单位正式接收起终止。值得注意的是，就业协议书的格式是由教育部统一制定的，而且该协议书具有法律效力。因此，一旦签署，各方即需依协议约定，切实履行各自的权利与义务。

应届毕业生在签署就业协议时，需高度重视相关细节。应认真查阅用人单位的隶属关系，因为国家机关、事业单位、国有企业通常有人事接收权；而民营企业、外资企业则需通过地方人事局或人才交流中心的审批，方可正式招收职工。此外，协议书必须获得有关方面的签署意见，方可生效。同时，应届毕业生还需要了解各地人事主管部门的特殊规定。现行的就业协议书主要分为三个部分：

（一）签约须知

就业协议是依据教育部颁布的《普通高等学校毕业生就业工作暂行规定》（以下简称《暂行规定》）制定的。《暂行规定》第二十四条规定：“经供需见面和双向选择后，毕业生、用人单位和高等学校应当签订毕业生就业协议书，作为制定就业计划和派遣的依据。”由此可见，毕业生就业必须签订就业协议书。签约须知中明确了七项内容，具体分述如下：

第一，“毕业生应按国家规定就业，向用人单位如实介绍自己的情况，了解单位的使用意图，表明自己的就业意见，在规定的时间内到用人单位报到，若遇到特殊情况不能按时报到，需征得用人单位同意”。在签署就业协议书之前，毕业生应首先充分了解国家有关毕业生就业的各项方针政策。签订协议时，毕业生的个人情况必须符合这些政策的规定，且遵循相应的程序。否则，就业协议有可能被判定为无效。毕业生在与用人单位进行双向选择的过程中，必须如实介绍自己在道德、智能、体能等各方面的真实情况，禁止提供虚假信息。此外，毕业生在签订就业协议之前，也需了解用人单位对其的雇用意向和所提供的岗位是否符合自己的专业知识和实际情况，对于已经与用人单位签订就业协议的毕业生，他们需要及时到用人单位报到，如果因为特殊原因无法按时报到，必须事先获得用人单位的同意。

第二，“用人单位要如实介绍本单位的情况，明确对毕业生的要求及使用意图，做好各项接收工作。凡取得毕业资格的毕业生，用人单位不得以学习成绩为由提出违约。未取得毕业资格的结业生，本协议无效。”本条款是对用人单位提出的要求。对于用人单位，其在与毕业生进行洽谈的过程中，需要全面、真实地向毕业生介绍单位的地理位置、性质、规模、生产的产品类型、居住条件以及待遇情况等。用人单位还需针对毕业生所学的专业，明确介绍工作岗位的具体需求。对于这些信息，用人单位禁止提供虚假的说明。当毕业生到达用人单位时，该单位应负责做好接收工作，包括但不限于处理毕业生的人事关系转移手续、做好档案的接收工作、安排具体的工作内容以及为毕业生提供基本的生活保障，包括饮食和住宿等。用人单位还需向毕业生介绍本单位的规章制度。对于已经正式获得学校颁发的毕业证书的毕业生，用人单位不得以其在学习过程中存在重修情况为由，拒绝接收或提出违约，更不能将毕业生退回学校。

第三，“学校要如实向用人单位介绍毕业生的情况，做好推荐工作。用人单位同意录用后，经学校审核列入建议就业计划，报教育厅批准，学校负责办理派遣手续。”该条款包含两个主要内容：首先，学校作为协议签订的一方，需要真实、准确地向用人单位展示毕业生的基本情况，并负责推荐合适的毕业生；其次，学校还拥有管理和审核的责任，需要对毕业生与用人单位签订的就业协议书进行仔细审核，以确保协议的内容符合国家的相关政策和学校的规定。若协议符合上述标准，学校则会将其纳入建议性的就业计划中。在此之后，建议性的就业计划将提交给教育部门，经过审核和批准后，方可成为正式的就业计划，并由学校负责为毕业生办理相关的就业手续。

第四，"学校应在学生毕业前安排体检，体检不合格者不派遣。如果用人单位对毕业生身体条件有特殊要求，原则上应在签订就业协议书前进行单独体检，否则，以学校体检为准。"该条款规定，毕业生在离校前，学校应组织进行一次身体检查，并根据检查结果给出明确的结论。这一措施既是对用人单位负责的表现，也是对毕业生的关心。对于那些身体状况不佳的毕业生，学校将建议他们返回家中进行休息和治疗，待其身体恢复健康后，学校将在第二年重新安排其就业。

第五，"毕业生、用人单位、学校三方如有其他约定，应在备注中注明，并视为本协议书的一部分。"该条款规定，在毕业生、用人单位和学校三方签署就业协议书的过程中，若存在一些额外的事宜或特殊的协定，应当将这些内容明确地记录在就业协议书的备注栏内。需要特别指出的是，对于这些额外的协定，相关方必须在备注栏内签字并加盖印章，以保障协议的正式性和有效性。

第六，"本协议经毕业生和用人单位签字或盖章后生效。"在实际操作中，就业协议书的签署形式多样，包括在学校组织的招聘活动中签订、毕业生直接与单位商谈签约或在人才市场上完成签约等。考虑到实际操作中的复杂性，如用人单位无法携带公章等问题，学校对就业协议书的生效条件和附加条款制定了相应规定。毕业生在签署就业协议时，应仔细阅读并理解学校的相关规定以及协议书中的附加条款，确保协议的合法性和有效性。

第七，“本协议一式三份，毕业生、用人单位、学校各执一份，复印无效。”这一条款旨在确保就业协议的正式性和可追溯性，防止因复印而产生的各类问题，确保就业协议书的法律效力。毕业生和用人单位应严格遵循此规定，以保障双方的合法权益。

（二）签署意见与签字盖章

签署意见与签字盖章分为三个部分：

1.毕业生情况及意见

该部分应当详细填写个人基本信息，如姓名、性别、出生年月、所属民族、政治面貌、教育类型（如“普通高等教育”）、健康状况、所学专业、教育阶段和家庭住址等。特别需要注意的是，在“教育类型”一栏中，国家统一招生计划的学生应注明“统一招生”。此外，毕业生还需在意见栏中明确表达是否同意加入该单位，并记录与用人单位商谈达成的主要条件，以备后续参考。

2.用人单位情况及意见

用人单位部分须填写单位的基本信息，如单位全称、所属行业、联络人姓名、联络电话、单位性质及毕业生档案的邮寄地址等。在意见栏中，用人单位应提出其对毕业生录用的基本观点和任何相关的上级部门意见。

3.学校意见

学校意见分为两级：学院（或系部）意见和学校就业主管部门意见。学院（或系部）意见是基于毕业生所在的基层单位进行的初步审核，并需掌握毕业生的具体就业去向。学校就业主管部门在签字盖章时，代表学校方就就业协议书达成一致。这种三方面的意见和签字盖章机制，确保了毕业生、用人单位和学校之间的沟通更加明确、顺畅，也保障了各方的权益不受侵犯。

（三）毕业生与用人单位双方约定

双方约定是为毕业生、用人单位和学校三者共同制定的其他条款。在这个栏目里，毕业生和用人单位之间的约定如果没有涉及学校的相关规定，没有违反政策，并且只在毕业生和用人单位之间达成协议，那么学校将不会进行干预。

毕业生在收到就业协议书时，应细致阅读并理解合同中的所有条款，并应妥善保管这份重要文件。在确定接受某个工作岗位后，毕业生应认真、负责地签订就业协议书。填写合同时，对于双方已经商定的任何条款，应清晰明确地书写在合同相应的空白部分。对于未填写的空白部分，为了避免未来可能产生的误解或纠纷，应使用斜线标注或注明“无”。签署就业协议书的是毕业生和用人单位这两个主体，学校在这个过程中扮演着监督和服务的角色。在毕业生和用人单位双方签署合同之后，他们应尽快完成所有相关手续，并分别将协议书的副本交给对方和学校，同时保留一份副本作为自己的备份。

二、就业协议的签订

（一）签订的基本原则

就业协议签订的基本原则是指在签订就业协议过程中，毕业生、用人单位和毕业生所在的高校三者需要遵守的基本准则。

1.主体合法原则

这一原则要求所有签订就业协议的主体，无论是毕业生还是用人单位，都必须是具有法律资格和行为能力的主体。毕业生应具备完整的民事行为能力，并且有合法的就业资格，用人单位也应当是依法设立的、具备合法经营资格的组织。这一原则的目的是确保就业协议的合法性和有效性，避免因主体资格问题导致的合同纠纷或法律责任。主体合法原则还保障了双方在就业关系中的权益，确保了合同的执行和履行符合国家法律法规，维护了劳动市场的正当秩序。

2. 平等协商原则

平等协商原则要求毕业生和用人单位在签订就业协议时，双方必须在完全平等的基础上进行协商。这意味着，无论是毕业生还是用人单位，都不应在协议中施加不公平的条件或承担不合理的责任。平等协商原则确保了双方权益的平衡，使得双方在就业协议中的权利和义务能够得到公正处理。平等协商原则也体现在信息的透明和沟通的充分上。在协议签订过程中，用人单位应向毕业生明确说明工作内容、工作地点、薪酬福利、工作时间等关键信息，而毕业生也应真实反映自己的能力和条件。这样的全面沟通可以减少误解和未来的纠纷，确保双方在清晰、明确的基础上达成共识。

3. 诚实信用原则

“诚”即为真实、不虚假，不进行欺诈行为；“信”则意味着遵守承诺，重视信用。用人单位非常重视毕业生的诚信度，因为在社会中，诚信是维系人与人之间关系的重要链条，从古至今，中国文化中都非常重视诚信，视其为比生命还重要的价值。

4. 学校鉴证原则

毕业生和用人单位在签订就业协议后，需将协议提交给学校进行鉴证。学校在鉴证过程中会检查协议的各项条款，确保它们符合国家法律法规和教育部门的规定，并且保证双方权利义务的均衡。学校的鉴证工作是对协议内容的审查，也是一种对毕业生权益的保护措施。学校通过鉴证过程可以发现并纠正协议中可能存在的不平等条款，如不合理的劳动条件、薪酬标准等，确保毕业生不会因信息不对等或经验不足而处于不利地位。

（二）就业协议签订程度

毕业生与用人单位达成一致后，签约程序如下：

（1）毕业生认真如实填写基本情况及应聘意见，并签名；

（2）用人单位、主管部门及人事调配部门签署意见；

（3）用人单位将档案详细转递地址填好；

（4）各院系签意见；

（5）学校就业指导中心签意见；

（6）省就业指导中心签证。

需要说明的是，在签订就业协议的过程中，遵守程序，让学校进行最后的审查和签章，对于保障毕业生的合法权益尤为关键。有时，毕业生为了简化流程，可能会请求学校先行签章，然后再将协议提交给用人单位，这样做存在潜在的风险，从而导致不良的后果。学校在整个过程中起到的作用是不可小觑的，既要确保所有签约流程的完整性，还要通过仔细的审核确保协议的合法性和毕业生权益的保护，若因为手续不完备或其他因素导致毕业生无法顺利到用人单位报到，或在提交报方案时遇到问题，将无疑增加毕业生的心理负担，影响其顺利踏入社会的步伐。所以，遵守签订就业协议的规范流程，让学校发挥其应有的作用，是确保毕业生权益不受侵犯的重要环节。

（三）就业协议签订的注意事项

签署毕业生就业协议时，协议中规定的双方权利和义务将具有法律效力，并直接关系到毕业生的个人利益。毕业生在签约过程中需要谨慎行事，以保护自己的合法权益。

1. 充分了解相关就业政策及学校的相关就业规定

这些政策和规定为毕业生的就业方向提供了明确的指引，帮助毕业生明确自己的权利和义务，了解哪些事情是可以做的，哪些事情是不可以做的，如何正确地去做。值得一提的是，国家和地方政府的就业政策通常鼓励毕业生到西部地区、基层贫困地区就业，通过提供奖学金等方式，支持毕业生的就业选择。

2. 认真阅读协议书中的所有条款

毕业生需要仔细理解每一条款的内容和含义，确保自己的权益不受侵犯。如果在阅读协议时遇到不明白的地方，可以向学校的就业指导部门或法律专业的人士求助。在签约过程中，毕业生还需要掌握正确的签约步骤，学会运用协议条款，确保在签订就业协议时能够做到心中有数，不会被用人单位的附加条款所束缚。毕业生要着重注意以下几点：

（1）了解用人单位的人事权力情况，包括单位的决策层级、决策者的身份、人事管理的结构以及决策过程中人事部门的作用。掌握这些信息对毕业生理解自己将要进入的工作环境至关重要。首先，了解用人单位的决策层级和决策者的身份可以帮助毕业生判断单位的管理风格和决策透明度。其次，对人事管理结构的认识可以让毕业生预见可能的职业发展路径及晋升机会。最后，了解人事部门在决策过程中的作用能帮助毕业生评估单位内部的人际关系和工作环境。

（2）对用人单位的资质进行核实。检查用人单位是否具有合法的营业执照和相关行业资质证明，这可以通过查询政府相关部门的官方网站或直接向单位索要证明文件进行核实。通过网络搜索、询问行业内人士或查阅相关评价，了解单位的市场信誉和历史表现，以评估其稳定性和信誉度。了解单位在所属行业的地位，包括其市场份额、业务范围以及与其他重要企业的合作关系等，这能够帮助毕业生预判未来的职业发展空间。

（3）遵循正确的签订程序。毕业生应与用人单位共同商定合同内容，确保双方对协议条款的理解和期望一致。协议的签订应在无压力和自愿的环境中进行，避免任何形式的强迫或误导。签订协议时，双方应当面交流，充分讨论并明确协议中的关键条款，如工作职责、工资待遇、工作时间、合同期限、福利待遇以及解约条件等。毕业生在签订协议前应充分了解并确认自己的权利和义务，对协议中不清晰或模糊的条款应及时询问并要求澄清，重要的是，协议签署后，毕业生和用人单位都应保留一份协议原件，以备日后参考。如果可能，可以邀请法律专家或学校的就业指导人员参与审阅协议，以确保其合法性和透明度。

（4）明确有关条款的内容。毕业生在签约前必须仔细阅读每一条款，确保对条款内容有完整的理解，特别要关注那些关乎个人权利和义务的条款，如工作内容、工作地点、薪酬、福利、工作时间、休假政策、保密协议、竞业禁止条款等。应特别注意合同中的细节，如合同有效期限、续签条件、解约条款等，这些都是影响未来职业生涯的重要因素。如果合同中有不明确或模糊的措辞，毕业生应及时向用人单位询问或寻求法律专业人士的帮助，以避免未来可能出现的误解和纠纷。

（5）关注就业协议与劳动合同的相互衔接，需要确认就业协议中的内容是否与劳动合同中的条件一致，包括工作职责、工作地点、工资待遇、工作时间、休假政策等。任何差异都应该被明确地指出和讨论，确保未来劳动合同中不会出现意外的变化或不利于自己的条款。毕业生应注意，就业协议通常是在正式签署劳动合同之前的一种初步协议，因此，它不应涵盖劳动合同中的所有详细条款，但其基本内容应与未来的劳动合同相符。如果就业协议中包含了对未来合同有约束力的条款，如违约金等，这些内容就需要被特别关注。在签署就业协议之前，毕业生应确保自己完全理解协议内容，并对其后果有充分的认识，在必要时，可以寻求法律顾问的帮助，确保自己的权益不受侵害。

（6）注意协议中关于合同解除条件的条款。这些条款决定了在何种情况下毕业生或用人单位可以中止合作关系以及解除合同所需遵循的程序和潜在的责任。条款内容应包括但不限于合同解除的具体理由，例如工作表现不佳、违反公司规章制度、经济裁员、健康问题等。这些条款还应明确双方在解除合同时的义务，如提前通知的期限、赔偿金的支付、工作交接的程序等。认真理解这些条款对毕业生而言至关重要，因为它们直接影响未来的职业生涯和法律责任，签订协议前，毕业生应确保自己对所有解除条件有充分的理解，知道在何种情况下自己或用人单位可以合法终止合同，并了解相关的法律后果。

（7）应特别关注协议中的备注栏。这一栏通常用于记录特殊的、非标准的或额外的条款，可能包括工作地点、薪资、福利、工作时间、特殊职责等与标准合同不同的内容。这些条款可能对毕业生的工作环境和期望产生重要影响。毕业生在阅读和理解这些条款时，应考虑其合理性和可接受性，例如，工作地点的改变可能会影响生活成本和通勤时间，特殊职责可能需要额外的技能或经验。如果备注栏中的某些条款不合理或超出了毕业生的能力范围，应及时与用人单位进行沟通，以便修改或调整。在签署协议之前，重视这些特殊条款的评估至关重要，以避免未来可能出现的工作困难或不满情绪。

三、就业协议的解除

（一）就业协议的解除分类

1. 单方解除

单方解除包括一方擅自解除和一方依法或依协议解除两种情况。如果一方擅自解除协议，那么这种行为属于违约，解约方需对另外两方承担违约责任。而依法或依协议解除指的是，当一方有法律或协议规定的依据去解除就业协议时，如学生未取得毕业资格，那么用人单位就有权单方解除就业协议。同样，毕业生如果被录取为研究生，则可解除就业协议。根据协议规定，如果毕业生未通过用人单位所在地组织的公务员考试，用人单位有权解除协议。在这些情况下，解除方无须对另两方承担法律责任。

2. 三方解除

三方解除是指毕业生、用人单位、学校三方通过协商一致，解除原先达成的协议，使协议失去法律效力。由于这种解除是三方真实意愿的一种体现，因此三方都不需要承担法律责任。但是，三方解除协议需要在上报主管部门的就业计划之前完成，如果是在就业派遣计划下达后进行的三方解除，那么还需要得到主管部门的批准。

毕业生、用人单位、学校签署的就业协议书一经成立，就具有法律效力，任何一方都不能擅自解除协议。如果有一方违约，那么违约方需要根据协议条款向权利受损的一方支付违约金。根据实际情况，大多数的就业违约情况是由毕业生违约造成的。

（二）解约手续的流程

毕业生一旦与用人单位签订就业协议，双方就已构成契约关系。毕业生如因故需要终止与原签约单位的协议，必须按所在学校规定办理解约手续。

第一，材料准备。主要包括以下材料：

（1）原签约单位书面同意解除协议的函件（原件）；

（2）新单位同意接收的函件（原件）；

（3）原签约的协议书；

（4）本人要求违约的书面申请。

第二，毕业生需从学校的就业网站下载并完成解除就业协议的申请表格，然后将其提交给所属系部（或分院）负责毕业生就业工作的辅导员以及主管领导，以获取他们的签字和意见。

第三，学校的就业主管部门将对毕业生提交的解约申请材料进行审核和批准。审核通过后，将获得新的就业协议书。对于手续不齐全、材料存在虚假情况，或是对学校声誉产生较大影响的解约申请，学校将予以拒绝或延迟审核。

第四，对于曾经办理过解约手续的毕业生，一旦与新单位签署合同后，学校将不再接受其再次提出的解约申请，原则上也不接受在签约后一个月内提交的解约申请。

第五，若毕业生选择继续深造（不论是国内还是国外的学校），或是被录取为国家公务员，只要取得原工作单位的书面同意，那么他们将不受解约受理时间的限制，随时可以提交解约申请。

四、劳动合同的概念、类型

劳动合同是用人单位和劳动者之间签订的，用以明确双方在劳动关系中各自权利和义务的正式文件，也是他们履行劳动权利义务的法律依据。通常，劳动合同可以分为固定期限、无固定期限和以完成特定工作任务为期限这三种类型。

固定期限劳动合同指的是用人单位和劳动者在合同中约定了终止时间的一种形式。当约定的合同期限届满，若双方均无意续签合同，则劳动合同自然终止；反之，若双方均有意愿续签合同，则可根据协议再次签订。

无固定期限劳动合同则是双方未约定具体终止时间的合同形式。在法律法规所规定的解除条件未出现以及未达到法定终止情况或双方约定的变更条件时，该类型合同可持续有效，直至劳动者达到法定退休年龄。

以完成特定工作任务为期限的劳动合同则是以任务的完成为合同终止的依据。一旦约定的工作任务已经完成，劳动合同随之终止。

劳动合同的签订是双方确立劳动关系的重要手段，也是明确双方在劳动关系中权利和义务的基础。通过明确的合同条款，可以使双方的权利和义务更加清晰，从而维护双方的合法权益，也为潜在的劳动争议提供法律依据。

五、劳动合同订立的程序

实践中，劳动合同订立程序一般有以下几个步骤：

（1）需要用工并具有用工权的单位向社会公开发布用工（招聘）公告或广告。

（2）劳动者报名应招。

（3）用人单位对前来应招的报名者进行考核。

（4）确定符合条件的劳动者并通知对方。

（5）签订书面劳动合同。劳动者和用人单位协商一致后在劳动合同上签字盖章生效，劳动合同文本由劳动者和用人单位各执一份。

《中华人民共和国劳动合同法》第七条规定：“用人单位自用工之日起即与劳动者建立劳动关系。”第十条规定：“建立劳动关系，应当订立书面劳动合同。已建立劳动关系，未同时订立书面劳动合同的，应当自用工之日起一个月内订立书面劳动合同。”所以，签订书面劳动合同不是劳动关系成立的形式要件，而是用人单位的一项法定义务，事实劳动关系也应该被纳入法律调整范围之内。

六、劳动合同的终止、变更和解除

（一）劳动合同的终止

劳动合同的终止，是指符合法律规定情形时，双方当事人的权利义务不复存在，劳动合同的效力即行消灭。劳动合同只有法定终止，没有约定终止。根据《中华人民共和国劳动合同法》第四十四条规定，下列情形出现时，劳动合同终止：劳动合同期满的：劳动者开始依法享受基本养老保险待遇的：劳动者死亡，或被人民法院宣告死亡或者宣告失踪的：用人单位被依法宣告破产的；用人单位被吊销营业执照、责令关闭、撤销或用人单位决定提前解散的；法律、行政法规规定的其他情形。

根据《中华人民共和国劳动合同法》第四十二条规定，有下列情形的，劳动合同到期也不得终止，应延迟至相应情形消失时终止：从事接触职业病危害作业的劳动者未进行离岗前职业健康检查，或者疑似职业病病人在诊断或者医学观察期间的；在本单位患职业病或者因工负伤并被确认丧失或者部分丧失劳动能力的；患病或者非因工负伤，在规定的医疗期内的；女职工在孕期、产期、哺乳期的；在本单位连续工作满十五年，且距法定退休年龄不足五年的；法律、行政法规规定的其他情形。

（二）劳动合同的变更

劳动合同的变动，是指在劳动合同尚未执行完毕的情况下，根据法律的相关规定和程序，对原劳动合同的内容进行调整或者增减的行为。若劳动合同的主客观状况发生了改变，雇主和劳动者双方可以在自愿、平等、协商的基础上，对劳动合同的条款进行相应的调整。劳动合同的调整需以书面形式进行。

（三）劳动合同的解除

劳动合同的解除，指的是在劳动合同的期限未到前，依法提前终止劳动合同的法律行为。根据具体情况的不同，劳动合同的解除可分为以下几种类型：

1. 合意解除劳动合同

这是指劳动者和用人单位通过协商，达成共识后，共同解除劳动合同。若解除协议是由雇主提出的，雇主需要向劳动者支付相应的经济补偿。

2. 用人单位单方解除劳动合同

在符合法律规定的特定条件下，用人单位有权单方解除劳动合同，不需要经过双方的协商和达成共识。《中华人民共和国劳动合同法》第三十九至四十二条对用人单位单方解除劳动合同的具体条件和程序进行了规定。

3. 劳动者单方解除劳动合同

在符合法律规定的特定条件下，劳动者有权单方解除劳动合同，不需要经过双方的协商和达成共识，也不需要征得用人单位的同意。劳动者单方解除劳动合同的具体情况包括预告解除和用人单位违法解除两种，相关规定见《中华人民共和国劳动合同法》第三十七条和第三十八条。

第三节　违约责任与劳动争议

一、违约责任

经过“双向选择”，毕业生被用人单位录取后，双方应通过就业协议书的形式确定下来。用人单位不得无故拒收毕业生，否则将按违约处理，用人单位应缴纳违约金，并向毕业生支付约定的经济赔偿。同样，毕业生也不能随意违反合同、更换单位，若毕业生单方面违反合同，学校将根据具体情况对其进行批评教育，并征询用人单位的意见，若单位同意，毕业生应向学校和用人单位支付约定的违约金。

违约是毕业生的一项权利。毕业生与用人单位签订就业协议书后，因特殊原因和情况无法或不适宜到已签约的用人单位工作时，毕业生本人可以提出违约。但是，违约权利的行使应符合就业协议中违约条款的规定，并承担相应的违约责任。

（一）违约责任及毕业生违约后果

毕业生违约后，除需承担支付违约金的责任外，还可能造成以下不良后果：

（1）导致用人单位的时间资源浪费，工作进度受阻；

（2）使学校管理受到质疑，声誉受损；

（3）造成对其他毕业生的就业信息浪费，影响其他毕业生的就业机会。因此，毕业生在就业过程中需慎重考虑，认真履行合同条款。

（二）毕业生就业违约的几种状况

1.草率签约

在激烈的就业市场竞争中，为了把握每一个机会，有的毕业生在得知自己被用人单位录用时，会非常兴奋，随即与该用人单位签订协议，但实际工作开始后，他们可能发现自己并不适合这份工作，或者在产生纠纷后，发现双方的权利和义务并不清晰，这时他们可能会无奈地选择违约。

2.先后与多家单位签约

为了提升就业的可能性，拓宽自己的选择空间，部分毕业生会采取与多个用人单位签订就业协议的方式。在签署了多份协议之后，他们会从中筛选出待遇最优厚、最符合自己期望的工作单位，进而决定加盟。而对于其余未被选中的用人单位，这些毕业生就会出现违约的情况，这种做法虽然在短期内能够增加毕业生的选择权，但在长期看来，却有可能影响到他们的信誉和职业发展。

3.用人单位欺诈

在招聘过程中，一些用人单位为了吸引杰出的毕业生加盟，会做出一系列的口头承诺，然而却不会把这些承诺明确地写入正式的就业协议当中，结果就是，当大学毕业生签署协议、进入单位工作后，发现先前的承诺并未得到兑现。面对这种情况，毕业生可能会产生愤慨之情，但由于缺乏具体的证据来要求单位履行承诺，最终只能选择违反协议，选择离开。

4.其他违约行为

除了上述情况外，还有一些特殊情况，如毕业生家庭发生意外、出国、参军、选干、考取专升本或研究生等，这些情况可能导致他们无法履行与用人单位签订的协议。

（三）签订就业协议的违约责任形式

1. 继续履行的责任构成形式

继续履行责任的构成形式，亦称作强制履行，其核心在于违约方未按约定执行合同，守约方通过法院要求违约方继续履行合同义务。其具体构成要件包括：

（1）违约行为的发生；

（2）守约方的请求，即要求违约方继续履行合同义务；

（3）违约方有能力继续履行合同义务。

据此规定，在就业协议签订后，若毕业生或用人单位出现违约情形，一方有权要求违约方继续履行合同，按照原定计划进行聘用。

2. 赔偿损失的责任构成形式

赔偿损失的责任构成形式指的是，当债务人不履行合同债务时，需依法赔偿债权人因此而受到的损失。

一旦毕业生或用人单位违约，需赔偿对方的损失，通常以支付违约金的形式实现。违约金责任，或称违约罚款，通常是当事人事先约定或法律直接规定的，在一方不履行合同时，向另一方支付一定数额的金钱，也可是某一定价值的财物。

3. 就业协议违约金责任的构成

在就业协议违约金责任的构成上，有以下几点需注意：

（1）一方存在违约行为，即未按原定计划进行聘用或应聘，至于违约行为的具体类型，需视双方的约定或法律的规定而定；

（2）通常要求违约方存在过错，无论是故意还是过失；

（3）若就业协议的签订本身存在无效情形，那么违约金的约定亦无效。

（四）就业协议争议的解决途径

《普通高等学校毕业生就业工作暂行规定》在涉及就业协议争议的处理上，还尚缺具体规定。在目前的实际操作中，解决争议的方法主要包括以下几种：

（1）毕业生与用人单位通过协商来达成解决方案；

（2）学校介入，代表毕业生与用人单位进行协商；

（3）寻求所在地省级负责毕业生就业工作的部门协助解决；

（4）协商不成时，毕业生可依法向人民法院提起诉讼，以法律程序解决争议。

目前，国家正在积极探索深化毕业生就业制度改革的方向，以适应社会主义市场经济的发展及其所带来的新需求，不断完善相关的法律法规体系。

二、劳动争议

（一）劳动争议处理的基本原则

劳动争议的处理应遵循一系列基本准则，确保劳动争议调解、仲裁、司法机构在处理劳动争议的过程中公平、合法、高效地进行。中国处理劳动争议的基本原则主要包括依法处理原则、重视调解与及时解决原则、法律适用的平等原则。

1. 依法处理原则

依法处理即要求劳动争议机构和涉及劳动争议的各方，在确立事实的基础上，通过协商或法律手段解决劳动争议。在处理劳动争议的过程中，应严格遵守法律规定的程序和权利义务要求，同时遵循法律的效力层次，依法进行处理。

2. 重视调解、及时处理原则

重视调解意味着在解决劳动争议的过程中，应积极运用调解这一手段。调解是解决劳动争议的重要环节，应在当事人自愿调解的前提下，合法、迅速进行处理。当出现当事人不愿调解或调解未能达成协议的情况时，应立即做出裁决，以保障当事人的合法权益。及时处理指的是劳动争议的处理应按照调解、仲裁、诉讼的相关程序要求，迅速进行处理，确保劳动争议各方的权益得到维护。

3. 法律适用平等原则

劳动争议各方在劳动关系中虽然存在隶属关系，但其法律地位应是平等的。在应用法律解决劳动争议的过程中，不应有任何歧视行为，要坚持法律面前人人平等的原则，依法处理争议中的权利和义务关系。

（二）劳动争议处理的基本程序

1. 协商

劳动争议产生后，双方当事人首先应通过协商的方式尝试解决问题。如果协商取得成功，双方可达成和解协议，随后由当事人自愿执行和解协议。需注意的是，和解协议不具有法律上的强制执行力，协商也并非解决劳动争议的唯一路径。

2. 调解

当协商未能达成一致、双方不愿协商，或达成和解协议后未履行协议的情况下，当事人有权向调解组织提出调解申请。调解组织在接到申请后，应当在15日内完成调解工作。如果调解未能在规定期限内达成协议，当事人可向劳动争议仲裁委员会提出仲裁。调解达成协议后，应制定调解协议书，该协议书一经生效，便具有法律效力。在协议规定的期限内，如一方未履行调解协议，另一方可依法申请仲裁。值得一提的是，调解并非劳动争议解决的必经程序，当事人也可不经过调解，直接向劳动争议仲裁委员会提出仲裁申请。

3. 仲裁

仲裁是解决劳动争议的关键环节。若一方当事人提出仲裁申请，且争议案件符合仲裁受理范围，仲裁委员会即可受理该案件。在仲裁裁决书产生法律效力后，若一方未按期履行裁决，另一方有权向人民法院申请强制执行。在劳动争议案件中，若当事人欲将案件提交法院审理，必须先经过仲裁程序。未经仲裁的劳动争议案件，人民法院将不予受理。

4. 诉讼

如果当事人对仲裁裁决不满意，可在收到仲裁裁决书的 15 日内向人民法院提起诉讼。对于经过仲裁且已提交法院的劳动争议案件，人民法院应当予以受理。人民法院审理劳动争议案件时实行两审终审制度。在一审审理结束后，若当事人对判决结果不满，有权在 15 日内向上级人民法院提起上诉；若对一审裁定不满，可在 10 日内向上级人民法院提起上诉。二审法院做出的裁决为终审裁决，该裁决自送达之日起产生法律效力，当事人有义务予以遵守并执行。

第八章　大学生就业指导路径

第一节　思想政治教育融入大学生就业指导工作

一、思想政治教育概述

（一）思想政治教育的内涵

学者陈万柏、张耀灿在《思想政治教育学原理》中指出，思想政治教育是一种社会实践活动，旨在通过道德规范和思想政治观念，对社会成员进行有组织、有计划和有目的的影响，使其形成符合特定阶级需要的品德。此类教育为教育的综合实践，以思想政治教育为核心和重点，包含思想、道德、心理等具体内容。

（二）思想政治教育的作用

人的精神世界由政治思想、世界观、道德品质和心理素质相互连接、相互制约、相互影响而成，通过思想政治教育，人们能够坚定政治方向，发挥主观能动性。从目的性来看，思想政治教育符合人的精神世界活动规律，有助于各类教育活动的互相促进，有助于实现人的全面发展和推进中国特色社会主义的伟大实践。

人的行为是精神力量和物质力量综合作用的结果，思想能够决定行为，人的道德品质、心理素质都直接影响和决定行为，思想政治教育有助于完善和规范大学生的行为，使其方向正确、态度积极，进而实现自由全面的发展目标。作为一种人格教育，思想政治教育在提升人的素质和完善人格方面也具有重要作用。

二、思想政治教育融入大学生就业指导工作的体系建构

教育部在《关于做好2023届全国普通高校毕业生就业创业工作的通知》中指出：深入推进就业育人，各地各高校要把就业教育和就业引导作为“三全育人”的重要内容，深入开展就业育人主题教育，引导高校毕业生保持平实之心，客观看待个人条件和社会需求，从实际出发选择职业和工作岗位。开展就业育人优秀案例创建活动，选树一批就业典型人物，积极引导高校毕业生到祖国需要的地方建功立业。《通知》明确提出在大学生就业指导工作中必须贯穿思想政治教育。

（一）思想政治教育融入大学生就业指导工作的理论基础

就业的核心问题就是应该树立什么样的就业观念、怎样实现高质量就业的问题，简单说就是想就业、能就业和就好业的问题。就业问题涉及就业观念、心态、能力和品质等诸多方面，而这些正是思想政治教育需要重点关注的内容。

马克思在《德意志意识形态》一书中首次正式提出了“个人的全面发展”这一概念，并在众多经典文献中对这一主题进行了深入阐述。马克思、恩格斯的人的全面发展理论内涵丰富，其终极目标是实现人的智力和体力在生产劳动实践中的自由、和谐发展，以使人成为一个全方位发展的个体和精通整个生产系统的人。马克思认为人应该全面发展，成

为一个完整的个体，拥有自己的全面本质，基于此，马克思进一步系统地阐述了人的发展需要经历由低级到高级的多个阶段。

人的全面发展不仅是人类自身的解放，也是消除私有制和实现共产主义的重要条件，在人的全面发展理论的基础上，马克思构建了人类社会形态发展的进步学说。实现人的全面发展离不开全面的教育，包括德育、智育、体育、美育以及劳动实践等方面。此外，这种教育还应涵盖培养健康人格和正确处理人际关系的能力等多个方面。人的全面发展理论是一个内涵丰富的理论体系，其含义包括以下几点：

1.人的劳动能力的全面发展

劳动是区分人与动物的根本标志，它展示了人的本质力量，人的全面发展首先是劳动能力的全面发展，是人通过劳动改造世界的能力的成长。在《资本论》中，马克思解释道："劳动力或者劳动能力，可理解为人的身体，即人在生产某种使用价值时运用的体力和智力的总和。"在此，体力和智力的协调发展涵盖了劳动技能、生产经验和科学文化知识等多方面。人的发展是在劳动实践中实现的，人通过劳动实践活动改变自身，不断创造物质和精神财富，不断提升各方面素质。劳动不仅是实现人的全面发展的途径，还展示了人的本质力量，人的解放与发展是在劳动中实现的，人发展的核心便是劳动能力的提高。

2.人的社会关系的全面发展

社会关系实际上决定了人能够发展到何种程度。人与人之间在心理、情感、信息等方面的交流都是在社会关系的背景下进行的。人在社会关系中技能获得成长与进步，还能不断丰富社会关系。社会关系的全面发展包括社会关系的不断丰富和拓展以及社会关系样态的协调与和谐。人的全面发展建立在社会关系的发展基础之上，人的社会关系的发展是检验人全面发展的重要内容和价值要求之一，它强调人在社会关系中的主体地位。人的社会关系的全面发展也代表着人类突破地区、地域、狭隘共同体、种族等界限，建立真正的共同体，推动人类社会历史向世界历史的进程。

3. 人的素质的全面发展

人的素质是一个包含众多方面的概念，可从人的需求、活动、能力等多个角度进行深入探讨。人的需求是其本性的反映，是驱使人投入劳动实践活动的根本动力，人的需求的不断丰富，正是人的发展的根本所在。需求，作为发展的内在推动力，随着人的发展而不断丰富，体现出人的全面性。在实践中，人不断寻求满足自己的需求，进而实现自我发展。人的生存与发展涉及多重需求，从基础的物质需求、生活需求，到高层次的社会关系需求及精神需求，人的多元化需求成为社会发展的强大动力。因此，人的需求在一定程度上反映了其发展水平，实现人的发展，就要不断满足其需求。

人的实践活动是满足需求的手段。在实践活动中，人的想象力、意志力及激情得以展现和释放，人的价值得以肯定，需求得以满足。另外，活动也是人生存的基本方式，人的全面发展是在活动中得以实现的，这就要求社会的每个成员都能够全面发展其才能。

人的能力的发展则包括实践能力、认识能力、审美能力等多个层面。其中，实践能力是人的体力和智力的综合体现，认识能力包括感知能力和思维能力，审美能力则涵盖了人的情感、意志、思维等多个方面。

（二）思想政治教育融入大学生就业指导工作的价值意蕴

大学生作为国家未来的中坚力量，自然成为国家重点关注的就业群体。随着时间的推移，就业形势和环境的变化，社会对人才选拔与使用的问题愈发关注，就业市场也对高校毕业生提出了更高的要求，既要求其具备扎实的专业知识和较强的实际操作能力，更要求其拥有优秀的思想素质、身体素质和良好的心理状态。由此可见思想政治教育在大学生就业指导工作中的重要性。

1.思想政治教育融入大学生的就业指导工作是满足人的全面发展需求的本质要求

不论是思想政治教育，还是就业指导教育，其关注的焦点都是人，且其最终目标都是推动人的全面发展。将思想政治教育融入大学生的就业指导工作，意在对学生的就业实践活动产生积极的影响。从人的生存需求角度来看，人的需求可以划分为物质需求和精神需求两大类，而人的精神世界则更依赖于思想政治教育的引导。在就业指导的过程中，要借助思想政治教育引导大学生摒弃单纯的物质需求，追求精神境界的提升，更好地实现个体的全面发展。毕业后，就业一方面带给大学生个人发展的机会，另一方面可以使其在职业发展过程中，体验社会真善美，修炼自身品质，完善职业道德的过程，帮助其更好地融入社会。

思想政治教育作为一种调节功能，能够引导大学生理解和掌握社会主流意识形态，对大学生进行客观、精准的时政教育，在就业过程中更好地解决矛盾，协调各种问题，确保就业的稳定性，维护社会的和谐稳定，这也是实现大学生高质量就业的前提条件，更是构建社会主义和谐社会的内在要求。最后，通过校园文化载体、第二课堂、社会实践等形式，可以营造一个积极的就业氛围。这样，思想政治教育和就业指导能够协同发力，形成一个良好的就业教育生态环境，更好地指导大学生走向社会，为国家的未来做出贡献。

2.思想政治教育融入大学生就业指导工作是落实就业育人的重要举措

育人是教育的核心目标，而大学生就业指导则是育人工作的重要组成部分，将思想政治教育纳入大学生就业指导工作的过程中，是实现就业育人目标的本质需求。思想政治教育与就业指导教育互为补充，共同勾勒出教育的“同心圆”。

将思想政治教育与学生的职业发展教育相结合，使其贯穿在高校的就业工作之中，是一个重要的步骤。思想政治教育可以为大学生提供就业形势和就业政策方面的指导，正确引导他们看待就业过程中可能遇到的各种现实问题，帮助毕业生及时调整他们的就业心态，转变就业观念，引导他们树立正确的成才观，主动将“有理想、敢担当、能吃苦、肯奋斗”的成才目标融入为人民服务的实践中。学生将立志扎根基层，奔赴祖国需要的地方，积极投身于建设社会主义现代化强国的伟大征程。

将思想政治教育融入大学生就业指导工作，意味着在学生成长和生活的实际问题上提供更为贴切的服务，从而更有效地促进学生成才，也能增强思想政治教育的实效性。当思想政治教育与就业指导教育同向同行时，对大学生进行劳动价值观、就业价值观、职业道德等方面的教育，将会大大提升就业指导的整体质量。

3. 思想政治教育融入大学生就业指导工作是实现高质量就业的重要举措

高质量就业关注毕业生找到工作的情况，更注重毕业生在哪里工作、就业的满意度以及毕业生就业后的可持续发展等质量方面的问题。这对于就业指导工作提出了更高的要求，高校就业指导工作除要为学生提供足够的就业岗位外，还要在就业过程中引导大学生建立正确的价值观，培养积极的就业心态，提升就业的软实力和竞争力，以便更好地将个人的奋斗目标与国家的前途、民族的命运紧密相连，全身心投入中华民族伟大复兴中。

思想政治教育在新生阶段的就业指导中，主要帮助大学生确定明确的职业发展方向，树立职业理想；在大学生进入专业学习阶段后，思想政治教育在就业指导中的主要任务是引导大学生将学术学习和提升就业能力相结合，通过实践来锻炼自己的就业能力，培养吃苦耐劳的精神。在大学生毕业阶段，思想政治教育主要是引导大学生正确、客观地认识就业形势，帮助大学生分析和解决就业过程中可能遇到的问题，引导大学生正确处理国家的需求和个人理想之间的关系，树立正确的职业道德观和劳动观。

（三）思想政治教育融入大学生就业指导工作的内容呈现

思想政治教育要根据社会的现实需求，针对教育对象的思想实际和问题实际，有目的、有计划地融入就业指导过程中，主要内容有以下几个方面，如图 8-1 所示。

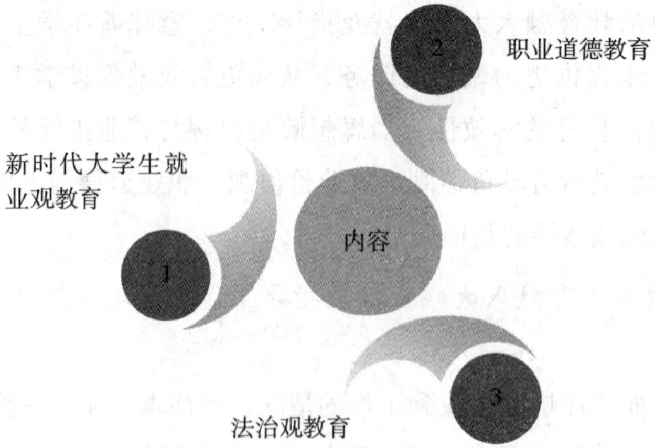

图 8-1　思想政治教育融入大学生就业指导工作的内容呈现

1. 新时代大学生就业观教育

就业观的内涵丰富，涉及多个学科领域，其核心关注点在于个体如何认识就业、确定就业价值、实现个体社会化等问题。大学生对于就业的选择和认识，受到社会环境、家庭背景、学校教育以及社会舆论等多方面因素的影响，也与个体的价值需求紧密相关。

大学生的就业观呈现出明显的时代特性，随着时间的推移，每个时代的大学生在职业追求和职业理想上都表现出不同的特点。从计划经济时期的服从分配、热爱本职工作，到市场经济背景下以市场需求为导向的就业观，再到如今灵活多元的就业态度，大学生的就业观是其个体发展的结果，也是国家政策、社会变革和人文环境等多元因素综合作用的结果。

当前，复杂多变的社会环境对大学生的就业观产生了一定的冲击，青年在中华民族伟大复兴的新征程中担负的使命，也对大学生的就业观产生深远的影响。对美好生活的追求和对新生活的期待以及劳动市场变革过程中对就业价值的追寻，都会影响大学生就业观的塑造。

面对新时代的现实挑战，如就业供需的矛盾、就业结构的失衡以及大学生自身就业准备的不足等问题，大学生需要积极调整自己的就业观，应对灵活多元的就业方式、个性化的就业形态发展以及创业与就业相融合等新的就业形势，从而更好地实现自己的职业发展目标。有关大学生就业观的具体内容，将在本章第四节进行详细论述。

2. 职业道德教育

高等教育的根本使命是培育德才兼备的人才，道德评价体系以善恶为基准，制定个体与他人以及社会的行为准则。道德的形成受传统文化、社会教育、舆论的影响，人们在这些因素的作用下，逐渐形成自己的价值观、信仰和行为习惯，作为社会意识的一种表现形式，道德同样受经济基础的影响并为其服务。

职业道德是人们在从事职业活动时遵循的规范，随着社会分工的逐渐明确和职业化程度的提升，就业市场的竞争越发激烈，对职业人员的素质、观念、技能、态度、纪律和风格等方面的要求也越来越高。职业道德教育是人的社会化过程中必不可少的一环，也是构成大学生就业能力的重要因素之一，它既体现了个人的品格，也为未来的职业道德修养和职业行为习惯打下了坚实的基础。

职业道德教育的目标是使大学生能够将正确的道德认知、自觉的道德养成和积极的道德实践有机结合，磨砺其职业道德意志，筑牢职业道德信念，树立社会主义职业道德，做到社会主义核心价值观中的“敬业”，引导大学生努力成为一名优秀的职工。

3. 法治观教育

在就业指导过程中，大学生的法治观念的培养非常重要，大学生的法治素养是衡量其职业能力的重要方面，当他们进入职场，首先需要面临的是遵守规章制度、劳动权利与义务等现实问题的考验。思想政治教育工作的主要任务是培养大学生的法治思维，提升他们用法治的思维方式来处理和解决问题的能力，加强他们依法行使权利和履行义务的自觉性。

法治观教育包括马克思主义法学理论教育、宪法及相关法律知识的教育，目的是使大学生尊重法律、遵守法律、敬畏法律，成为社会主义法治的忠实支持者、自觉遵守者和坚定捍卫者，把法治的精神和理念内化于心，外化于行，为社会主义建设贡献自己的力量。

三、思想政治教育融入大学生就业指导工作的路径

（一）构建思想政治教育融入大学生就业指导工作的大格局

高校思想政治教育整合到大学生的就业指导工作中，目的是系统、计划和组织地向学生传授就业价值观，将培养正确的就业价值观定位为整合思想政治教育与就业指导的总目标。通过有效的组织形式和顶层设计，构建完善的就业指导体系。

1.掌握思想政治教育融入大学生就业指导工作的总体目标

高校需要紧密围绕培养学生的正确就业价值观这一总体目标展开工作。就业价值观的培养，旨在提升大学生的价值判断与选择能力，引导他们将个人价值与社会价值统一起来，加强道德自律，培养健康的心理状态，并实现个人职业生涯的持续发展。正确的就业价值观建立在对就业形势、国情、供需关系等客观情况的科学认识基础之上，因此，将思想政治教育整合到就业指导工作中成为实现这一任务的关键途径。对大学生的就业指导能够帮助学生掌握必要的就业知识和技能，是向大学生传授正确价值观的主要途径，思想政治教育整合到就业指导工作中的过程中，应该强调将就业价值观与中国特色社会主义体制、中国特色社会

主义基本经济制度、产业结构调整、区域发展战略以及改善民生等问题相结合，使大学生能够深刻认识到就业价值观的广泛渗透性以及其在社会生活的各个方面和领域的重要性，还有与国家的发展规划和政策目标的密切相关性。

2. 加强思想政治教育融入大学生就业指导工作的组织管理和顶层设计

高校党委必须担负起大学生就业的主体责任，全面协调思想政治教育和就业指导的教育教学工作，以培养大学生树立正确的就业价值观为核心，整合教育内容，优化教育路径，充分发挥教育的整体效应，促进深度融合。学校的教务主管部门需要构建覆盖全链条、全过程的思想政治教育融入就业指导的路径，把握住每一个环节，特别是加强评价工作，以评价的质量为导向，提高思想政治教育融入就业指导的实际成效。高校的就业指导中心应当承担起为学生提供直接就业指导的责任，其中包括搜集整理就业信息、分析判断就业趋势，并结合学校实际和学生的具体情况，提出具有指导性的建议等。其中，国家就业政策的传播、就业信息的整合分析等方面尤为重要。在此过程中，高校应当重视心理疏导的作用，及时调整大学生的就业心态，优化心理辅导的效果。

3. 构建良好的思想政治教育融入大学生就业指导工作的氛围

学校的环境和氛围也是推动思想政治教育融入大学生就业指导工作的重要因素，校园文化包括观念形态、制度形态、物质形态等多个方面，也包括校园主流的文化观念，如学校的学风、教风、办学理念等，这些文化因素会在不知不觉中影响每一个师生和员工，对学生的就业价值观的培养起到重要作用，故思想政治教育融入大学生就业指导工作需要良好的校园文化环境作为支撑。

从物质文化的角度来看，校内的宣传板、横幅等都是传播正确就业价值观的重要载体，尤其是那些具有时代特征的宣传标语，如“到祖国最需要的地方去建功立业”“劳动最光荣”“大众创业万众创新”等，更容易得到大学生的认知和认同。

从制度文化的角度来看，学校的升学、奖励、评先评优的活动以及相关制度的设计都应该与大学生是否树立了正确的就业价值观挂钩，发挥制度的导向作用。此外，学校的各种组织机构都应该完善各项制度，为大学生的就业和塑造正确的就业价值观提供常态化的服务，如大学生的实习实训制度、实践教学制度等，都应该体现对就业价值观的培养。

（二）夯实思想政治教育融入大学生就业指导工作的基础

教育内容构成教育活动的核心。为巩固思想政治教育在大学生就业指导中的基础，一是要提升其针对性，紧密关注大学生在求职过程中遇到的思想难题、心理障碍以及他们迫切需要解决的具体问题，以问题为导向，运用思想政治教育手段，协助大学生树立就业信心，同时提供有效的就业辅导。二是要精确掌握国家的就业状况、高校毕业生的就业趋势和最新的就业政策，通过采用实际操作、讲座等多种形式，帮助高校学生建立正确的就业观念，并及时调整其就业预期。三是要明确将思想政治教育与就业指导融合的具体内容，形成完整、系统的教育教学规划，以提升思想政治教育融入就业指导的有效性。

1.问题导向，及时纠正大学生就业价值观的偏颇

思想政治教育在大学生就业指导中的融入应该秉持问题导向的原则，遵循“纠正错误，激励进步，防患未然，挽救失误”的原则，将大学生在就业过程中所遭遇的思想困惑和具体问题作为指导的重点。

第一，对于大学生在就业价值观方面的虚无主义倾向，应当进行积极的引导，某些大学生或许会持有不愿就业或质疑就业价值的错误观点，面对这种现象，教育工作者需要帮助大学生深刻理解并认识到就业的重要性。通过思想政治教育的手段，向大学生阐明拥有职业是每个正常人的基本标志，阐释就业有助于个人学习和思考，也有利于整合知识和信息，使人们能够更好地组织自己的知识体系，不断提升自己。

第二，对大学生固化的就业价值观，应当进行矫正引导。部分大学生可能认为人生中只能从事一种职业，这种思想会对其就业产生不良影响，也可能妨碍人际交往和社会和谐，教育者应当引导大学生认识到职业是一种社会性的符号，更是一种身份的体现，人在社会中扮演的角色是多样化的，人的发展应当是全面的，因此，不应该局限于一种职业。

第三，对于大学生抱有的机会主义的就业价值观，需要进行纠正引导。这种价值观认为就业不是靠能力和实力，而是靠运气，这样的观点会导致大学生在就业市场上随波逐流，甚至产生悲观消极的态度。教育者需要强调引导大学生保持积极的心态，主动面对就业的挑战和压力，遇到就业难题时应当积极寻求解决办法，调整自己的就业心态。

第四，对于大学生持有的分离主义的就业价值观，也应当进行矫正引导。这种观点认为就业与家庭、健康无关，这样的分离主义价值观可能会导致“过劳”现象，甚至产生就业倦怠的情况。每一种职业都传递着其独特的价值观，职业的意义不只在于获得感，不能将职业与生活完全分离，也不应只重视职业技能，忽略了事业的深远意义。

2. 因“势”利导，指导大学生做出正确的就业决策

有效的就业指导既需要解读和分析就业政策，也要帮助大学生提升就业决策能力。当前，中国对于人才的需求总体上并不是过剩，而是表现为区域和行业上的不平衡和不均衡，并且很多领域缺少高质量人才。由于国内东西部经济发展水平存在差异，城市与农村的生活条件也不同，因此一些边远地区和艰苦行业、特殊职业对于人才的需求成为国家经济发展的重要保障。根据木桶理论，补齐短板是实现经济发展和推进地区和行业建设的关键，这也与实现社会主义现代化强国的目标紧密相关。思想政治教育在就业指导工作中的融入，应当运用生动案例的典型教育法，如“守岛英雄”王继才、“第一书记”黄文秀、“索道医生”邓前堆等，引导大学生正确认识就业市场的“内卷”现象，避免“眼高手低”“有业难就有业不就”等情况的发生。在新时代背景下，随着教育改革的不

断深化，就业工作的政策也在相应调整。近两年，就业形势正在面临新的情势，大学生需要精准地分析国家政策和就业形势，实事求是地研究就业市场和政策导向等客观因素，通过剖析问题、看透问题、讲清问题、反思问题，使自身能够从自身实际出发，将个人价值的实现与社会实际相结合，顺应时势，积极主动地寻求就业机会，为自己的发展谋求良好的道路。

3. 强化认知，引导大学生客观认知职业定位

职业是链接个人与社会的重要桥梁，准确的职业定位是幸福人生的基石，也能让个体获得最大的幸福感与成就感。

第一，大学生需要把自己定位为有能力独立谋生的劳动者，这是就业价值观的基础，通过教育，培养学生树立正确的世界观和人生观，发扬自主、自立、自强的精神，坚决摒弃不劳而获的思想，将“热爱劳动为荣，好逸恶劳为耻”的价值观植入大学生心中。还要培养大学生的社会责任感，让他们主动担负起社会责任和义务，拥有吃苦耐劳、甘于奉献的精神，同时养成符合社会规范和道义要求的劳动行为。要引导大学生弘扬创新创造精神，积极适应劳动形态的变革，将解放思想、与时俱进的理念融入日常工作，传承和弘扬社会主义劳动文化，清楚劳动无贵贱之分，任何劳动都是值得尊敬的。通过运用榜样教育方法，让青年学生向劳动模范和大国工匠学习，成为就业的标杆和先驱，做到在平凡的工作岗位创造不平凡的业绩，成为一名勤奋的劳动者和诚实的劳动者。

大学时期是人生的关键发展阶段，学生需要有广阔的视野，将个人的理想与国家和民族的发展紧密结合，科学定位自己的人生和职业发展方向，把“修身、齐家、治国、平天下”的思想贯彻在就业价值观教育中，引导大学生志存高远，深刻理解实现社会价值对个人成长的重要性，处理好个人与国家、集体的关系以及事业、地位和金钱的关系，坚定劳动信仰，成为改革创新的先锋和模范。

4. 重视德法素养，加强大学生职业道德教育

高等教育在培养学生的过程中，秉持德才兼备的原则，将德行作为首要考虑因素。进入新时代，全社会都需弘扬“服务人民、奉献社会”的崇高道德理念，并重视培养大学生的事业心、责任感、专业精神、奉献意愿等优良品质，使其能够在困难时刻同单位共度时艰，由此提升其职业道德水平，增强个人的就业竞争力。思想政治教育在指导大学生就业的过程中，需要重视发挥大学生的主体能动性，激励其主动践行专业精神，增强公共道德、责任意识和职业伦理等方面的认识。强化大学生的社会责任感、事业心和奉献精神，建立正确的职业观和职业道德，引导他们将社会主义核心价值观融入日常行动中，进而增强其就业市场竞争力。诚实守信是中华民族传统的美德，内心诚实，外在与人为诚。诚信是大学生立足于社会的根本，也是基础的道德品质，只有在就业过程中保持诚信，才能获得升迁和发展的机遇，实现持续的成功，缺乏诚信将损害大学生的形象，并在职业生涯的道路上面临阻碍。

要通过思想政治教育引导大学生自觉遵法、学法、守法、用法。首先要加强对法律的敬畏的教育，提醒学生在签订就业协议时的法律责任和重要性，因为在实际的签约过程中，有一些大学生为了扩大自己的选择范围，可能会同时和多家单位签订就业协议，或者在工作过程中频繁跳槽，这些行为都会涉及法律的问题，而作为具有完全民事行为能力的成年人，大学生必须为自己的行为负责。其次，合同是保障双方合法权益的重要途径，对于初入职场的大学生来说，合同纠纷是最为常见的问题，有的大学生由于过于信任用人单位的口头承诺，而忽视了法律合同的重要性，导致在遇到问题时无法用法律手段保护自己的权益，而有的用人单位则会利用含糊不清的合同条款或者利用合同中的“文字游戏”侵犯大学生的权益，基于此，应增强学生的法律意识，可以通过“思想道德与法治”课程中的法治内容的讲授，使学生了解在就业过程中可能会遇到的法治问题和法律常识，并在“大学生就业指导”课程中引导学

生熟悉《中华人民共和国劳动合同法》的内容，增强他们的法律意识。最后，高校毕业生在就业过程中往往急于求成，缺乏维权意识，遇到问题时不知道该如何运用法律手段来维护自己的权益，思想政治教育在大学生就业指导中的作用不容忽视，它能够帮助学生提升自己的维权意识，增强契约精神，使他们能够更好地运用法律武器保护自己的权益。

（三）创新思想政治教育融入大学生就业指导工作的方式

1.利用网络资源，切实增强思想政治教育融入大学生就业指导工作的实效性

网络是教育的重要媒介，也是教育资源、载体以及实施方式的关键。为了提升思想政治教育在就业指导中的实效性，有必要对传统的教育手段进行创新，增强其生命力和表现力。在众多的就业主题网站中，应采取高频度传播和大范围覆盖的方法，引导大学生树立正确的就业观念，对就业热点问题进行积极的阐释，进一步充实网络思想教育的载体，提升就业教育的吸引力。在科技的快速发展和产业浪潮的推动下，互联网与大学生的生活在各个领域的融合趋势日益明显，这为丰富思想政治教育的载体、提升就业教育的吸引力提供了重要的参考，网络思想教育在融入大学生就业指导的过程中，还需要实现高校思想政治教育与就业媒体的融合，充分利用网络平台，增强教育者和受教育者之间的互动交流，从而切实提升教育的实效性。

随着 HTML 5、5G、VR 和 AR 技术的发展，智慧教室和智能平台等相关硬件设施的不断完善，数据技术的应用也将有助于增强网络教育的体验感，在指导大学生就业的过程中，教育者可以根据大学生的个人属性和特质，有针对性地进行思想政治教育和就业指导的大数据收集和整理，更精准地了解学生的学习需求和动机，科学地进行就业定位，因时、因地、因人推送融合了网络思想政治教育和大学生就业指导的教育内容。

2. 善用隐性思想政治教育方法，增强思想政治教育融入大学生就业指导工作的亲和力

隐性，相对于显性而言，其在教育方式上具有较强的隐蔽性，能够悄无声息地影响受教育者，取得良好的教育效果。在将思想政治教育融入大学生就业指导的过程中，应当注重利用活动、文化、传媒以及管理等多种载体，运用隐性教育的方法，以提升就业指导的亲和力。隐性教育法的运用，能够打破传统教育方式的单一性和刻板性，避免思想政治教育与就业指导教育的生硬结合，有助于在全面育人的环境中，实现思想政治教育与就业教育效果的相辅相成。在教育过程中，隐性教育能够潜移默化地对大学生产生深远的影响，真理、真情、真话的融合是其核心，通过这种方式，教育者与大学生能够达成共识，产生情感共鸣，使得知识目标能够转变为行为目标，从而有效增强思想政治教育融入大学生就业指导的效果。

陶冶式教育属于隐性教育的一种方式，其本质在于将教育融入愉悦、情感和环境中。在大学校园里，每一片叶子、每一块砖石、每一尊雕像和每一条标语以及校史馆、校训和大学标识，都是育人的重要环境资源，这些资源也体现了育人的文化，陶冶式教育需要充分利用这些文化和环境资源，增强大学生对学校的情感，从而增强他们对学校教育的认同。校友资源是思想政治教育融入就业指导工作的重要组成部分，在就业指导课程中，应当不断挖掘和拓展校友资源的广度与深度，通过优秀校友的榜样教育，引导大学生树立正确的就业价值观，并在此基础上积极帮助大学生拓宽就业思路。思想政治教育融入大学生就业指导工作还要强化实践育人理念，通过实践体验，让大学生亲身感受未来可能面临的就业问题，了解就业群体和就业个体的特点，有针对性地接受就业指导。

（四）优化思想政治教育融入大学生就业指导的环境

环境对教育成果具有关键性影响，其中包括宏观环境和微观环境两

大类别。在开展就业指导工作中，高校通常强调营造优良的环境，以引导大学生，传递正面的政治观点、价值观念、道德规范等内容。通过完善社会环境的方式，推动思想政治教育与就业指导的有效融合。当前，中国高校毕业生的就业工作需要社会各界共同担当责任，突出工作的重点，完善相关制度，指导学生的思想，促进社会的公平与正义，形成良好的社会秩序，使学生在就业指导过程中感受到满足、幸福和安全。

1.通过优化宏观社会环境，推进思想政治教育融入大学生就业指导工作

优化宏观社会环境的目的在于为大学生的就业创造良好的社会环境。面对国家对高层次、创新型人才的迫切需求，目前不仅缺少相应人才，更缺乏人才储备，对此，高校毕业生成为国家人才储备的重要组成部分。指导毕业生实现高质量的就业，首要任务是利用思想政治教育，引导大学生认清国家对人才需求的宏伟愿景，主动投身国家的发展建设中，以实现社会主义现代化强国为最终目标。要引导大学生将个人的理想、职业梦想与国家的发展目标和社会理想相统一。为了推进社会的公平就业，需要营造一个有利于用人单位长远发展和人才的优配的良好社会环境，从而保障就业的促进与稳定。

2.优化微观环境推进思想政治教育融入大学生就业指导工作

思想政治教育的微观社会环境紧密配合形成联动机制，共同促进大学生就业指导工作的顺利开展。

（1）优化学校教育环境。学校作为大学生生活的核心场所，除了提供整洁、美丽的校园物质文化环境外，还需采取有力的措施，强化校园文化建设。在实现全员育人和课程育人的基础上，应积极推进大学生班级班风的建设，全力展开第二课堂活动，围绕就业指导工作，组织辩论赛、书画展、科技竞赛、职业生涯规划讨论和实践设计等活动，运用思想政治教育的原理和方法提升大学生的思辨能力，在浓厚的校园文化氛围中，有效推进就业指导工作。

（2）优化家庭教育环境。家庭教育对学生的就业方向、职业领域、地域、薪资等产生重要影响，因此在思想政治教育融入就业指导工作的过程中，要全面考虑大学生受到的家庭教育的影响。优良的家风、和谐的家庭关系以及正确的人生目标，都是家庭教育的重要内容。要注重培养大学生的良好家风，以正向的家庭文化引导大学生端正就业态度，认识到家庭作为国家和社会的基本单位所承担的责任和作用。

（3）优化同辈群体教育环境。同辈群体因为心理思想相似，容易产生认知认同，因此，通过同辈主体、群体分类指导以及群体核心人物的教育引导，可以树立就业典型，分享就业经验，增强对就业岗位的实际体验，提升大学生群体对学校就业指导工作的接受度和满意度。

（4）优化社会组织和社区教育环境。创造一个公平、民主、具有凝聚力的社会组织和社区环境，可以激发大学生的参与热情、主动性和创造性。充分发挥党组织、工会、团委和妇联等社会机构的作用，营造全社会共同参与的工作环境，重视大学生在思想、心理、情感等方面的需求，不断拓宽知识层面，实现教育与环境、教育对象与环境、教育者与受教育者之间的和谐互动。

（五）努力提高教师的思想政治素养和就业指导能力

教育效果的决定性因素在于教师，在思想政治教育融入大学生就业指导工作中，教师担当着主导角色。秉持“三全育人”的教育理念，每位高校的教育工作者都应肩负起将思想政治教育融入大学生就业指导工作的责任，全力贡献自己的力量。现阶段，高校学生就业指导工作主要由就业指导课教师、思政课教师、辅导员和班主任等承担，教师需积极提升自身的思想政治教育水平，运用相关原理和方法提高从事就业指导工作的能力，协助学校构建完善的工作体系，全面提升工作能力和水平。

1.提升大学生就业指导教师的思想政治素养

高校必须采取有效的措施，确保思想政治教育能够顺利融入就业指导工作中，关键在于打造一支德才兼备、思想政治素质高、具备强大就业指导能力的专业教师团队。应严格执行选聘制度，制订科学的招聘计划，明确工作岗位对教师的思想政治素养和工作能力的要求，优先考虑具有学生干部经历或职业规划师资格的候选人，确保他们能够迅速适应工作角色，更好地进行就业指导工作。要加强就业指导工作各环节之间以及不同工作团队之间的协同合作，高等院校在面对严峻的就业形势时，应建立一个由思政课教师、大学生辅导员、成长导师、班主任、专任教师、院系书记、主管书记等组成的综合团队，确保每个成员都能够在就业指导和思想政治教育工作中发挥各自的优势，实现资源共享，增强团队的凝聚力，使思想政治教育在大学生就业指导工作中发挥更大的作用，提高工作的质量和效果。

2. 提升大学生就业工作队伍的整体工作能力

从事大学生就业指导工作的教育者在实践活动中扮演着关键角色，他们的业务水平、政策水平、服务意识、心理素质等因素将直接影响思想政治教育融入大学生就业指导工作的效果，因此，努力提升这支队伍的整体工作能力至关重要。

第一，要重视提升业务水平。大学生就业与国家政策和就业形势密切相关，培养教育者对即时性就业政策的熟练掌握与运用，深入研究当前就业政策的精神实质是十分重要的。只有将理论与实际相结合，才能为大学生提供准确的就业政策知识。同时，教育者应准确把握受教育者的就业定位，帮助大学生了解和利用就业政策。

第二，重视提高服务意识。思想政治教育融入就业指导工作的要求标准较高，包括动机、态度、方式以及质量等方面的要求，要求实现全方位融入、全过程融入。教育者需在日常工作中善于把握学生的思想与心理特征，把握学生的就业需求，把握学生的就业心态，以促进就业为目标，对学生进行全面的思想政治教育与就业指导。

第二节　劳动精神融入大学生就业指导课程

一、劳动精神融入大学生就业指导课程教学的意义

（一）有利于大学生树立马克思主义劳动观

人类社会关系的形成和发展以劳动为其根本基础，劳动与人类的关系是互相依存、互相促进的。劳动是构筑个人价值及社会价值的核心来源，积极投身劳动并转变对劳动的认识显得尤为重要。将劳动精神的教育融入就业课程，能够深化大学生对劳动精神、劳模精神和工匠精神的理解，并且倡导拼搏奋斗和爱岗敬业的优秀传统，鼓励创新探索的精神，这些都将有助于大学生树立马克思主义的劳动观，并使马克思主义的理念在青年群体中生根发芽。

另外，劳动精神的融入就业课程教学中，也将促使大学生将马克思主义的劳动观融入自己的职业规划和就业工作，进而加深对就业课程内容的理解和掌握。

（二）有利于大学生践行社会主义核心价值观

社会主义核心价值观从“社会”“国家”和“公民”三个层面出发，对个人提出了“爱国、敬业、诚信、友善”的要求。社会主义劳动观在多个层面与社会主义核心价值观进行呼应。

首先，爱国是个人与国家关系的桥梁，是大学生和国家联系的重要纽带。在劳动方面，要求大学生的价值观和社会的价值观进行统一，将个人发展和国家的发展需求相统一，积极投身基层、西部地区那些祖国最新要的地方去贡献青春力量。

其次，公民职业道德的评价的重要标准是敬业，社会主义新时代以工匠竞赛、劳模精神为引导，激发大学生的爱岗敬业精神，提高大学生

的职业道德标准。

再次，诚信是社会主义道德建设的核心内容，也是中华民族的传统美德，鼓励大学生通过诚实劳动，获取劳动果实，有利于大学生个人的发展，有助于社会和国家的不断进步。

最后，友善强调公民间的和谐友爱、互助关系，鼓励支持大学生注重和同学、同事间的和谐关系，构建和谐融洽的劳动关系。

当前，部分大学生在就业时存在“倾向选择发达地区和高薪部门，不愿到不发达地区工作”的现象，大学生的择业观念需要高校教育行政部门进行正确的引导，激发其在不同行业、不同地区的就业意愿。为此，高校需要根据大学生的个体实际情况，加强教育和引导，培育大学生爱国主义和集体主义情感。高校需要将劳动教育更好地融入思想政治教育，融入职业规划和就业指导的教学中，帮助大学生树立正确的社会主义劳动观，助力其将个人理想和国家的理想更好地统一起来，促进个人的进步和国家的发展和谐统一，进而引导其做出正确的择业决策，助力社会的健康稳定发展。

（三）有利于完善高校就业指导体系

大学毕业生就业已经成为社会和谐和经济高质量发展亟须解决的重要问题之一，目前我国高校毕业生的就业岗位的提供和需求上仍存在着供需矛盾，主要原因包括大学生就业意愿不足、就业能力与用人单位的岗位需求不匹配以及就业岗位的供给不平衡。为解决此类问题，高校需要充分树立大学生就业市场供给方的责任意识，积极承担毕业生在校期间的就业指导、就业培训等社会责任，将新时代的劳动教育深度的融入大学生就业指导课程教学内容，并且在落实大学毕业生就业指导和就业培训等任务的同时强调对毕业生劳动精神的培育，从根本上转变大学毕业生的就业思想和工作意愿，帮助其形成正确的价值观和择业观，推动高校就业指导课程教学和体系更加完善。

（四）有利于就业课教学效果和教学质量的提升

各高校基本开设了大学生就业指导课，并作为公共必修课。在教育部提倡“打造金课、淘汰水课”的背景下，高校开始推进大学生就业指导课程的改革和创新，并取得了一定的成绩。

基于以上背景，将新时代的劳动精神融入大学生就业指导课程，可提升课程的教学质量和教学效果。通过劳动精神引导创新就业指导课的教学形式，可采用理论讲解与实例分析相结合的教学方式，改进创新授课方法，将劳动精神充分融入课程教学。将劳动精神作为丰富课程教学内容的基础，结合大学生所学专业的特点，将毕业实习、专业见习以及日常的劳动实践纳入就业指导课教学内容，转变传统的“重理论、轻劳动”的教学模式，通过以上改革和创新，以便更好地帮助大学生树立正确的就业观念，提升大学生的职业素养和工作能力，为以后得职业发展打下基础。

二、劳动精神融入大学生就业指导课程的目标

（一）树立劳动伟大、劳动光荣的劳动观念

大学生就业指导课程主要针对即将毕业参加工作的大学生，主要侧重对学生的就业和劳动的专门指导训练。将新时代劳动精神融入大学生就业指导课程教学，用新时代劳动精神武装年轻大学生的头脑，领悟劳动的深刻内涵，认识劳动的时代价值，帮助大学生树立正确的劳动价值观，树立劳动伟大和劳动光荣的劳动观念，用劳动理论和劳动精神指导未来的劳动实践。

（二）树立爱岗敬业、艰苦奋斗的劳动态度

爱岗是敬业的基石，而敬业则是爱岗的升华。当大学生迈入社会走

向工作岗位，很多大学生因为缺乏经验和技巧而导致在工作中遇到困难和挑战。面对困难，只有爱自己的岗位，才能始终保持对工作的热忱和求知的渴望，积极履行工作职责，完成工作任务；同样，只有全心全意地投入工作，努力克服工作困难，才能在工作中不断提升，实现自身的职业理想，取得更大的成就，从而体验到战胜工作困难的快乐和价值。

（三）树立甘于奉献、勇于担当的劳动美德

担当是指承担、担负任务责任等。当代青年大学生，作为国家发展的重要后备力量，须承担起必要的责任，增强敢于承担的本领，敢于行动，积极作为。勇于担当就是要敢挑重担、不怕困难，迎难而上，在做好本职工作的基础上还要接受上级部门和领导安排的其他工作。因此需要青年大学生要具有甘于奉献的劳动美德。要求高校毕业生要将个人的前途命运和国家的发展相结合，把党和国家的发展目标作为自身的自觉行动，外化于行，在自己的工作岗位上诚实劳动、辛勤付出、创造性劳动。

（四）树立与时俱进、勇于创新的劳动习惯

勇于创新是新时代劳动精神的灵魂，青年大学生作为当今社会非常活跃的群体，也是创新意识和创新能力最强的群体，创新是大学生应具备的重要素质之一。新时代弘扬劳动创新创造精神，要求提高大学生的创造性劳动能力，引导大学生进行不断地创新探索，提升大学生自身的创新能力，与时俱进，把握好发展的主动性和创造性。要求新时代劳动精神的培育与国家的“创新驱动”发展战略相结合，注重培育青年大学生创新意识的提升以及创新思维和创新能力的培养。

三、劳动精神融入大学生就业指导课程的策略

（一）深挖教材内容，找准劳动精神融入的契合点

探索新时代劳动精神与大学生就业指导教材内容的结合点，挖掘大学生职业规划和就业指导课程中的劳动精神内涵，是新时代劳动精神融入大学生就业指导课程教学核心途经。教材内容应结合当前就业市场的实际情况，强调劳动精神在职业发展中的重要性，包括将劳动精神的定义、价值以及在现代职场中的实践融入课程。例如，可以通过案例分析、角色扮演等方法，展示在不同职业中如何践行劳动精神以及劳动精神如何助力职业成功和个人成长。

教材内容还应倡导以实践为导向，鼓励大学生通过实际参与工作或项目来体验劳动的价值，这可以通过校内外实习、社会服务、学术研究项目等多种形式实现。通过实际的劳动体验，大学生能够理解理论知识，还能深刻领会劳动精神在实际工作中的应用和重要性。此外，教学过程中应强调团队合作、责任感、创新精神等劳动精神的核心要素，帮助大学生建立正确的职业观念和价值观。

（二）创新教学方法，丰富劳动精神融入的落脚点

新时代的劳动精神，不仅涉及劳动能力和劳动精神，也更加注重精神层面的发展，内涵非常丰富。劳动精神融入大学生就业指导课程教学不仅是进行理论和知识的输入，更重要的是在具体劳动实践过程中的感悟和体会，实践出真知。

1. 理论知识、社会实践指引劳动精神融入就业课教学

首先，在课堂上既要讲解就业理论和职业规划的重要性，还要鼓励大学生将这些理论应用到实际的生活和工作中，例如，可以组织大学生参与行业讲座、企业参观、职业咨询会等活动，让大学生在现实环境中

体验和实践所学知识。其次，教学方法的创新还应包括鼓励大学生参与各类实践活动，这些活动可以是校园内的，如学科竞赛、社团活动，也可以是校外的，如志愿服务、实习实训等，通过这些活动，大学生能够锻炼自己的专业技能，还能在实践中培养和强化劳动精神，增强其对职业生涯的认识和规划能力。最后，教学过程中应强调劳动精神的内涵，将其融入课堂讨论、案例分析中，使大学生在理解和思考中深化对劳动精神的认识。

2.信息化建设丰富劳动精神融入就业课教学形式

通过使用多媒体和网络平台，教师可以创造互动性更强和引人入胜的学习环境，例如，利用在线教学平台进行直播讲座、虚拟访谈等，可以使大学生更直观地了解不同职业的实际情况和挑战。信息化手段能够帮助学生访问丰富的就业信息资源，包括行业动态、职业规划工具、在线课程等，从而提供更多元的学习和实践机会。此外，教师还可以利用社交媒体和论坛等平台，激发学生的讨论和分享，增强课程的参与度和互动性。

（三）增强师资力量，做好劳动精神融入的引领者

教师既要具备扎实的专业知识和丰富的教学经验，更要有能力激发学生的劳动热情和创新精神。首先，教师应不断更新自己的知识体系，特别是就业市场的最新动态和职业规划的新理论，以保证教学内容的时效性和针对性。其次，教师需要通过培训和实践提升自己的教学技巧，如如何结合案例教学、小组讨论、角色扮演等多种教学方法，使课堂更加生动、有效。最后，教师还应该充当大学生与职业世界之间的桥梁，通过组织行业讲座、企业实地考察等活动，帮助大学生更好地理解劳动市场的实际需求，并将理论知识应用到实践中去。

第三节　培养大学生积极面对就业的心态

一、积极乐观地生活

面对求职和工作中的困境，大学生应不断调整心态，对于需要坚持的，要有决心；对于应当放弃的，便宽容舍弃。毕竟，放弃并非总是错误，有时它能协助人们卸下重负，以全新的姿态再次起航。年轻的大学生未来有无限的可能，应积极乐观地面对人生的风雨，这样他们的生活才能充满快乐与幸福。

在经历挫折时，大学生更应意识到，生活中总有波折和难关，而这些都是人生道路上不可或缺的一部分，勇敢面对，积极解决问题，不让困难占据上风，这样才能成为更好的自己。懂得调整心态、学会放弃以及保持积极乐观的态度，都是实现人生价值和幸福的关键。这样的生活才是大学生应追求的。

二、切忌眼高手低

在当今竞争激烈的就业市场中，一些大学生抱着不切实际的期望，希望一毕业就能找到高薪的工作，但现实往往不尽如人意，结果既影响到他们的求职心态，也对他们的未来职业生涯造成了不良影响。这种“眼高手低”的心态阻碍了他们更好地融入社会，也成了他们实现自己职业梦想的障碍。

解决“眼高手低”的问题，需要大学生正确认识自己，摒弃那种不切实际的期望，踏实地走好每一步，这并不代表他们就应该降低自己的期望值，而是要学会在实践中不断提升自己，不断积累经验，最终达到自己的目标。在这个过程中，大学生需要学会耐心等待，保持积极的心态，不断调整自己的求职策略，以便更好地实现自己的职业梦想。只有当他们学会正确对待求职和工作中的困难和挑战，才能更好地发挥自己的价值，实现自己的梦想，过上幸福美满的生活。

三、懂得付出和感恩

在就业的过程中，大学生应该明白，成功从来不是随随便便就能够获得的，而是需要通过自己的努力和奋斗来实现的，为此，他们要时刻保持积极向上的心态，勇敢迎接每一次的挑战，积极应对各种困难，以实现自己的职业梦想。在这个过程中，大学生应该懂得付出的重要性，不论是在学习还是工作中，只有通过不断的努力和奋斗，才能够收获成功的果实。大学生还应该懂得感恩，感恩那些在他们成长道路上给予自己帮助和支持的人，包括家人、老师、朋友和社会。通过付出和感恩，他们才能够更好地成长，更好地实现自己的价值。

培养这种积极的心态，有助于大学生更好地面对就业的挑战，也能够帮助他们在未来的职业生涯中取得更好的成绩。通过不断的努力和奋斗，他们能够在就业市场中占据一席之地，为自己的未来职业生涯奠定坚实的基础。在这个过程中，他们能够实现自己的价值，也能够为社会的发展贡献自己的力量。

四、杜绝攀比，准确定位

攀比心理往往会让大学生过分关注他人的成功，忽视自身的努力和进步，这无助于个人的成长，还可能导致大学生心理的不平衡，影响就业的积极性。

杜绝攀比意味着大学生要正确看待他人的成功，并从中汲取积极的力量。成功的人背后往往付出了不为人知的努力，这些都值得学习和尊重。大学生应该意识到，他人的成功并不是对自己的贬低，相反，它们可以成为推动自己前进的动力。大学生应该学会从他人的成功中吸取经验，转化为自己前进的动力，而不是消极地进行无谓的攀比。

准确定位则意味着大学生要清楚自己的优点和不足以及所处的环境和所面临的机遇与挑战。只有准确地了解自己，才能够找到最适合自己的发展道路。在就业过程中，大学生应该根据自己的兴趣、特长和职业规划，选择最适合自己的工作，而不是盲目跟随他人的步伐。他们还应该根据市场的需求和自己的职业规划，不断提升自己的能力和素质，以提高自己在就业市场中的竞争力。

五、正确评估竞争力

在人才市场上，大学生除了要与同龄人竞争外，还要与其他年龄段的人才一同争夺岗位。要在这个平台上脱颖而出，核心竞争力就是要学得多、学得快，且能将学到的知识有效转化为实际应用。

大学生在求职时，应该投入较多的时间，综合分析就业市场的实际情况，正确评估自己的竞争力，其中包括对自己的知识结构、实践能力、适应能力以及兴趣、气质、性格等方面进行全面的分析。他们应该充分认识自己的优势和特长，找出自己的劣势和不足，提高求职的针对性和成功率。

六、淡化薪酬，放眼未来

在众多因素中，薪酬往往成为大学生选择工作的重要考虑点，但对于初入职场的大学生而言，过分强调薪酬反而可能阻碍其职业发展的前景。

对于初入职场的大学生而言，其更应关注的是工作是否能够为其提供良好的职业发展平台，是否能够有助于其职业技能的提升。此时，薪酬虽然是生活的保障，但不应成为决定工作选择的唯一因素，淡化薪酬的重要性，能够帮助大学生更为理智地分析工作机会，做出更为符合其职业发展需要的选择。

大学生还要放眼未来的发展，应当明确，职业发展是一个循序渐进的过程，初始阶段的薪酬低并不代表未来没有升值的空间。对于初入职场的大学生而言，应当更为关注职业发展的潜力，而不仅仅是眼前的薪酬水平。只有通过不断的学习和实践，提升自己的职业素质，才能够在未来的职业发展过程中实现薪酬的增长。

第四节　培育大学生正确的就业观

一、大学生就业观概述

（一）就业观

对于就业问题，人们通常会形成一套较为稳定的根本观点，这就是就业观。就业观主要包括个人的就业目标、选择的职业道路以及对待就业的价值取向。作为一种思想意识，就业观属于个人的主观存在。但这种观念并非人天生就具备的，也不是恒定不变的，在人们的实践活动中，就业观会逐渐形成，并随着社会的政治、经济、文化等多种因素的变化而不断演变。

处在不断变化的社会经济环境之中，个体在就业时，必然会结合自身的实际情况，综合分析多种主客观条件。求职过程，就是个体在职业世界中寻找自我价值的过程，就业观则是引导这一过程的观念先导。在职业世界中，个体通过自己的努力，塑造自己的职业形象，实现自我价值。

在就业过程中，每个人都会根据自己的就业认知、期望、标准、评价、态度、心理倾向等因素来做出选择，这些因素是个人的世界观、人生观、价值观在职业世界的具体体现，也是影响个体做出就业选择的深层次、综合性因素。因此，就业观作为个体在职业世界的指导思想，对个体的职业选择和职业发展具有重要的影响。

现有研究一般把就业观界定为关于就业的基本认知、根本看法和总体态度。如就业观是对就业目的、意义、方式、空间等方面的根本看法和态度；[1] 是对所选单位或企业的性质、所在地、社会知名度、经济状况及自身工资福利待遇、发展前景等方面的认识和综合评价；[2] 是对各种不同职业的评价、意向以及对就业所持有的态度。[3] 综合前人研究成果，就业观的概念可以理解为，它是人们关于为什么就业、就什么业、怎么就业的根本看法和总体认知，包括就业形势政策认知、就业目标规划、就业价值取向、就业道德规范等。

（二）大学生就业观

大学生的就业观是指他们对就业相关问题的整体认识、态度和目标，这包括他们的就业定位、动机、目标、选择和方式等方面，可以对其就业行为起到指导和激励的作用。这种观念是大学生选择职业的理想指引和思想驱动，也是他们采取就业行动的理想力量和意志的来源，对其就业质量有着重要的影响。

1. 大学生就业观的基本内涵

大学生的就业观念，即他们对就业的看法和态度，是个体关于就业的心理状态和价值判断的集合。它反映了大学生对就业的理想、期望和追求，受到就业市场的实际情况以及个人对就业的主观理解的影响。这种观念涵盖了大学生对“为何要工作”“选择何种工作”以及“如何找到工作”等问题的基本看法，是个人世界观、人生观和价值观在就业领域的具体体现。它塑造了大学生对职业生涯的目标设定、职业道路的选择方向以及对待就业的整体态度。

第一，从认知层面来分析大学生的就业观。这个层面主要涵盖了对

---

① 丁永刚．现今大学生就业观存在的误区及引导政策 [J]. 青海社会科学，2008（5）：166-170.

② 刘成斌．改革开放 30 年与青年就业观念的变迁 [J]. 中国青年研究，2008（1）：5-7.

③ 游敏慧．青年大学生就业观探析 [J]. 重庆邮电学院学报（社会科学版），2000（4）：15-17.

就业的感性和理性认知，能够解答“对就业了解了哪些内容”的问题。认知是行动的基础，涉及对事物外在特征、结构、外部关系的感性理解和对事物本质、内在联系、发展规律的理性分析。认知过程包括信息的筛选、关联、解析等，这些处理后的信息进而转化为行动指南。特别地，就业认知是个体对于就业现状、政策环境和个人条件的理解，包括感性感受和理性思考，是大脑在获取、处理、应用信息时的关键活动，大学生的就业认知作为其就业观的核心部分，是其就业行为的出发点，也是决定其就业实践的重要基础。

第二，从价值观的角度分析，大学生的就业观涉及他们的动机和价值取向，这反映了他们对就业的期望和目标。每个大学生根据自己的生活经验和社会实践形成独特的就业动机，例如，一些大学生可能将就业视为谋生手段，注重工作的物质回报和稳定性；其他人可能看重就业带来的社会地位和职业发展机会；还有人可能寻求通过工作实现个人理想。这些不同的价值取向导致大学生们在就业时选择不同的职业路径，追求不同的目标。

第三，实践层面的就业观涉及价值规范和就业道德，这些是引导大学生就业行为的重要准则。在现代社会，尤其是信息化、网络化环境中，大学生在求职和工作过程中面临各种道德和责任问题。因此，一个健全的就业观既要包括个体的内在思想和信念，还应包括行为规范和道德标准，以确保其就业行为与社会价值观和个人信念相符。例如，诚信、责任感、团队合作等都是重要的职业道德标准，它们不仅反映个人的品质，也是成功职业生涯的关键要素。

2. 大学生就业观与世界观、人生观、价值观

就业观与世界观、人生观和价值观相辅相成，构成了个体对生活和世界的整体认识。这“三观”是个体对世界和人生价值的根本看法，影响着个体的道德品质和道德行为，决定着个体的生活目标和生活道路。就业观作为个体对职业、职业选择和职业心态的根本看法，是个体就业

行为的认识论根源，也是个体生活观念的重要组成部分，这样的就业观是个体适应社会和实现自我价值的关键，也是个体追求人生目标的基础。对于两者的关系，现有研究文献一般认为，就业观与个体切身利益和价值实现息息相关，是世界观、人生观、价值观的有机组成部分和有力支撑；[①] 是人生目标和人生态度在职业选择方面的具体表现，对就业目标的实现具有导向作用，对就业实践具有动力作用；[②] 是个体人生观、价值观在就业选择上的综合反映。[③] 首先，就业观与世界观、人生观、价值观（统称为“三观”）之间存在密切的关联性，可谓部分与整体的关系，在“三观”的庞大体系中，对于世界的认知、人生的理解和价值的判断必然涉及就业这一重要环节。就业观可以被视为“三观”在就业问题上的集中体现和具体反映，是“三观”的重要组成部分。其次，就业观并不等同于“三观”，虽然两者存在交集，但各自的侧重点和内涵是有所区别的，不能互相替代。一般来说，大学生的就业观作为“三观”的组成部分，受到“三观”的深刻影响，不能脱离“三观”而独立存在，大学生的就业观在“三观”的指导和影响下逐渐形成，体现了个体对于就业问题的观点、方法和态度。最后，就业观也会反过来影响“三观”的形成和发展，就业观是社会就业观念的反映，也是个体现实态度的体现，通过对就业现实的认识和探索，个体逐渐形成了自己的世界观、人生观和价值观。在探索与自然、人际关系、社会的过程中，个体的就业观也在不断发展和演变。

二、大学生就业观培育的特征

大学生就业观培育主要包含以下四大特征，如图 8-2 所示。

---

① 韩新路．女大学生就业观研究 [J]. 中华女子学院学报，2011（3）：160-63.

② 胡维芳．后危机下“90 后”大学生就业观的特点、成因与对策研究 [J]. 青海社会科学，2010（11）：72-75.

③ 骆剑琴．高等教育大众化下的大学生就业观教育 [J]. 理论与当代，2005（3）：25-26.

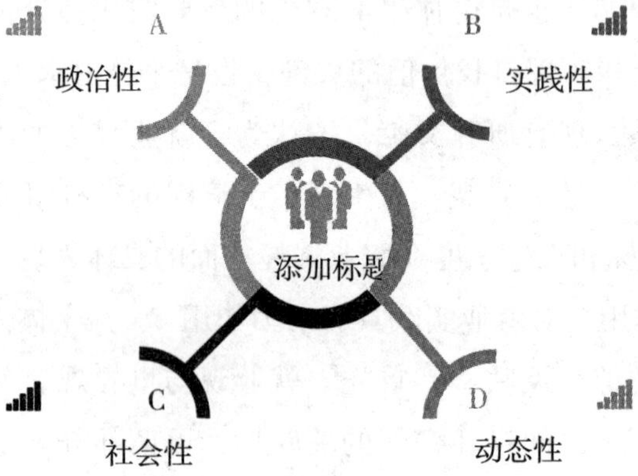

图 8-2　大学生就业观培育的特征

（一）政治性

大学生就业观培育的政治性特征体现在它既涉及个体的职业选择和发展，也与社会和国家的政治经济目标紧密相关。这意味着，在培育大学生的就业观时，需要引导他们理解和认同国家的发展战略，如科技创新、社会服务、国家安全等领域的重要性。就业观的政治性还包括对社会主义核心价值观的认同以及对于社会责任和公民意识的强化。

（二）实践性

实践性指的是将理论知识与实际工作经验相结合，强调通过实际的职业体验和社会实践活动来培养大学生的就业观。实践性要求大学生在课堂上学习职业技能和知识，还需要参与实习、志愿服务、创业实践等活动，以获得实际的工作经验。这种方式可以帮助大学生更好地理解职业世界的现实需求，提高他们的职业适应能力和就业竞争力。

（三）社会性

大学生就业观的培育具有鲜明的社会性特征，就业观的形成和发展是个体的内心活动，并且受到社会环境、文化传统和时代背景的深刻影响。社会性体现在对就业市场的需求、行业发展趋势、社会价值观念以及就业政策等方面的反映。大学生在接受就业指导和教育时，应当被引导去理解和适应社会的需求，认识到个人职业生涯规划与社会发展的密切联系。

（四）动态性

动态性强调就业观是在不断变化的社会和个人生活过程中形成和发展的，它不是一成不变的，而是会随着个人经验的积累、能力的提升和社会环境的变化而演变。因此，就业教育和指导应当注重培养大学生的终身学习能力，鼓励他们持续关注行业动态，迎接职业生涯中的变化和挑战。动态性还体现在鼓励大学生对就业观进行不断的反思和修正，根据个人职业目标和社会需求的变化，灵活调整职业规划，培养适应性强、灵活多变的职业素质。

三、大学生就业观培育的基本经验

大学生就业观培育始终是高等教育在进行就业引导方面不可或缺的方法，并在毕业生思想政治教育领域扮演着关键角色。虽然在不同的阶段，大学生就业观培育的内容和方式会有所区别，也存在一定的问题和局限性，但总体来看，中国的大学生就业观培育已经形成了宝贵的优良传统，主要体现在“三个坚持”：

（一）始终坚持以国家的需要为根本导向

回溯中国大学生就业观培育的不同阶段的发展历程，不难发现，紧密围绕国家发展战略、全心全意服务国家的发展需要，是大学生就业观培育的核心导向。作为国家未来的建设者，大学生就业观将直接影响其就业选择，激励和引导大学生积极投身国家的建设，将国家的需求作为就业的首要标准，成为中国大学生就业观培育的优良传统和宝贵经验。

大学生就业观的培育的首要任务也是服务国家发展的需要，通过运用思想政治教育的原理和方法，通过有针对性的培养和教育，帮助大学生树立符合国家和社会倡导的就业观。就业观的培育是高等教育的基本功能之一，也是符合国家需求的首要标准，现代大学的基本职能包括科学研究、人才培养和服务社会，而大学生的就业是高等教育服务社会的重要方式之一。所以培养具备服务国家需要的知识、技能、价值观和理想以及树立服务国家需要的就业观，成为高等教育的重要任务。服务国家的需要是高等教育的本质要求，思想政治教育是按照一定的社会要求，通过有目的、有计划、有组织的活动，对社会成员产生影响的过程，这里的社会要求主要包括人民需要、社会需要和国家需要，就业观培育作为思想政治教育的重要组成部分，也要遵循服务国家需要这一基本要求。

（二）始终坚持以价值引领为核心任务

无论外部环境发生何种变化，大学生就业观培育始终坚持传播正能量，将社会主流价值观作为重要工具，帮助大学生改变错误或狭隘的就业观念，明确以价值引领为核心任务，贯穿整个大学生就业观培育的过程。价值引领的根基在于思想政治教育的基本矛盾，即社会所期望的思想品德标准与受教育者的实际思想水平之间的差异，这也是思想政治教育存在的基础，是贯穿整个教育过程中的重要因素。大学生就业观培育同样面临着国家和社会所期望的就业观念与大学生自身就业观念之间的矛盾，解决这一矛盾的过程，就是教育者不断利用国家和社会的就业观念对大学生进行价值引领，以促使其不断向社会主流的就业观念靠拢的过程。

价值引领也是由大学生就业观培育的根本导向所决定的，其核心目标是满足国家的需要，符合国家和社会的需求。价值引领的基本立场是以国家的需要为出发点，社会主流价值观为培育的起点和终点，这也表明价值引领与国家的需求是一致的，国家的需求是价值引领的内容和目标，价值引领是国家需求的客观要求和必然结果。

价值引领也是实现大学生全面发展的必要条件。人的全面发展包括内在的能动性、主体性发展和外在的开放性、社会性发展。如果大学生的就业观没有经过组织、计划、目标明确的价值引领，可能会导致其养成过于注重物质而忽视精神，重视结果而忽略过程，重视手段而忽略目的等片面的价值追求。另外，由于大学生正处于价值观形成的关键阶段，他们的社会经验较少，对职业的认识也不深入，通过正确的价值观念进行规范和引导，对于他们实现全面发展至关重要。

（三）始终坚持以就业育人为基本遵循

中国大学生就业观培育始终秉持立德树人的基本任务，把就业育人作为基本准则，围绕培养社会主义建设者和接班人的目标发挥积极的作用。坚持就业育人是立德树人的具体实现形式。中国高等教育面临的根本问题是培养什么样的人、如何培养人和为谁培养人，而大学生就业观培育也需要围绕这三个问题展开。就业观培育是高等教育体系的重要环节，肩负着培养社会主义建设者和接班人的重要责任，在这个环节中，坚持就业育人就是实现立德树人的根本任务，就业育人要与回答培养什么人、怎样培养人、为谁培养人的三个问题相结合，重点培养社会主义建设者和接班人，引导大学生树立与培养目标相符的就业观。

坚持就业育人也是就业思政的重要组成部分，就业不只是一项业务工作，更是一项思政工作。中国大学生就业观培育一直是就业思政的重要组成部分，这也是中国高校在就业指导领域与国外高校的区别之一。

四、大学生就业观培育的路径

（一）运用“三因”理念树立科学理性就业观

1. 因时而进：把人生价值实现与国家需要相联系

迈入新时代，大学生就业观念也发生了相应的改变，要与时代需求和个人发展存在密切关联，不断进步，确保能够把握时代机遇。时代要发展，就需要个体履行自身职责，而个人要实现自身价值和为国家发展贡献力量，因此需要职业。大学生在实现人生价值期间，应保证需时代进步同步并与国家需求相符。

第一，新时代的大学生在实现自身价值的过程中，必须顺应国家的需求。从某种意义上讲，个人的职业梦想与国家梦想存在直接联系，有中国梦的强大支撑，才能最大化发挥个体价值，才能实现个体梦想。正是因为有中国梦的引导，才能让大学生找准定位，为达成目标而不断向前，塑造自身的事业并达成自身价值。国家和民族为大学生提供了有力的支撑，为实现个人事业奠定了基础，大学生制订职业规划和建立发展路线期间，需保证个人的规划与国家的整体发展紧密相连。在新的时代背景下，大学生就业观与国家需求存在联系，也是形成其信仰的基础。此外，各自在自身的岗位中不断奋斗，旨在满足国家需求，也为达成中国梦而贡献自身力量，也是实现自己价值的最好方式。

第二，新时代大学生要实现自身价值最大化，就需要前往祖国需要的地方建功立业，结合国家需求和时代发展，并将其作为自身努力的方向，唯有如此才能最大化发挥大学生价值。有强大的国家作为支撑，时代不断向前发展，为大学生展示自身能力和才华创造了空间。我国当前正在积极建设具有中国特色的社会主义现代化社会，均需要有充足的人才作支撑。分析历史以及当前，不难看出为国家献身是实现个人价值的最高境界，大学生唯有准确把握国家需求，并以此为自己行动的指引，才能够顺利解决就业中的种种问题，也就能够顺理成章地找到自己的工作岗位。新时代的大学生中，只有少量人会选择自主创业和基层就业，然而正是最需要人才的基层，才是最能够体现大学生价值和才能的平台，在国家最需要的地方，才能够充分体现大学生的人生价值，环境越艰苦，才能够充分体现大学生的才能，越能够优化其品格。

2. 因势而新：把自由全面发展与社会需求相联系

进入全新时代，要求大学生就业观念跟随时代变化而变化，准确把握社会发展节奏和趋势，充分结合社会大趋势和自身发展，实现双方共同进步。就业能够将个体与市场联系起来，也是双方相互选择的表现，准确定位自身，把握时代发展需求，不然便找不到适合自己的工作，也会影响个人的全面发展。新时代大学生在规划自身就业结构时，应对社会实际需求充分考虑，从自身的兴趣、社会需求以及条件出发，结合社会需求，最大化体现自身才华以及个人价值。

第一，社会需求是让新时代大学生个人全面发展的基础。马克思曾指出，人类社会发展最高目标为“人的自由全面发展”。分析其本质，其中人的自由唯有在特定环境下才能实现，完整的个体，要获得充分的自由，必须放在共同体中。深化改革就需要持续为社会经济发展注入动力，而这也是持续深入改革所需的必备条件。最大化激发技术、管理、劳动、知识等要素的活力，让所有能够创造社会财富的源泉均能够有序流动。持续释放的劳动需求和社会资本，能够让大学生以主人翁身份就业，并在工作过程中最大化展现自身的个性和才能。

第二，个人要全面发展，就必定需要以社会需求作为基础。在新的时代背景下，当个体实现了更好的自我发展后，便能够为社会发展提供更多精神文化以及物质价值，也就能够促进社会不断向前进步。大学生在追求个人全面发展的过程中，需要以社会的需求为导向，在求职过程中，需要紧密结合社会的实际需求，依据就业市场的形势、岗位的需求等外部环境因素来规划自己的职业道路。如果对社会的需求理解不准确，对自身的定位不清晰，那么就难以在就业市场中找到合适的位置，个人的自由全面发展也将无从谈起。

3. 因事而化：把美好生活追求与艰苦奋斗相联系

新时代大学生就业观念，应始终做到“因事而化”，其中追求的目标即为“事”，而达成目标的方式即为“化”，有“化”的选择才能达成“事”，而要实现目标就需要“化”提供动力。所以，需要对“化”进行转化，为不断追求“事”，因此非常有必要统一“事”与“化”。个体要满足自身需求并追求美好生活，就必须有相应的工作作为生活保障，由此便能够验证艰苦奋斗非常关键，相反则永远无法获得美好生活。新时代的大学生应不断奋斗，不断追求自身的目标，为实现向往的生活而奋斗，经过转化便可以成为向前的原动力，在不断的实干和奋斗期间，让自身能够实现人生价值，能够达成生活目标。

第一，新时代的大学生要通过艰苦奋斗来实现对美好生活的追求。就业是实现美好生活的基础，有了工作就有了稳定的收入来源，并有可能积累财富，使自身对美好生活的追求得以实现。大学生需秉持艰苦奋斗的理念，通过自身努力来让梦想转为现实，让机会能够成为成果。尤其是目前，我国正处于社会主义发展初期，在全球依然是最大的发展中国家，还存在诸多问题，如城乡收入差距、区域收入差距、技术受限、发展不充分以及发展不平衡等，唯有解决好这些问题，才能够最终实现高质量发展目标。所以，艰苦奋斗是要达成“两个一百年”奋斗目标的重要路径。大学生生于新时代，就必须在这个奋斗者的时代不断努力，成为时代的建设者、开创者以及见证者。在任何时候、任何地方，都要秉持一种永不懈怠的精神状态，用一往无前的奋斗姿态向前迈进。

第二，新时代大学生要从对美好生活的追求中汲取奋斗的强大动力。艰苦奋斗是新时代的精神标识，不仅是口号，更是实际行动，这种行动的驱动力，主要是由人们对生活的向往，为达成自身目标以及建功立业所做的努力转换而来。保证奋斗有充足的动力，就要求新时代大学生准确把握奋斗方向，在实践中不断努力，展现自身力量和价值。充分结合对生活的美好理想以及现实，准确对自身进行定位，若定位过低便没有了奋斗的动力，若过高却又无法达成，进而不愿意去奋斗。向往的美好生活，其中应蕴含情感寄托，若大学生就业期间仅对自身利益进行考虑，就必定无法有十足的动力去奋斗，还有可能会对今后的事业发展造成影响。大学生要对艰苦奋斗有正确的认识，唯有保证做到持续奋斗、高效工作、快乐巧干几点，才能够与时代变化相契合，才能够良好地适应新时代。

（二）提升大学生就业观教育的科学化水平

1.处理好"普遍"与"特殊"的关系

分析大学生的就业观念，便能够看出时代特征以及个体的不同，所以要求大学生就业观教育需保证结合大学生心理特征和各阶段特征，提高教育的针对性。如今，新时代大学生就业观存在的问题，主要表现为因学历、性别以及年级的不同而出现的个性化以及存在的共性问题。所以，就业观教育需从两方面出发，一方面是针对全体的普遍教育，另一方面是针对特殊群体的针对性教育，两方面同时开展。也就是说，在新时代大学生就业观的整体顶层设计方面，需要对两个维度进行关注，而在具体实施期间，需要对三个关键点进行把握。

在顶层设计上，因材施教需要将目光聚焦于全体大学生，强调就业观教育的广泛性和普及性，确保全体大学生都能受益。关于如何处理共性问题，要处理的问题包括就业目的的片面化认识、从表面化理解就业形式政策、就业价值取向功利化显著等，需通过就业观教育来让大学生有较强的责任担当和政治敏锐性，让其能够在不同就业岗位上积极努力奋斗。关于如何处理个性问题，需准确把握个体的思维方式和特征，以动态角度来开展职业观教育，保证个体能够稳定发展，确保获得良好的就业质量。

在实践中，需分阶段、分群体以及分层次地开展就业观教育，能够体现出因因材施教的理念，对三个关键点有正确的把握。第一，其中的因材的“材”，要求对学生进行就业观教育能够充分体现学生个性，让其能够在有限的空间内自由切换和自主选择，而不是被动地接受单一的教学方式与内容。第二，施教中的“教”，要求就业观教育内容，需重视如何生成个体人格以及如何陶冶个体精神，这就要求教师有较强的应用知识和理解知识能力，营造多样化的陶冶场所以及教育环境。第三，施教中的“施”，也就是在就业观教育中需保证做到以学生为本，保证教育模式的精准，采取多样化的教学方式，正确引导大学生形成良好的就业观。

2.处理好“激励”与“约束”的关系

大学生就业观教育，需同时应用有效的激励以及严格的限制两种手段，唯有两者共同使用，发挥出统一、协调、互补的作用，最大化体现出大学生干事创业、改革创新、积极探索的奋斗精神。新时代大学生有较强的自主选择和就业竞争意识，在教育期间需持续性地给予鼓励和肯定，并且也需要将道德规范主观化和价值取向功利化等问题进行处理，借助约束机制进行正确引导，保证大学生形成正确的就业观。

通过正向激励让大学生保持充分热情，最大化挖掘大学生潜能，使其能够敢于创造并积极向前。正向激励能够让大学生有足够动力不断奋斗，让学生积极创造并努力创业，而这也是体现个人价值的核心。但正向激励并不等同于奖励，更不应成为特权，对于符合实际的个体就业需求，高校应积极寻求解决方案，确保与大学生需求相符。高校对于大学生积极向上的发展需求，应营造相应的氛围和环境，确保大学生能够全面发展。例如，以具有代表性的案例作为榜样，加大宣传力度，发挥引导和正向激励作用。可将大学生就业观教育严格约束划分为两类，即硬性约束和软性约束，前者主要以各种考核评价和规章制度为主，后者则是通过道德自律和价值导向等来进行正向引导。无论是硬约束还是软约束，本质上都是对大学生成长的关心和支持。

3.处理好"显性"与"隐性"的关系

在"互联网+"时代的背景下，大学生就业观教育需保证价值立场清晰，并对教育效果进行隐蔽，旨在统一隐性教育和显性教育的补充作用，切实提升教育效果以及教育的针对性。

大学生就业观教育应以显性教育作为基础，也是持续输出创新型且高素质人才的主要方式，其能够将马克思主义理论教育的关键部分准确地体现出来。以科学理论来对学生的头脑进行武装，结合中华民族伟大复兴的历史使命，来对就业创业价值理念进行解释，准确把握经济发展新需求，为创业就业提供充足动力并找准方向，在精神上和价值上引导学生。大学生就业观教育应该紧跟时代的步伐，不断创新和拓展新的教育途径、方法和手段，以满足大学生的差异化和多样化的发展需求。

隐性教育主要是在教育物质、文化以及人际关系等几方面的环境中体现出来，其无法从课程教学中体现，但是能够与生活、学校以及课程相融合，基于此对大学生的情感以及态度进行改变。所以，高校教育应充分关注对大学生的生活教育，才能提供动力追求社会和国家的共同利益，面对各类问题时能够沉稳应对。高校教师应与大学生拉近距离，持建设者和参与者身份，对大学生进行引导。大学生就业观教育，需提高体验教育的占比，逐步提升学生的自主就业意识，让其积极参与人才市场实践活动，从中学习到各种内容，旨在从接触和参与的活动中发挥教育价值。

（三）优化高校就业指导队伍的建设

高等学府是培养人才的关键场所，会极大地影响大学生的成长发展路径。高等教育的各个阶段，相应的指导和教学，均需要聘请有丰富经验的教师，而在大学生就业指导中更是如此。高校配备的优质专业教学团队，为大学生提供从入学到毕业的整个阶段的专业且科学的就业观教育，让大学生能够顺利地从校园踏入社会，在更短时间内适应社会发展节奏和社会环境变化。

当前，高校主要聘请辅导人员和专业工作人员，共同组成就业指导团队。目前，高校非常需要经验丰富且有过硬专业知识的双师型人才。所以，当前还需要更加深入的探索“一对一”就业指导工作，在实践中不断完善就业指导方法。

1. 加强就业指导中心的队伍建设

要保证就业指导课程具有价值，就必须通过多样化培训，切实提升指导教师整体素养，让指导教师有更为专业的理论知识，科学指导大学生就业，而不是形式上的摆设。高校的就业指导中心，应对市场动态进行时刻关注，从人才市场获取更多消息，并将其准确地反馈给需要求知的大学生，科学分析职业发展前景信息，让大学生能够结合自身实际情况选择相应的职业。高效就业指导中心，需定期聘请知名企业人力资源进行职业指导，基于企业角度来对大学生就业观念进行指导，准确把握大学生的优势和不足，站在企业管理者角度思考，科学规划大学生的未来发展。大学生通过学习便能够准确找明未来发展方向，也能够制订具有前沿性的职业规划，准确界定自身实际情况且明确未来发展方向，便能够形成正确的就业观，职业选择时便能够做到客观且理性。

2. 加强辅导员队伍的建设

辅导员在进行大学生就业指导工作期间，应对国家政策进行正确解读，与大学生共同对当前的就业环境进行分析，对不同用人单位的招聘信息进行收集，再与之前的就业经验与数据相结合，传授给学生择业技巧。加强与就业指导单位的合作力度，主要给予大学生职业生涯规划指导和职前培训等。第一，要求辅导员工作期间对每位学生进行关注，准确把握大学生的优劣势，了解大学生的职业期望以及心理诉求，同时与大学生家庭情况和父母职业等相结合，给出具有针对性的指导。系统分析大学生的个人素养、职业诉求以及家庭背景等因素，对职业理想和就业观念不现实且不客观的大学生，给予针对性的指导，让其接受相应的科学就业观教育，让其能够在求职前就业观保持主观且科学。辅导员应对就业政策有准确的了解，对招聘企业有较为完善的了解，从而正向且积极地指导大学生择业，帮助他们更好地适应社会。

（四）强化家庭协同教育

家庭是大学生成长的基石，它对于学生的性格塑造、价值观形成和道德培养起到了至关重要的作用。即便是在时代变迁和生活方式改变的背景下，家庭的重要性依然不容忽视。家庭的构建、家教的重视以及家风的维护，都应成为家庭参与大学生就业观教育的重要环节，这可以为大学生的成才提供重要的价值观支撑，也能够助力大学生实现其职业发展的愿景。

第一，父母应担当起新时代大学生就业观教育的首任引导者。家庭教育的影响力是潜移默化的，它在日常生活的点点滴滴中体现，父母作为子女的亲人，也是他们最早的学习榜样，父母的言行会在无形中对子女产生深远的影响，对于塑造其品格、价值取向和道德观念有着举足轻重的作用。诚实守信、勤勉努力、尊老爱幼等优秀品质，是每个大学生都应当追求的目标。作为大学生就业观的首任引导者，父母可以通过自己的实际行动，成为敬业奉献的职场楷模、平凡岗位上的优秀代表以及终身学习的先驱，用实际行动诠释如何将崇高的品质融入日常的平凡生活中，让大学生在家庭的温馨环境中感受到教育的力量，进而更好地塑造其正确的就业观。

第二，家庭应当为大学生就业观教育营造一个和谐的环境。家庭文化和氛围对大学生形成的习惯性思维和价值观有着深远的影响。良好的家庭教是开展社会以及高校教育的基础，为大学生就业观教育创造了有利条件。家庭环境和谐，能够在精神上支持大学生不断向前，成为他们走向社会的坚强后盾。当大学生在就业的道路上遇到挫折和困难时，家庭应当是他们的避风港，父母要主动伸出援手，为他们提供温暖和关爱；

当大学生在职场的选择上感到迷茫和困惑时，父母要耐心倾听，不吝分享自己的人生经历和智慧，帮助他们找到前进的方向；当大学生面临职场的诱惑和考验时，家庭的传统和家风应成为他们的指明灯，引导他们坚守价值观，做出正确的选择。

第五节　应用项目化管理开展大学生就业指导工作

一、项目管理概述

（一）项目管理及项目化管理

项目管理在较早时期仅应用到军事和建筑等领域，在其专业性和系统性的优势作用下，如今其应用范围不断扩大，成为众多行业创新的重要方式，关注项目管理的专家和学者越来越多，这也让项目管理内容不断延伸。

项目管理逐步深入之后形成了项目化管理，20 世纪 90 年代兴起后发展至今，西方国家对企业进行了系统的管理培训，能够合理应用项目管理，让其促进公司、机构和相应组织的发展。其对管理框架进行调整和优化，在各个行业内引用项目管理理念，包括公共机构、商业企业以及各类组织，旨在有序推进新业务发展、加快组织转型脚步、在更短时间内进行变革等。多领域长期使用项目管理方法后，便形成了项目化管理，进而成为一种能够与环境变化相适应的管理方式。对项目化管理理念进行简单分析，即组织以项目方式来管理各类活动，并借助项目管理方法来进行整体规划，旨在让企业实现整体项目化，借助项目管理方法来对企业进行全面治理。如今，有多种类的长期性组织为实现分散管理责任、提供组织灵活性、集中处理各类复杂问题等目标，选择采用项目管理形式，在目标的指导下找到最优质的解决办法和流程，为个人以及组织创造更多发展机遇。多项目管理是项目化管理的关键内容，而建立项目组织管理体系则是其核心，将传统职能调整为针对过程的组织管理方式，再调整为针对对象的组织管理方式。换句话说就是，项目化管理就是围绕项目开展，在项目的指导下，针对市场、客户、环境而形成的长期性组织管理方式，目的是建立柔性的组织结构，更好地适应市场变化，实现组织目标。

（二）项目管理五大管理过程组项目

管理是一种综合性的工作模式，它要求项目和产品的每个环节都能与其他环节精准匹配和相互关联，确保整体的协同和高效运转。在任一环节所采取的行动，都可能会对该环节及其他相关环节产生影响，因此需要精心组织和协调。根据美国项目管理协会（PMI）的描述，项目管理过程可被划分为五大核心过程组，这五个过程组是项目管理的基石，它们分别是：

启动过程组：在此阶段，项目获得正式授权，新项目或现有项目的新阶段得以定义和启动，为项目或阶段的顺利进行奠定基础。

规划过程组：该过程组的任务是明确项目的范围，优化项目目标，并为实现这些目标制订详尽的行动计划。

执行过程组：在这一阶段，项目管理计划中确定的工作任务将被完成，以实现项目的既定目标。

监控过程组：该过程组的职责是跟踪、审查项目的进展和绩效，识别必要的计划变更，并启动相应的变更措施，确保项目按预定的轨道运行。

收尾过程组：在项目或阶段的最后，所有的活动都需要被完结，以正式结束项目或阶段。

通过上述五个过程组的有序进行，项目管理可以更加系统、高效地达成既定目标，确保项目的成功完成。

二、大学生就业指导工作应用项目化管理的必要性

（一）就业指导工作项目化管理是实现就业指导个性化的有效途径

大学生就业指导，其中最大的一个特征为有多样化的需求，各个用人单位对人才的需求不同，不同大学生对就业的要求和期望也不同。从学生角度分析，部分大学生期望能够在大学阶段将自身的职业生涯做好全面规划，部分大学生则看重的是是否能够获得就业政策方面的咨询服务，部分大学生关注的是能否获得满足自身要求的应聘机会，而部分大学生期望能够获得关于如何面对就业市场的指导意见。大学生的需求不同且多样化，若指导部门人员不足必定无法给予相应的指导。

项目化管理，第一步为准确把握项目目标以及客户需求。要让就业指导工作内容项目化，就需要明确各个任务目标以及不同客户群体，以便在实践中更好地开展工作，进而保证指导工作发挥预期效果。所以，就业指导工作项目化管理，是提高指导针对性的主要方式。

（二）就业指导工作项目化管理是加强绩效考核的重要手段

高校教育中大学生就业指导属于重要组成部分，是对高校教学质量进行检验的主要指标之一，也是评价高校的一个重要依据。因此，高校应对大学生就业指导给予高度重视。

社会判断组织内部实施情况，通常会采用绩效考核这一方式，借助科学的评估方式来判断工作效果。所以，要如何考核大学生就业指导工作开展情况以及大学生理解程度，是当前应思考的重点内容。

高校在上级教育主管部门的要求下，考核的重点往往放在应届毕业生就业率上，同时将其作为对大学生就业指导工作质量高低的评估依据。正因如此，社会各界对高校就业率均十分关注，并将其作为判断高校是

否履行自身培养人才职责依据。

关于项目管理启动阶段，制订项目目标属于最为关键的一个环节。主要原因在于，项目目标能够对项目开展进行指导，从制定目标角度分析项目化管理，就需要为大学生就业指导提供符合实际且科学合理的考核依据，以免因考核指标不合理，无法发挥考核作用。基于此角度分析，要求就业指导工作项目化管理，必须制订出切实可行的绩效考核方案，有助于提升整体工作质量和效率。

（三）就业指导工作项目化管理是理论联系实际的必然选择

如今，各领域的学术界研究均会涉及项目化管理，这并不是盲目追随潮流，而是一种发展趋势。对比传统管理方式而言，项目化管理本身优势较为显著，除能够准确界定目标外，还能够规范行动和清晰分工。研究管理学的学者在更为广泛的领域研究项目化管理，同时将其优势展示到了各个行业中。教育界同样有所涉及，部分研究已经将项目化管理应用于共青团工作和党建工作，还有部分学者经过研究表示，结合项目化管理和就业指导工作同样切实可行。要对就业指导工作进行优化和改善以及更深入地推进项目化管理的研究，将就业指导工作纳入项目化管理的范畴，实现理论与实践的紧密结合，是一种顺应时代发展的必然选择。

三、就业指导工作项目化管理的特征

就业指导工作和项目化管理主要具备下列几点特征，如图 8-3 所示。

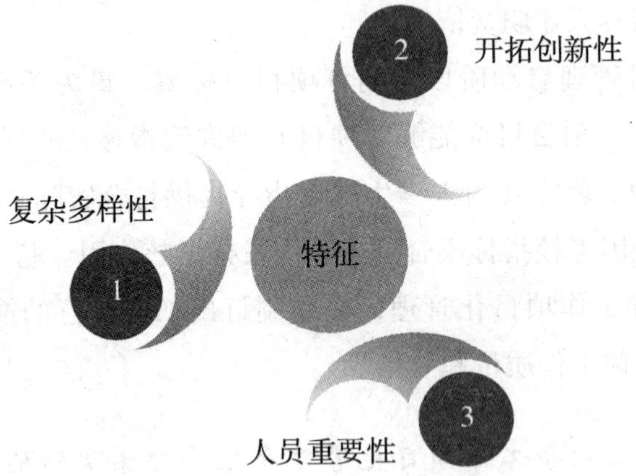

图 8-3 就业指导工作项目化管理的特征

（一）复杂多样性

就业指导工作涵盖领域广泛，涉及的个体主要有政府、高校、学生以及企业等，因此要求就业指导工作者应用综合且全面的思维来解决各个方面的问题，包括市场开发、政策解析、思想教育等。项目化管理要求对各个环节都进行深入研究和思考，包括确定流程、运营、监管等，从实际情况出发做出正确且切实可行的决策。

（二）开拓创新性

就业指导工作改革必须具备开拓性和创新性，需要充分融合实际工作和全新理论，不受传统观念影响，不断寻求全新的就业指导方式和方法。项目化管理在各个领域均有经验可参考，然而在就业指导工作方面，几乎没有可借鉴的经验。基于此，就业指导工作的项目化管理应充分利用优势并去除劣势，寻求最新的就业指导工作办法，让项目化管理能够进一步改善就业指导工作。

（三）人员重要性

就业指导项目化管理，要求有过硬专业知识的人员进行管理，一般由高校领导、就业指导人员以及督导员等个体担任。项目化管理要求内部人员协调合作，确保能够顺利推进项目。同时，这一工作还要求有专门负责人进行管理，基于整体角度来对项目进行调整，充分体现管理者价值和作用，也能够合理利用各类资源。此外，此种方式还能够让项目内部人员各司其职，整合可利用资源，在要求时间内完成项目，且提高工作质量和效率。

四、项目化管理在就业指导工作中的适用对象

对就业指导工作进行项目化管理可行性较高，但还需要解决以下两个问题：一是，对就业指导工作进行项目化管理，应对部分内容进行优化；二是，在实践中实现项目化管理。对项目化管理特征以及相关因素进行分析，便能够保证有序开展就业指导项目化管理，重点关注以下几点：

（一）在就业指导课程改革中开展就业指导项目化管理

如今，高校就业指导工作主要有两部分内容，即就业指导和职业生涯规划，简称两课。就业指导课程内容，大部分是学习就业技巧、培养就业能力、解读就业政策等。传统模式下，两课内容重视的是学习课程内容，采用固定的授课方式，较难激发大学生学习积极性。为解决此问题，众多高校正积极探索并实施就业指导课程的教学改革。改革的目标在于创新教学方法，以吸引大学生的注意，提升教学效果。这一改革也受到时间的制约，即在规定的时间内将改革实践并通过成果验证其有效性，所以，就业指导课程的改革完全有条件成为项目化管理的实验场。

（二）在就业指导的创新性活动中开展就业指导项目化管理

就业指导的发展不应局限于简单的就业辅助服务，而应更多地包括各类创新性、大学生积极参与的活动。举例来说，传统的就业指导中通常采用说教的方式教大学生如何制作简历，学生通常只有在实际求职时，才能将所学理论进行应用。高校可举办简历制作活动，让大学生能够适应并掌握如何制作与用人单位要求相符简历的技巧。简历制作期间，大学生能够找出自身的缺陷，同时在之后的学习中针对性改进。在此期间，对每一场活动均采取项目化管理，且将各届比赛活动中优秀的简历样本整理出来，为学校建立简历模板，旨在更好地指导大学生就业。

（三）在就业市场开拓的工作中开展就业指导项目化管理

不难发现，深入拓展就业市场是开展高效就业指导的关键一步。若高校能够积累丰富的市场资源，与目标明确的企业建立持久亲善的关系，在校大学生便能够获取到更多就业机会和渠道。与此相对应，大学生步入社会，在一段时间的磨炼后，能够良好地立足于社会，也可建立自身的社会网络。绝大部分大学生有意愿将自身持有的资源回馈母校，向师弟师妹们提供更好的资源，所以有较多高校开始尝试校企合作模式，为本校搭建应届毕业生校友录以及本校企业信息库等，以此来进一步优化就业指导项目化管理水平。

（四）在就业指导的工作队伍建设中开展就业指导项目化管理

在搭建就业指导工作团队期间，我国相关部门以及各地教育主管部门一直都非常重视“全员就业”，其中指出，高校教师、学生以及高校领导，均需要积极投身大学生的就业指导工作中，以不同的层面和角度贡献自己的力量。当前，有较多高校都在积极搭建就业指导工作团队，建立专门的大学生就业指导小组工作，对比企业人力资源部门管理工作，两者在内容和性质上均较为相似。所以，可对企业项目化管理理念进行参考，旨在为高校组建一支优秀的就业指导工作团队。

五、应用项目化管理开展大学生就业指导工作的步骤

大学生就业指导工作本身较为复杂，且具有覆盖面广、时间跨度大等特征，对其开展项目化管理，必定需要将其细分为多个项目，抑或是多个阶段，旨在提升管理的精准度。各个项目的阶段管理，均需要划分成五个步骤进行，对应五个小组，也就是项目启动小组、规划过程组、执行组、过程监控组、收尾小组。

（一）就业指导项目化管理的项目启动与规划过程

项目管理中，项目启动和规划属于重中之重，主要内容为获得授权、对新项目进行定义、正式开展。而项目规划，主要内容为确定项目目标和范围，为达成目标而设定详尽的执行程序。由于项目启动和规划在目标的设定和实现上有紧密的联系，故在此文中将二者进行整合描述。

1. 识别干系人

识别干系人，即项目开展以及开展效果会对其利益产生极大影响的个人，常见类型有客户、公众、执行组织等，而干系人也会对项目开展以及开展结果有一定影响。由此可见，项目是否能够顺利实施，与是否能够准确识别项目干系人存在直接关系，也需要对其需求有准确的认识，以此作为依据，顺利执行、规划和管控项目。

大学生就业指导工作本身较为复杂，与诸多方面有所牵连。然而从总体角度分析，大学生就业指导项目干系人，主要有高校、大学生、用人单位以及社会。

（1）高校。在大学生就业指导工作中，高校起着核心的作用。高校的主要目标是提升毕业生的就业率，确保毕业生能找到合适的工作岗位。随着高校扩招，毕业生的就业压力逐渐增大，高校就业率成为衡量一所

学校教育水平和教学质量的重要指标。提升毕业生就业率既是高校完成上级教育部门要求的任务，也是学校长期发展的需要。同时，高校作为大学生的培养基地，希望大学生毕业后能够找到满意的工作，实现自己的职业生涯规划，而这与高校的期望相符。

（2）大学生。大学生就业指导工作中，最为关键的利益相关者即为大学生。其在学校的学习是为了将来能在社会中找到合适的发展平台，大学生就业指导工作的好坏，对于大学生来说，直接关系到他们未来的职业生涯和人生发展。在这一工作中，找到一份满意的工作，良好地适应社会，是大学生的主要期望和目标。可将大学生需求和期望划分为多个层次，而其中最基本的需求就是找到工作，而层次最高级别为找到一份既有较高收入、又能让他们感到满意的工作。

（3）用人单位。用人单位是学生就业的最终接受者，也是学校教育的最终消费者，缺少了用人单位，即使是最优秀的学校和最优秀的大学生也将失去其价值。用人单位的主要需求和期望是能够找到合适的毕业生，以满足企业不断发展的需要。用人单位的需求和期望与大学生是相对应的，用人单位对毕业生的满意度也将直接影响大学生的就业满意度。

（4）社会。社会的就业形势和政策对这一工作的指导作用不可忽视，社会各界以及各个行业所需的人才，大部分来源于大学生，因此其就业情况与社会经济和谐稳定发展存在直接关系。基于社会角度分析，大学生是否能够良好就业，直接影响了社会是否能够稳定发展，也能够决定经济发展速度。

大学生就业指导的主要干系人相互之间共同作用且互相制约，实时影响着大学生就业指导工作的开展，各自发挥着不同作用。大学生就业指导项目化管理，会对多方需求和期望进行考虑，通过协调让各方冲突能够得以处理，旨在能够良好地指导大学生就业。

2. 明确项目目标

项目目标是指导项目化管理的依据，之所以存在一个项目，是因为存在项目目标，如果无具体目标作为指导，项目化管理也就没有意义。在启动项目期间，就需要制订出完善的项目目标，在在此期间应保证与"SMART"原则相符，该原则首字母分别对应的意思为：需有具体目标（Specific）、保证目标可度量（Measurable）、可达成目标（Achievable）、确保目标与工作存在关联（Relecant）、在具体时限内完成目标（Time-bound）。在大学生就业指导工作中应用该原则，经过分析便是保证就业指导与项目目标充分结合，能够具体描述项目目标，配备相应的评估方式，个体经过努力便可以达成目标。

在大学生就业指导中遵守"SMART"原则，目标制订过程中，需要良好地匹配就业指导工作社会需求。总结后需对以下几点进行重点关注，即制订大学生就业指导目标，应符合国家就业形式，未来发展方向明确，同时制订的大学生就业指导目标，应结合不同干系人目标进行综合考虑，包括高校、学生以及企业等，大学生就业指导应结合现有的资源，保证项目目标在相关人员努力下便能够达成。

3. 制订项目管理计划

在整个项目管理的环节中，项目管理计划涉及内容较为广泛，需要明确项目目标，同时确定执行项目、监控以及收尾的具体程序和方式。各个项目均在显著差异且均较为复杂，涉及的领域也有不同特点，所以需从项目实际情况出发，制订具有差异化的项目计划内容。以下为制订项目管理计划需要关注的几点：

第一，基于整体角度来对项目管理过程要素进行把握。要保证制订出切实可行且科学的项目管理计划，在制订过程中就需要对各个方面进行考虑，保证整个项目实施过程在管控范围内，同时对各个项目管理要素进行整体把握。

第二，对项目管理所涉及的各个知识领域进行覆盖。项目管理期间，涉及的知识领域较多，主要有项目范围、成本、质量、人力资源、风险、采购以及整合管理等。因此，在制订项目管理计划期间，应保证与项目实际需求相符，结合实际选择上述知识领域涉及的内容。

第三，对项目管理计划内容进行动态管理和调整。执行项目管理期间，需从项目实际情况出发，适当调整计划中的相关内容，旨在保证顺利推进项目，并与多变的环境相适应。

综合上述分析可知，在针对大学生就业指导工作制订项目化管理计划期间，需基于宏观角度分析，保证系统推进项目。制订就业指导计划，应保证科学分配资源、自然连接且合理分配时间。大学生就业指导工作项目化管理计划，需保证能够确定项目覆盖范围以及相关内容，若覆盖面过广，涉及的内容过于冗杂，项目团队无暇顾及过多，便会对项目化管理结果产生负面影响。而如果设置范围过于狭窄，缺乏具体的细节，极有可能不能良好地指导项目，无法精准地评估项目目标。需保证大学生就业指导项目化管理能够做到动态管理，对项目化管理内容进行及时调整，良好地适应不断变化的外部环境，进而保证能够顺利达成项目目标。

（二）就业指导项目化管理的项目执行过程

执行项目环节，即逐一实现项目计划中的各项工作，确保能够达成整体目标，而这也是整个项目管理中耗费资源最多的一个环节。对项目执行进行管理和指导，是保证达成项目目标以及执行项目计划的必经过程，项目管理计划是开展项目的主要依据，而项目目标则是执行项目的具体目的，也是进行项目化管理的核心。执行项目期间，应保证前期做好充分准备并设定相应标准，而在具体执行期间也需要做好相应的跟进和监管。

1. 项目执行的资源准备

执行项目环节，是整个项目化管理中消耗资源最多的一个环节，也是最为核心的阶段，要确保顺利开展项目，就需要前期准备充足资源，以免对项目进度产生负面影响。大学生就业指导项目化管理期间，可将需要准备的资源划分为下列两类：

（1）人力资源。对大学生就业指导进行项目化管理，应充分关注人员发挥的作用，确保项目干系人需求能够得到满足，若无优质团队作为支撑，也就很难达成目标。在此期间，高校应从自身实际情况出发，对上级部门要求进行综合考虑，逐级调整人员配置。第一，在相关部门以及各高校的指导下，成立专业知识过硬的领导小组，对小组职责进行准确的界定，统筹安排工作职责。第二，组织就业办以及辅导员等，保证毕业生就业指导工作能够有序开展。第三，成立就业指导教研组，其中应配备多种类学科专业教师，包括管理学、心理学、教育学等专业教师。基于多个角度来研究，为就业指导教学提供更为有效的意见，让大学生能够得到专业的指导，之后更好地适应社会。第四，高校应从外界聘请专业人力资源和就业指导人员，也可以是某一行业内知名度或影响力较高的人力资源专家，抑或是相关部门或高校领导，利用一切可利用资源，组建校外专家指导队伍。除能够让学生就业指导资源更加丰富，还能够间接提升学校就业指导队伍的综合实力以及素养。

（2）物质资源。对大学生就业指导进行项目化管理期间，主要涉及的资源有三类，包括资金、设备以及场地。

第一，大学生就业指导工作的许多环节都需要资金的投入，如招聘活动的举办、与企业的合作联系等，在各个子项目的执行过程中，应保证有充足的资金支持。如今，大部分学校开展大学生就业指导工作，在资金划拨方面均有足够的积极性，其会对就业指导工作的特殊性和重要性进行考虑，配备足够的资金。但是，各个高校从实际情况出发，配备的资金数额存在差异。

第二，大学生就业指导工作需要配备相应的设备，常用的包括就业指导网络课程、举报讲座所需设备、自我测评系统等，这些属于开展大学生就业指导工作必须具备的硬件设施，保证先进且充足，才能够确保顺利开展大学生就业指导工作。

第三，场地是大学生就业指导工作所需的重要设施，也是许多学校目前急需解决的问题。在就业指导工作的过程中，有较多环节会需要用到场地，如进行专场面试、用人单位举报招聘活动、接待学生咨询等，但由于近年来大学生就业指导工作的快速发展，许多高校为就业指导办公室配备的场地已经不足以满足其需求，为了解决这一问题，部分院校目前已经开始进行改进。

2. 项目执行的标准建设

众所周知，任何事情执行前都应做好相应的规划，搭建项目执行标准，可以看作进行项目执行的基础。执行项目标准应涉及时间、成本以及成效三个方面。大学生就业指导本身特征和要求较为多样，在项目化管理期间，需有明确的执行标准。

（1）以实现大学生成功就业为最终目标。成功就业，对于大学生而言，一方面意味着找到工作，另一方面更强调找到满意的工作。从前文分析可知，大学生就业指导项目化管理各个环节与多个项目干系人存在关系，主要有社会、高校、学生以及企业，不同干系人有不同的期望。但是，若学生就业成功，其他干系人的基本需求便也得到满足。基于高校角度分析，学生成功就业与就业指导工作要求相符，也能够体现教学质量。而从学生角度分析，成功就业意味着自身的职业愿景开始起步，用人单位也招聘到了满意的人才，大学生通过自身能力来助力企业发展，同时大学生就业也是向社会输送优质人才的体现。

（2）以按时完成项目计划为时间标准。关于时间标准，大学生学习期间，不同阶段学习的就业指导内容存在差异。故大学生就业指导工作项目化管理可以贯穿大学四年。但要注意，每个项目都必须在规定的时间内完成。按时完成项目计划，旨在严格控制每个项目的运行，避免影响后续项目的启动。对大学生就业指导这一项目进行项目化管理，本身较为复杂，能否保证每个环节顺利开展，直接决定了最终是否能够完成整个项目目标。在对大学生就业指导项目化管理期间，需保证严格按照项目计划实施，不得对其中的时间安排进行随意调整。

（3）以贯彻低成本高效益为基本原则。在任何项目的运行过程中，资源的运用是不可或缺的一环，关键在于如何以最低的成本，最高效地达成项目目标。虽然大学生就业指导工作可以获得高校专项资金的支持，但面对就业指导工作中众多繁杂的环节，资金有时也显得捉襟见肘。在大学生就业指导工作项目化管理的执行过程中，应始终按照低成本、高效益的原则进行。对各种可利用资源进行合理利用，确保达成低成本战略目标。

（三）就业指导项目化管理的过程监控和收尾过程

过程监控，主要内容为跟踪、审查以及对项目进展和绩效进行调整，若计划有相应的变化，应及时识别并调整，保证有规律且持续地评估绩效，准确衡量项目实施与计划之间的差异，确保能够顺利达成项目目标。

收尾过程组合负责的内容，即项目管理过程组内容完结后的相关工作，开展这项工作是为了能够顺利完成项目并履行合同责任。完成该环节后，说明某项目或项目阶段所有过程均已经结束，也正式确认项目或项目阶段结束。大学生就业指导项目化管理收尾阶段，应保证能够良好地衔接下一个项目，确保整体性、协调性，以保障就业指导工作的连贯性和有效性。可从下列几个方面来开展就业指导工作项目化管理监控环节，即成本控制、进度控制、质量控制、风险控制。

（1）成本控制。成本控制在项目化管理的整个过程中发挥着重要作用，包括对项目状态进行跟踪、项目预算更新、调整管理成本基准等，而这一过程的依据，主要有工作绩效信息、组织过渡资产、项目管理计划以及资金需求等。在项目的具体运营期间，应结合项目管理计划来管控所有支出，如果预算与实际支出不能良好地匹配，就需要找到问题的根源。产生偏差可能是因为未制订合理的项目管理计划，制订了过低的成本预算，针对这一情况，应立即调整项目管理计划，以确保其符合实际需要。此外，若因监管不到位造成开支超出预算，则需要在日常运转期间做出相应调整，以免造成整个项目开支超出预算情况。对成本进行精准管控，保证顺利推进项目，进而确保达成目标。

对大学生就业指导工作进行项目化管理期间，大部分的经费通常由高校提供，虽然也有少部分社会资金的引入，但总体来看，目前大学生就业指导工作依然存在资金不足问题。以下为大学生就业指导工作成本来源：第一，为各届毕业生提供常规服务，需要相应的费用。第二，举报各类与就业存在关联活动所需的经费，如职业生涯规划大赛、简历制作大赛等。第三，日常办公经费。大学生就业指导有多种类经费且涉及广泛，极有可能出现无法良好管控成本的情况，不利于有序开展工作。采用何种方式能够利用有限资金，高质量达成目标，是目前各大高校就业指导工作改革思考的重点，得到了各界的广泛关注。强化就业指导工作项目化管理中的成本管控环节，是解决上述问题的一个重要途径。其一，在开展项目期间，需以项目管理计划内的成本预算作为依据，预判可能存在的成本超支情况，主要有提高项目标准、加快项目进度、项目环境变化等。而在具体实施期间进行良好管控，保证整个执行过程与预算要求相符。其二，在开展项目期间，应及时核算大学生就业指导工作的实际成本，将其与成本预算进行比较，判断是否存在超支情况。若存在超支情况，就需要对超支原因和具体环节进行分析，经过协商确定后续成本控制方案，以此方式来保证达成成本预算目标。如果并未出现超支情况，则需要对经验进行总结，作为后续项目参考。通过这些措施，便能够有效地控制成本，确保项目的顺利进行。

（2）进度控制。项目的限制条件明确了项目的时间是有限的，因此评估项目执行效果的标准，便确定为是否在指定时间内完成项目目标。要保证能够按期完成项目，凸显出了监控项目进度环节的重要性。进度控制，即对项目状态更新以及进展进行监管，并对进度基准的变更进行管理的一整套流程。该过程主要包括：追踪项目的进度，并定期生成报告进行进度考察；对收集到的信息进行分析，从而找出可能存在的进度偏差；处理这些进度偏差；对过大的进度偏差提出修改申请；对修改计划进行审批，并评估方案的可行性，最后制定应对策略；在变更申请获得批准后，便可实施相应的方案。

大学生就业指导项目化管理期间，需要按照具体的项目进度计划安排开展工作，而在项目进度管理方面，还体现出了以下几点特征：第一，大学生学习的四年时间，均需要接受就业指导，然而各个项目设置了相应的时间节点。所以，需保证各个项目时间进度应该与大学四年整体规划相符，同时不会对其他项目的实施产生影响。第二，大学生就业指导具备连贯性特征，进行项目化管理期间，各个项目的运作也需要形成有序的链条，这体现在时间上，也要求其在内容上能够相互贯通，形成一个整体。第三，由于大学生的就业指导工作具有特定的时期性，所以各个阶段的任务重点存在差异。不难发现，项目化管理期间，需保证各个项目时间安排，结合指导工作的时间特征来进行相应的调整，提高工作安排的灵活性。

（3）质量控制。质量能够直接决定项目成功与否，也能够决定是否达成最终目标，是否获得了较高的绩效水平等，而这些都是评价项目是否成功的关键指标。要将不满意因素尽可能地排除，确保项目能够顺利开展、在整个项目监控环节中质量控制属于重点。此处的质量控制，即对执行质量活动过程和结果进行动态监管，并结合数据来判断必要变更的整个环节。大学生就业指导的质量控制环节，参考的指标主要有绩效测量结果、质量监测质量、项目管理计划。

大学生就业指导项目化管理期间，质量控制最为关键的两个部分，分别是设置合理的质量检测标准以及绩效体系。一般情况下，评估就业指导质量会采用就业率这一单一指标，不管是学院还是整个学校，这一指标决定了整个就业指导工作的优劣。在当前新的形势和环境下，传统的单一的就业指导工作绩效标准已不能适应时代需求，那么就要相应的调整和优化。

基于项目质量控制角度分析，质量控制由两个标准组成，即项目过程质量标准以及项目产品质量标准。可将大学生就业指导工作项目化管理绩效体系进行划分，具体包括以下几点：

第一，掌握就业指导工作体系情况。这与是否成立相关工作小组存在关系，同时还包括是否开展具有针对性的交流和探索，是否设立了完善的就业工作档案等。

第二，开展就业服务和管理的具体情况。大学生就业指导工作开展期间，是否认真对待日常的服务性工作，确保每一天的工作都是细致准确的。

第三，就业咨询与指导的流畅程度，这与日常工作中是否全面细致回答学生问题并结合学生差异进行针对性指导存在关系。

第四，就业市场建设的具体情况，这与学生就业渠道存在关系，与是否强化就业市场建设，是否与相关单位合作，邀请他们进校招聘均存在关系。

第五，毕业生的就业情况，仅靠单一的就业率并不能得出具体结果，还需要综合考虑就业单位、就业满意度以及就业性质等指标，也就是使用就业质量来替代就业率。

（4）风险控制。风险控制的目的在于识别和评估可能影响项目实施的各种潜在风险，包括市场变化、政策调整、技术更新、资源配备不足以及这些风险对项目目标可能产生的影响等。这一过程需要就业指导项目团队对项目环境进行全面分析，明确识别出那些可能导致项目偏离预定目标或造成资源浪费的因素。风险评估既涉及风险的识别，还包括对风险的可能性和影响程度的评估，这有助于项目团队确定哪些风险需要优先处理。

在风险控制的实际操作中，一方面需要制订有效的风险应对策略，包括风险预防策略和风险缓解策略。例如，可以通过增强项目团队成员的专业培训、调整项目计划、增加资源投入等方式来预防或减轻风险。

另一方面，风险控制还需要建立风险监控机制，定期对风险因素进行跟踪，并在风险发生时迅速采取应对措施。此外，风险管理还需要有一个动态的过程，随着项目进展和外部环境的变化，对风险评估进行调整，确保风险控制措施始终与项目的实际情况相匹配。

参考文献

[1] 王廷，王楠，郭贝贝 . 大学生职业生涯 [M]. 北京：中国纺织出版社，2021.

[2] 汤福球，李宏祥 . 大学生职业生涯规划与就业指导 [M]. 长沙：中南大学出版社，2008.

[3] 徐芃，祁禄 . 大学生职业生涯管理 [M]. 长沙：湖南科学技术出版社，2019.

[4] 周丽妤 . 大学生职业生涯与就业创业指导 [M]. 长沙：湖南科学技术出版社，2019.

[5] 支卫兵，谢超 . 大学生职业发展与就业指导教程 [M]. 西安：西北工业大学出版社，2010.

[6] 张建军 . 职业发展与就业指导 [M]. 北京：北京理工大学出版社，2019.

[7] 叶晓玉 . 新媒体时代背景下大学生就业指导路径探究 [J]. 中国就业，2023（10）：45–47.

[8] 杨小浒 ."互联网 +"时代下大学生就业指导服务工作策略探究 [J]. 财富时代，2023（9）：58–60.

[9] 常艳，李杨，王紫霏，等 . 劳动教育融入大学生就业指导的逻辑意蕴及路径 [J]. 宁波工程学院学报，2023，35（3）：52–56.

[10] 肖舒匀 . 大学生职业生涯规划与思政教育的融合途径 [J]. 华东科技，2023（9）：133–135.

[11] 董元卿 . 高等职业院校体育教学中学生职业能力培养策略研究 [J]. 湖北开

放职业学院学报，2023，36（16）：180–182.

[12] 虞杨 . 基于“三全育人”理念的大学生职业生涯规划实践教育探索 [J]. 就业与保障，2023（8）：34–36.

[13] 王继顺，仲芳 . 高职院校心理教育融入职业生涯规划探究 [J]. 辽宁高职学报，2023，25（8）：82–84，106.

[14] 吴森 . 大学生就业指导中创新创业模式存在的问题及优化措施 [J]. 就业与保障，2023（7）：121–123.

[15] 朱安旖 . 马克思职业价值观对高职生职业生涯规划的启示 [J]. 西部素质教育，2023，9（14）：90–93.

[16] 李晶 . 基于职业生涯规划的大学生个性化就业指导的思考 [J]. 就业与保障，2023（7）：118–120.

[17] 薛鑫 . 高职大学生就业指导与职业生涯规划系统设计研究 [J]. 办公自动化，2023，28（14）：28–30.

[18] 张涛，梁婧 . 大学生职业生涯规划现状调查及其应对策略 [J]. 黑龙江科学，2023，14（11）：134–136，140.

[19] 周翔 . 基于立德树人的高校辅导员职业能力发展策略 [J]. 就业与保障，2023（6）：154–156.

[20] 温雪飞 . 高校辅导员在大学生就业指导中的角色与作用研究 [J]. 就业与保障，2023（6）：172–174.

[21] 李利 . 协同视域下大学生就业指导与创新创业教育的融合 [J]. 科教导刊，2023（18）：140–142.

[22] 陈幼梅 . 大学生职业生涯规划现状及优化管理研究 [J]. 吉林农业科技学院学报，2023，32（3）：45–48.

[23] 陈欢欢 . 融媒体时代背景下大学生就业指导与服务探究 [J]. 教育信息化论坛，2023（6）：87–89.

[24] 李佳倩，郑鹏飞，曹微 . 高校辅导员在大学生职业生涯规划中发挥作用的途径 [J]. 西部素质教育，2023，9（10）：103–106.

[25] 梅颢，殷嘉蔓 .“三全育人”视域下大学生就业指导策略探析 [J]. 就业与保障，2023（5）：91–93.

[26] 王晨蕾 . 职业生涯规划视域下高校创新创业教育改革探索与研究 [J]. 就业与保障，2023（5）：112–114.

[27] 马瑞 . 如何结合职业生涯规划与教育培训培养青年人才 [J]. 人力资源，2023（10）：24–25.

[28] 黄新辉，王玉玲，肖贻杰，等 . 关于大学生就业指导与服务的实证研究 [J]. 领导科学论坛，2023（5）：133–138.

[29] 于小五，刘志忠，张广峻，等 . 大学生整体就业环境塑造研究 [J]. 邢台职业技术学院学报，2023，40（2）：46–50.

[30] 姜波 . 职业生涯规划在大学生就业指导工作中的应用探析 [J]. 就业与保障，2023（4）：106–108.

[31] 赵彩霞 . 以职业生涯规划为导向的中职生德育课堂教学探讨 [J]. 就业与保障，2023（4）：76–78.

[32] 卢岚岚，赵泽龙，王静 . 职业生涯规划视角下大学生就业对策研究 [J]. 淮南职业技术学院学报，2023，23（2）：61–63.

[33] 邢艳芳 . 基于职业生涯规划的大学生个性化就业指导研究 [J]. 淮南职业技术学院学报，2023，23（2）：55–57.

[34] 陈梦涵 ."三全育人"视角下高校大学生就业指导工作探究 [J]. 就业与保障，2023（3）：169–171.

[35] 徐云龙 . 职业生涯规划教育体系构建与探索 [J]. 滁州职业技术学院学报，2023，22（1）：16–19.

[36] 邢艳芳，王叶苹 . 基于精准就业的大学生就业指导服务体系构建研究 [J]. 江西电力职业技术学院学报，2023，36（2）：113–115.

[37] 成浩源 . 大连绿色公共建筑运行性能分析及节能设计策略研究 [D]. 大连：大连理工大学，2022.

[38] 王娟 . 绿色建筑典型技术分类与推广价值评级研究 [D]. 武汉：华中科技大学，2022.

[39] 余卉 ."三观"教育视域下大学生就业价值观及其引导研究 [D]. 成都：西南交通大学，2022.

[40] 徐留杰 . 大学生乡村就业问题及引导策略研究 [D]. 武汉：武汉轻工大学，2021.

[41] 高昂 . 大学生职业生涯规划能力培育问题研究 [D]. 郑州：郑州大学，2020.

[42] 王晶 . 新时代大学生职业生涯规划教育研究 [D]. 西安：西安科技大学，2020.

[43] 王琪琪 . 基于职业生涯规划理念的大学生就业力提升研究 [D]. 武汉：武汉理工大学，2019.

[44] 刘培峰 . 大学生就业指导服务质量研究 [D]. 杭州：中国计量大学，2019.

[45] 吴昊 . 大学生职业生涯规划中的思想政治教育研究 [D]. 长春：吉林农业大学，2017.

[46] 顾程 . 企业参与大学生职业生涯规划对大学生就业能力的研究 [D]. 北京：北京化工大学，2016.

[47] 王广斌 . 绿色性能导向的寒冷地区工业建筑遗产改造设计研究 [D]. 济南：山东建筑大学，2023.

[48] 孙妍 . 我国绿色建筑法律保障机制研究 [D]. 太原：山西财经大学，2023.

[49] 秦静 . “00 后”大学生就业观及培育策略研究 [D]. 长春：吉林大学，2023.